武智鉄二
歌舞伎素人講釈

武智鉄二
山本吉之助❖編

アルファベータブックス

第二回 近松座青山公演「百合若大臣野守鏡」昭和62年5月 青山劇場
写真（右）四代目坂田藤十郎（当時は二代目中村扇雀）：百合若大臣
撮影：岩田アキラ　早稲田大学演劇博物館所蔵（F30-10464）

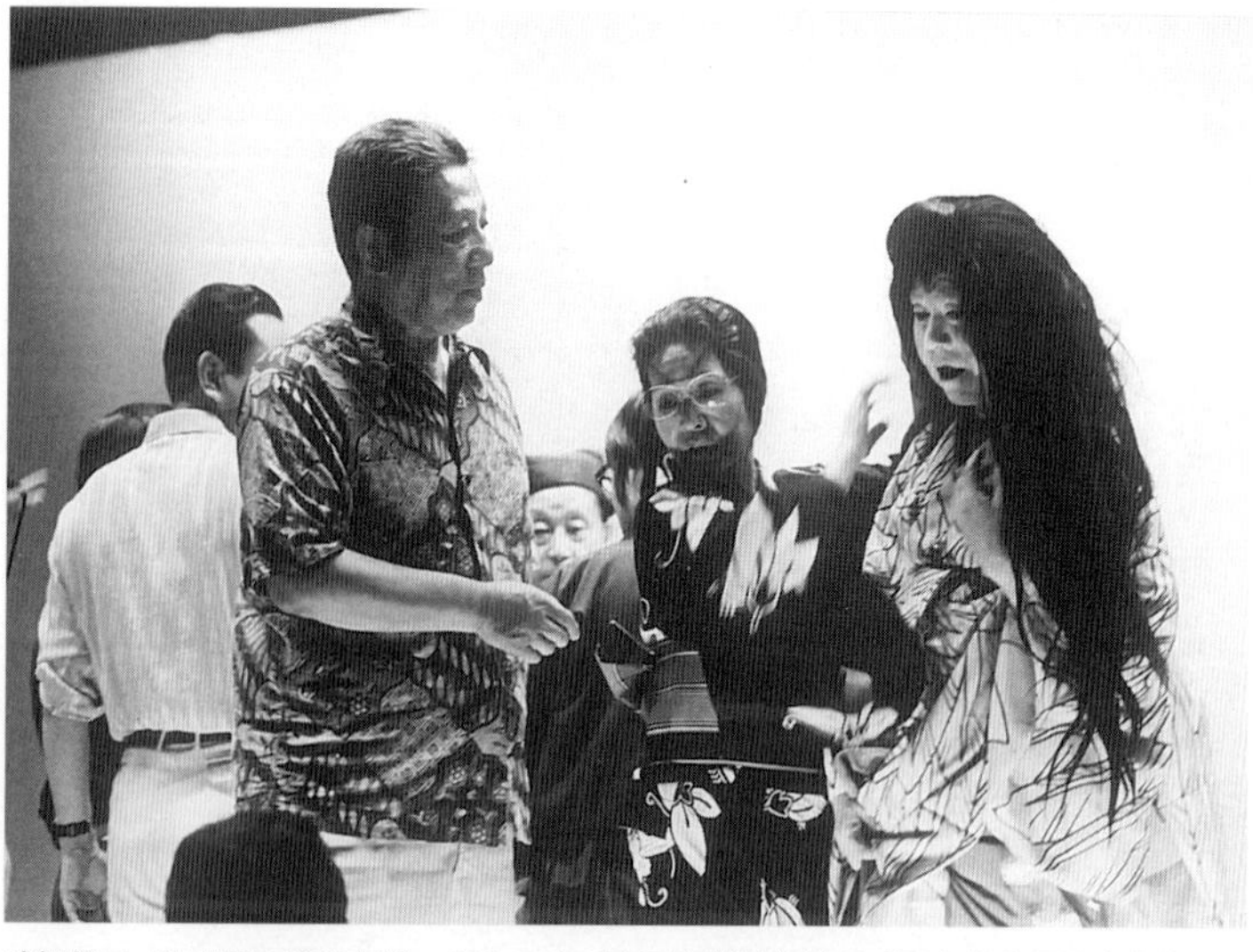

武智鉄二・川口秀子 演出風景　昭和56年8月 国立劇場小劇場：「百合若大臣野守鏡」
写真（右）中村桜彩（当時は中村鴈之丞）：女房立花 実は鷹の精　撮影：岩田アキラ

序にかえて

山本 吉之助

「間」、「息を詰める」、「ナンバ」など独特の専門用語を駆使して歌舞伎の世界に鋭く斬り込んだ演出家であり劇評家、日本の伝統芸能の最後のパトロン、同時に反権力と前衛芸術の舞台演出家、エロティシズムを追求した映画監督でもあり、さらに日本画・速水御舟の蒐集家。多彩な顔を持った武智鉄二（大正元年～昭和六十三年）という人物を、一言で言い表すことは難しい。しかし、幸い没後二十年を過ぎて、武智の生涯と業績を通覧するのに好都合な本が二冊登場した。ひとつは森彰英著『武智鉄二という藝術　あまりにコンテンポラリーな』（水曜社）。もうひとつは、岡本章・四方田犬彦編『武智鉄二　伝統と前衛』（作品社）である。武智がどんなことをしたか、その生涯と業績については、まずはこの二冊をお読みいただくのが良いだろう。

　それにしても伝統芸能という保守的で頑固なイメージと、前衛芸術という先鋭的かつ革新的なイメージの狭間で、武智の全貌は依然として割れている。その思想が容易に掴み難いので、ミステリアスな魅力を持つのかも知れない。

歌舞伎・文楽など伝統芸能に関する武智の主要な文章は、『定本武智歌舞伎』全六巻（三一書房・昭和五十三年十一月〜昭和五十六年四月、以下「全集」と呼ぶ）にほぼ収録されている。武智の伝統芸能論を学ぼうとするならば、全集でほぼ足りる。しかし、全集未収録で、そのまま忘れ去られるに惜しい文章が少なからずある。

そこで全集刊行以後、つまり昭和五十六年以降に雑誌等に掲載された、武智の歌舞伎やその他の伝統芸能に関する論考・座談会の記事などを中心に編纂したのが、本書である。すべて全集未収録の文章で、音楽、絵画、映画と伝統芸能以外の分野まで網羅している。晩年の武智の広範囲な活動が俯瞰できるものと思う。

ここで本書に収録された武智の各文章について、簡単に触れておきたい。

「間はどこから来たか」、「『俊寛』の型の意味するもの」は、共に季刊「伝統芸術」誌に掲載された論考である。伝統芸術の会は、伝統芸能に携わる芸術家、研究者を中心とした研究会で、昭和四十年代は間や型についての講座を開催するなど精力的に活動していたが、昭和五十年代末に惜しくも活動を停止した。武智は、伝統芸術の会の中心的な一人であった。「間はどこから来たか」では、三味線の作り出す常間と、語り物としての義太夫の間、その相克としての間と云う、武智のユニークな音楽論が展開される。「『俊寛』の型の意味するもの」で武智が論じるところは、筋の正しい伝承というものが必ずどこかに存在すると云うこと、これを辿れば正しいフォルムを蘇らせることができると云うことである。

「歌舞伎の間」は、伝統芸術の会が編集した『間の研究　日本人の美的表現』（講談社）から、武智が担当した一章である。歌舞伎の間を通史的に論じているが、紙数の制約のために個々の事象の掘り下げが足りない点は仕方ないところもあるが、歌舞伎創生期から新歌舞伎までの、武智の歌舞伎史観がざっと通覧できる点で興味深いものがあるだろう。

「近松と浄瑠璃」は雑誌「演劇界」の増刊「近松門左衛門の世界」に寄稿したものである。現代に於ける近松の盛名はもっぱら「曽根崎心中」以降の世話物浄瑠璃に拠るが、近松の浄瑠璃作劇の基礎は初代坂田藤十郎との提携による歌舞伎時代に育まれたと云う武智の指摘は大事である。本書に収録された武智の近松作品演出ノートを読む際に、頭に入れておいて欲しい内容である。

「私の好きなレコード――シェラック盤の芸術性」は、昭和四十九年「レコード芸術」誌に掲載されたものである。武智が音楽について書いた文章には全集未収録のものが他にもあるが、本稿は武智が自身の音楽歴を詳細に語っている点で特に興味深い。武智が筋金入りの音楽愛好家であったことは、この文章からもよく分かる。武智が音楽を聴き始めたちょうどその頃に、西洋音楽では民族主義の運動が始まった。ストラヴィンスキーやバルトーク、コダーイの民族音楽の主張が、レコード鑑賞を通じて、そのまま後年の武智の古典劇研究の素地となっていく。武智は全集序文（第一巻）のなかで、「私がノイエ・ザハリヒカイトを観念の世界から摂取せず、実際的な古典解釈（演奏）の問題から我が物としたことは、歌舞伎の研究を進める上で、この上ないしあわせであった」と書いている。同じ序文で風（ふう）の概念についても、武智は「この古典芸術における先祖返りの問題は、古典の名に値する倫理観念として新即物主義的な方法論の一つの帰結を示すもの」であると書いている。本稿は武智理論の原点を知るうえでの貴重な資料となると思う。ノイエ・ザハリッヒカイト（新即物主義）と武智歌舞伎との関連については、巻末の解説で詳しく触れる。

「御舟を語る」は、御舟の蒐集家として有名な武智の談話として興味深いものである。八代目三津五郎との対談のなかで、武智は「（榊原）紫峰さんが、『だけど速水君は、ああいう逃げ道のない絵を描いてると、もう二、三年のうちに死にますね』といわれたんですよ。——そうしたら昭和十年に亡くなったでしょ。そこで紫峰さんの言葉をあらためて思い出して、そのような死と対決する芸術とは一体何だろうと考えたんです。この体験が一番、僕の芸術観に深くかかわってるんじゃないかという気がするんですがね。（中略）それから御舟の絵をあんなにたくさん集めたのは、速水さんが亡くなってからなんです。一生懸命集めてみて、この絵のどこが死とかかわってるんだろうということを考えたんですね」と語っている。（『芸十夜』・芸八夜・昭和四十七年・全集第六巻所収）

「三味線の起源」は、東京書籍から出た『舞踊の芸』（昭和六十年）から第七章を抜粋したものである。本書には武智理論の音楽的要素を論じた文章が多いので、これを補う上でも役に立つものだと思う。『舞踊の芸』は、歌舞伎舞踊を分かりやすく解説した本かと思って読み始めると、そのような記述がほとんどなくて、まるで日本民族原論か芸能始原論みたいな本なので驚いてしまうが、武智理論がこのような歴史認識の奥深いところの裏打ちがあって成り立ったものだということがよくお分かりいただけることと思う。

「歌舞伎素人講釈」は、昭和五十八年から六十年まで季刊雑誌「序破急」に連載されたものである。タイトルは、義太夫の風の研究の必携書であり、武智の愛読書のひとつでもあった杉山其日庵《すぎやまそのひあん》の名著『浄瑠璃素人講釈』をもじって、武智が「序破急」編集人・国分治氏と相談して決めたものである。武智の作品観は、評論中に断片的に披露されることが多かった。作品論として纏まった文章となると「桜丸における情念の描法」や「丸本の『兜軍記』」（共に全集第三巻収録）など、その数は意外に少ない。「序破急」連載は、晩年の武智歌舞伎の集大成となるものと期待されたが、連載は惜しくも六回で終了した。武智の文章は、六代目菊五郎、七代目三津五郎ら、昭和初期の名人たちの思い出話をきっかけに始まり、軽い筆致で書かれているので芸談としても読みやすいものである。

本書のタイトルにもなっている「歌舞伎素人講釈」の「素人」についてちょっと触れておきたい。其日庵や武智が素人を標榜するのは確かに謙遜もあるだろうが、実はもっと深い意味があるだろう。昔は現在のようにディレッタント（素人、好事家とでも云おうか）を専門家より低く見ることは決してなかったのである。むしろ金のために自らを卑しくしないということで、昔はディレッタントの方を高く見たものであった。スイスの歴史家ヤーコプ・ブルクハルトは『世界史的考察』において、学問や芸術において総合的な視野を持ち、できるだけ多くの場面でディレッタントとなることで知識を増し、より創造的な役割を担うことができる可能性を示唆した。「素人」には、そのような意味合いが込められていると思う。

「演劇運動としての近松座」、「近松時代物の演出」など、武智が公演プログラムに寄せた文章を数点取り上げた。武智晩年の演出作品が近松関連ばかりになのは、晩年の武智が「近松座」に深く係わっていたからである。近松座は、武智歌舞伎の卒業生である四代目坂田藤十郎が、昭和五十六年から平成十年頃まで近松門左衛門の戯曲を継続的に上演する個人プロジェクトであった。その活動初期に藤十郎の理論的支えとなったのが、晩年の武智であった。近松座での武智の演出は、「嫗山姥」、「雙生隅田川」、「冥途の飛脚」、「百合若大臣野守鏡」の四本である。「けいせい仏の原」（昭和六十二年）は武智演出がクレジットされているが、実質は助手の松井今朝子の仕事であった。その経緯については松井の『師父の遺言』（ＮＨＫ出版）に詳しい。

幸い筆者は晩年の武智の演出舞台を十本ほどリアル・タイムで見ることができたが、本書に収録された文章に関連した舞台のなかでは、個人的にホメロスの叙事詩「オデッセイア」（ユリシーズ）に強く関連付けた「百合若大臣野守鏡」の演出（昭和五十六年八月国立劇場小劇場）が特に忘れ難いものであった。

「『月に憑かれたピエロ』『カーリュー・リヴァー』演出手記」は、昭和五十九年十月の、有楽町朝日ホールこけら落とし公演のプログラムからのものである。演出家武智にとって歌舞伎分野がもちろん重要であるに違いないが、昭和二十九年の歌劇「お蝶夫人」や昭和三十二年甲子園球場での野外オペラ「アイーダ」など、オペラ・音楽劇演出に積極的に係わって来た功績も決して無視できない。晩年のこれらの舞台演出も忘れ難いものであった。筆者の世代から見ると、センスがやや時代を感じさせたことも事実ではあるが、アバンギャルド感覚が確かに様式となったものであった。武智にとってシェーンベルクもブリテンも同時代の作曲家であったということなのである。

「舞踊における間」、**「浄瑠璃における間」**の二つの対談は、ともに季刊「伝統芸術」誌に掲載されたものである。川口秀子との夫婦対談では、身体行動のなかに必然的にひそんでいる「間」の感覚が、清元寿国太夫との対談では言葉の息のなかにひそんでいる「間」の感覚が、実践者の体験を以て語られている。武智の考察を交えて興味深いものがある。

「『白日夢』談叢」は、晩年の映画監督武智の話題作であり問題作でもある「白日夢」（昭和五十六年封切）に関連した文章である。映画分野での武智の業績は無視できないが、武智の伝統芸能での思い出話を能弁に語る方々は、映画のことになると口を閉ざすとよく云われる。映画の分野は武智の暗部であるようである。しかし、どちらも武智のなかではノイエ・ザハリッヒカイトと云うキーワードによって深層で繋がっていることを理解しなければならないと思う。谷崎潤一郎は、戯曲「白日夢」をドイツ表現主義の代表的作品である映画「カリガリ博士」に影響されて書いたと武智に語ったという。表面的に、表現主義はノイエ・ザハリッヒカイトと対峙した芸術運動ということになろうが、反義的にお互いを強く意識し合って並列した表現手法であると云える。谷崎は大正九年に設立された大正活映株式会社の顧問となり、自身でも四本シナリオを書いたほど映画に興味があった。世界レベルでの同時代芸術の影響は、谷崎文学に於いても考慮されねばならない重要な要素である。武智のこの論考は、谷崎研究の為にも貴重な資料となるものであると思う。

本書を刊行するにあたっては、川口千枝さん、写真家の岩田アキラ氏、早稲田大学の児玉竜一氏、序破急出版の国分治氏、公益社団法人日本俳優協会ほか、関係者の方々にご協力をいただいた。ここに厚く御礼申し上げたい。

筆者は武智とは世代がかけ離れており、講演でお顔を拝見したことはあるが、個人的な面識はない。著書を通じて武智の思想を吸収し、個人的に武智を我が師と決めて評論活動を続けてきた。筆者は平成十三年から「歌舞伎素人講釈」というインターネットサイトを主催しているが、これは雑誌「序破急」での武智の連載タイトルを拝借して、歌舞伎批評において自分が批評家武智を継ぐという決意表明をしたものであった。此の度、本書に係わり世に出すことで、弟子として多少の恩返しが出来たかなと嬉しく思っている。

目次

Ⅲ　演出ノート　195

Ⅳ　対　談　227

Ⅴ　映画論　255

【編集部注】

武智鉄二の書いた文章については、次の事項を除いて初出の表記に従っている。

・市川団十郎／團十郎は全て「団十郎」で統一。

・太夫／大夫は全て「太夫」で統一。

・読みづらい漢字や演目名については、新しくルビを振っている。

・編集で本文内に入れた注は（編注）としている。

また、演目名のカッコは「　」／『　』二通りあるが、これは初出の表記に従っている。

数字の付いた注は、「原註」以外、山本吉之助が担当している。

Ⅰ 武智理論

間《ま》はどこから来たか
写実性対音楽性の構図

観客が間を教えた

間というのは名人の所有する一つの特技であると言えるだろうと思います。また逆に悪い間というのもかつてはよくぶつかったものですが、それがこのごろ平均化しているという感じがします。というのは、こういう講座(1)を開いて、間というものの説明ができる。説明ができるものは覚えられるものでありますから、従ってそんなに間の悪い、間にはずれたという芸もなくなったかわりに、とびっきり間がいいなというのもなくなってきているというのが実際の状況ではないかと思います。

間というものが日本人の感性の中で一つの客観的な水準を持っていた、或いは間についての考え方に普遍妥当性があったということは、我々ぐらいの年輩の者ですと体験的に知っているわけです。たとえば間の話になりますとたいてい六代目尾上菊五郎ってことになるんですが、その菊五郎の芝居な

(1) **こういう講座**：昭和五十二年から五十五年にかけて、伝統芸術の会主催により、日本の伝統芸術の間についての月例研究会がシリーズで行われた。本書に収録のこの武智の講演録もその一環であった。

り踊りなり見ていて、たいへん間がいいという時に、観客席に、その間のよさがちゃんとわかっているんだという受け止めの反応が出てくる。

たとえば「保名」を六代目が踊る。〽姿もいつかみだれ髪——というと、かつらの額のところの髪がパラッとさがる。それから「いがみの権太」で首実検が終わりまして、権太がほっとした時に、そのたくしあげてた浴衣の袖がパッと落ちる。新作の、宇野信夫とか長谷川伸とかいう人たちの芝居でも、どこでどういう間が出てくるか観客にはわからないわけですが、そういう瞬間に客席がふっと一瞬静まって、それから声にならない声が、芝居ではジワがくると申しますが、ワァーッと来る。そういうことが、六代目の芝居を観ると一日に必ず一回や二回はある。つまり、間のよさについて観客の側がみんな共通して持っている感受性ですね。普遍妥当的な基準と言いますか鑑賞力、そういうものが、かつてはあったわけです。

観客の側のそういう感受性、こういうのこそ間なんだよということは、役者からじゃなくて最初は観客から教えられるんですね。そのワァーッという声で、ああ今のが良かったのかなあっていうようなことを子供心に感じる。それがだんだんに、自分でそれが理解できるようになるわけです。そういう社会的な広がり、客観的価値基準が、今ではなくなっているんじゃないか。たとえば、今、まあ一番間のいい俳優というのは勘三郎(2)ですね。勘三郎がそういう間をたまたま見せても、私のような年寄りの何人かが、ハハァこういう間がやっぱり今でもあるんだなと感じるだけで、それが劇場全体をおうどよめきとかジワというものには、現在ではならない。

これはやはり、日本の社会生活の中で間というものに対する感受性がなくなった、或いは間というものが芸術の中で要求される度合が少なくなってきたということじゃないかと思うんです。

間はいつからあったか

間という言葉が芸の中で言われるようになるのは、割合新しいんですね。たとえば室町時代の能の伝書の中には、間という言葉は出てこない。徳川時代に入っても、享保という、上方経済が没落して行く時期と、江戸の金《きん》づかいの経済の体制が確立する寛政、つまり江戸時代の大きな転機になる時期ですが、そのちょうど中間あたりで、「間」という言葉が「間拍子《まびょうし》」(3)という形で初めて出てくる。それまでは間と言わないんです。間によく似たものですけど間じゃない。ほどとかもじりとか、いろいろな言葉がありますが、ほど拍子(4)なんて言っても間拍子と言われるものとは違う。で、まあ非常に早く考えれば、間という言葉が邦楽の、浄瑠璃の関係で最初に出てくるんです。踊りの関係でも慣用語としてはあったかもしれませんけれども、文献には音楽用語として割合早く出てくる。

（2）**勘三郎**：十七代目中村勘三郎のこと。
（3）**間拍子**：宝暦七年（一七五七）の『浄瑠璃秘曲抄』に「間拍子ということ、間は人の歩く如し。右の足壱尺運べば、左の足壱尺、少しも長短なし」とある。文献に間拍子という用語が登場するのは、これが初めてである。
（4）**ほど拍子**：「ほど」とは間の意味である。用例「目のさめたらんほど、念仏し給え」（目が覚めている間、念仏をしなさい。）「間拍子」との違いは、メトロノーム的な音楽的間合いがまだ意識されていない点にある。

その間が、芸道の一つの中心課題として言われるようになるのは江戸もやはり末期くらいで、それが非常に神秘化され、神秘的な継承として捉えられるようになるのは、おそらく明治に入ってからだろうと思います。

寛政のちょっと前に間という考え方が成立した。それはどういう時期だったかと言いますと、演劇の方では坂田藤十郎のいわゆる写実的な演劇というものが一応滅びて、義太夫狂言を中心とした音楽劇としての演劇がほぼ成立してきた時代で、それと同時に興味があるのは、音楽の中で真実をあらわすということ、思弁的な或いは哲学的な真実ではなくて、世の中に実際にあるものに似せるということの技術が大変発達する時期があるわけです。

たとえば後期の歌舞伎の基本になる義太夫を例にとりましても、竹本義太夫という人が出てきて、うたうんじゃなくて語るんだ、つまりうたうという嘘の世界から、語る、物語するという真実の世界へ一歩近づこうというたてまえで浄瑠璃ができてくる。その中で、ちょうど享保のあとの宝暦、明和という時代に、写実主義の傾向が非常に強くなるわけです。竹本染太夫だとか竹本住太夫、竹本綱太夫なんて人が出てきて、それぞれやり方は違いますけれども、目指したところは写実ということなんですね。

染太夫は人情を非常に細やかに出す。その方法は何かと言うと、三味線音楽ですから音階も音程も決まってるんですが、それをわざとはずす。三の声を出すのに一の声から出るとか。これが染太夫の、写実を作り上げる一つの基本なんです。住太夫はどうするかと言うと、この人の考えの中に後世の間という考え方が大変強く出かかっているだろうと思うんですが、間詰め仮名詰めといって、節はついているんだけれどもそれを詰めて行っちゃう。三味線音楽ですから間拍子が当然あるわけですが、そういうものからはずして間を詰めて、仮名というのは浄瑠璃の文句ですが、それを詰める。そういう技術を発見する。詰めるとリアルな、写実的なものに近くなるというわけです。それに対応する一つの手法として、今度は綱太夫が埋字運《うみじ》びってことを考えるんです。埋字というのは、母音を引っぱる音楽的なテクニックの一つですけれども、その埋字を埋字に聞かせない。仮名を詰める、つまり写実的にすることによって拍子が余ってくるので、そこを埋字でつなぐ、埋字運びで補うわけです。つまり音楽的なものは埋字にまかせて仮名は詰める。これが綱太夫のやり方です。そういうふうないろいろなやり方を義太夫の方では風《ふう》(5)と申しますが、そういう技術が大変発達するのが宝暦から、だいたい明和頃ですね。

三味線の間と語りの間

そのわかりやすい一つの例を挙げますと、亡くなりました豊竹山城少掾《とよたけやましろのしょうじょう》という、義太夫語りの最後の名人と言われていた人の相三味線を長いこと勤めておりました、四代目鶴沢清六(6)ですね。この人は

(5) **風**：浄瑠璃の作曲者（初演をした太夫）の個性を反映した節付けの妙風のことを言う。杉山其日庵は風とは作曲者の作品の解釈でありこれを学ぶことがことが、即ち芸の修行であるとした。風は武智歌舞伎の重要な概念のひとつである。

(6) **四代目鶴沢清六**：山城少掾の相三味線を務めたが、感情のもつれから、昭和二十四年十月に絶縁宣言をして、コンビを解消した。

山城少掾より十歳下で、まあ世代が一つ違う。山城少掾は寺子屋教育だったけれども、清六は三年までは寺子屋だったが四年から小学校へ行った。ちょうど、日本の義務教育ができて、唱歌教育なんかが普及する境目のところへ出てくるのが清六で、だから、義太夫は音楽だという意識が、山城少掾にはないけれども清六には半分あるわけです。それに三味線という楽器が、だいたい太夫の語りより音楽的な要素を持ってますから。

で、その清六がどこかの新聞社の要請で、義太夫というものを音楽的に現代人にわからせようという音楽講座をやったんですね。それで、京都で百人ばかり集まって義太夫節を習うということになった。音楽として義太夫節を習おうという考え方だろうと思うんです。その時に、これは清六から聞きました実話であり、直話なんですが、

「武智さん、もう、義太夫というもんは、百人に教えるということはできまへんで」って言うんです。義太夫というのは先生と弟子が一人対一人の二人っきりで稽古するんですが、音楽的にやろうっていうんで百人くらいの人に同時に、清六がこっち側に座って三味線を弾いて、

「やってられまへんで」って言う。

「どう、やってられないんですか」

と聞きましたら、「堀川猿廻しの段」を一番初めに稽古したと言うんですが、その中で伝兵衛がお俊を夜中に訪ねて来て、兄の与次郎がびっくりしてお俊を引きとめようと思って、暗がりまぎれでお俊と伝兵衛をとりちがえて伝兵衛を家の中へ引っぱりこんでしまうという場面があります。これは、

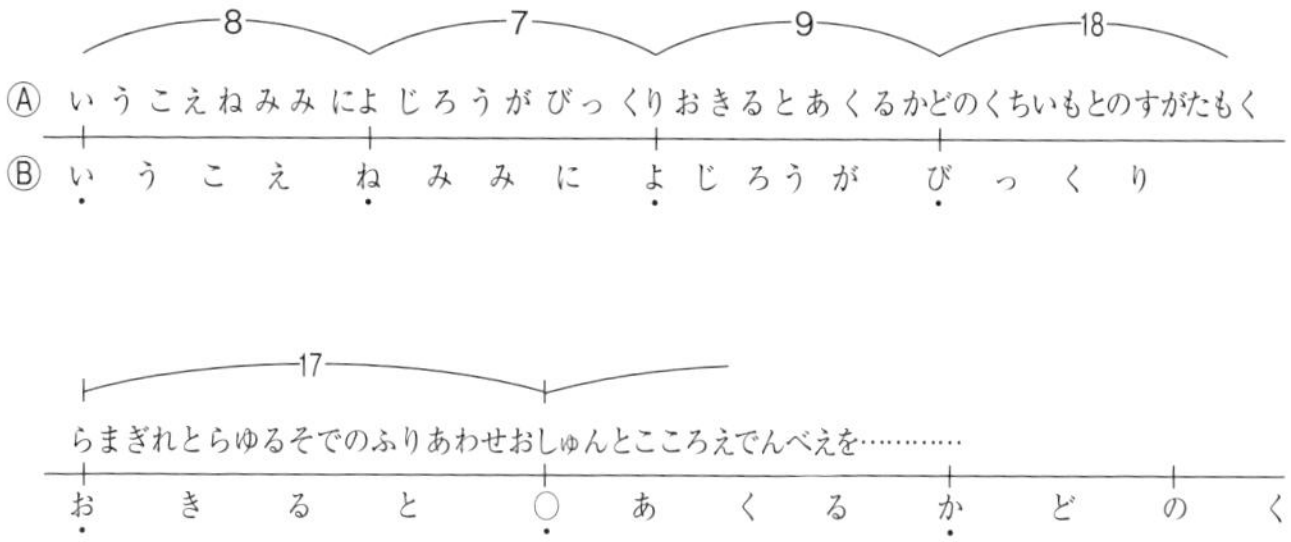

…云ふ声寝耳に与次郎がびつくり起きると明くる門の口、妹の姿
も暗紛れ、捕へる袖の振合せ

という文句ですけれども、ここではできるだけ早く語るところなんです。写実的に（上図のⒶ）。ところが音楽的に教えるとⒷのようになってしまって、これはもう義太夫ではないというわけですね。しかし、音楽としてはそうなっているんです。音楽としてあの義太夫を、大勢で同時に合唱で教わるとなると、Ⓑのようにやらないとだめで、Ⓐではちょっと、大勢では何を言ってるのかわからなくなる。ですからあれはやっぱり一人でやるもので、大勢でやるものじゃございませんというのが、その時の清六の話でした。

ところが、Ⓑの方が義太夫の基本の間なんです。だから現代人の考える間というのはⒷなんですが、義太夫としてのあるべき間は、Ⓐなんですね。テンポとしては変わっていないんですけど、四拍子と二拍子くらいの、つまり倍くらいの早さの違いがある。

常間[7]というものがあって、その常間のⒷのように語ると、与次郎がびっくりしている情景というものが語りの中には現われないわけですね。三味線に対しては決して間違っていない。音楽的には間違ったことやっているんじゃないけれども、義太夫としてはやはりⒶでないと、寝ていた与次郎が寝ぼけまなこで右往左往するという感じが出ない。それから「起きると明くる門の口、妹の姿も暗紛れ」で、Ⓑでは「かどのくち」の「ち」のあとに休止があるんですけれども、この休止は現実の語りの中ではなくなるわけです。「起きると明くる門の口妹の姿も暗紛れ捕へる袖の振合せお俊と心得伝兵衛を無理に引込む取違へ」と早く言わないと、暗がりまぎれに妹と敵方の男を間違えたという情景が出ない。

音楽性は無視しても

ところでここで大変おもしろいのは、いま私は「無理に引込む取違へ」と言いましたけれども、浄瑠璃通の方は「違うじゃないか、『無理に引込み取違へ』じゃないか」とおっしゃるかもしれない。いま文楽の太夫たちが語っているのは「無理に引込み取違へ」なんです。この場合の「取違へ」は、文法で言えば動詞ですね。いまの文楽の太夫は無知ですからみんなこう語っていますけれども、本当は、原作は「無理に引込む取違へ」なんです。そうすると、この「取違へ」は名詞になるわけですね。アクセントも、大阪のアクセントで言いますと動詞の方は「トリチガエ」で、名詞の「トリチガエ」とは明らかに違う。

これがどうして間に関係があるかと言いますと、原作通りの方は「引込む」の「コム」が一音節になってしまいますから、

　むりにひっこむとりちがへ

と、二つしか間がない。大変むずかしいんですね。ほとんどここは一息で語らなきゃいけない。ところが「引込み」に直すと、ここが四つにとれるんです。

　おしゅんとこころえでんべえを◯◯◯
　むりにひっこみとりちがへ◯◯◯

つまり常間で語れるんですね。そこで、語りやすくするために、いまのへたな太夫——いまの文楽の太夫はみんなへたですから——は「無理に引込み」に直しちゃってるんです。本当に正しく「無理に引込む取違へ」と言えた太夫は、近代では一人か二人しかいない。そういう、音楽と文章との闘いが、ここにあるんです。これが、間というものの一つの例であろうと思います。

音楽的な正しさというのはもちろんあるでしょうけれども、語り物として正しい表現へもって行くためには、音楽性は無視しなくてはいけない。「無理に引込む取違へ」という、本来四拍子のものを、

（7）**常間**：じょうま。「定間」とも書く。メトロノーム的な一定の間のこと。三味線の基準となる間。

ほとんど一拍で言わなきゃいけない。それが間なんですね。それが言えるか言えないかが、間という芸術の一つの境目で、そういうものの積み重ねの中に間の芸術としての日本の音曲というものが成り立つ。

写実主義の浄瑠璃というのは寛政前後に一応の技術の基本ができるんですが、大変むずかしいので、江戸の末期になるとまた崩れて行きます。江戸末期というのはあらゆる芸術が、民度の低下につれて芸術性を喪失して行く時代で、浮世絵を見ても何を見ても、江戸末期にはろくなものがない。歌舞伎にしても南北の出現した文化文政までで、そのあとは衰退して行きます。

これが明治になると、いろいろ原因は挙げられますけれども、ともかく名人芸時代がもう一ぺんやって来るんです。これは一方において、社会生活の中で名人芸的要素がなくなって近代化が推し進められるので、日本人全体の民族的な抵抗の姿勢として名人芸、伝統に対する反省が出てきたせいだろうと思いますが、たとえば九代目団十郎、宝生九郎、桜間伴馬というような写実派の人たちが出てくる。能では、ワキはシテと違って面をかけていませんから、写実化する要素はあるわけで、宝生新朔、宝生金五郎、昭和前期に亡くなった宝生新といったワキ方の名人が出てくる要因があるわけです。義太夫の方でも大隅太夫とか団平とかの、写実派の名人がたくさん出てくる。そういう芸術主義者の中で、間の問題、間は魔であるというような考え方、演劇美学が一つ一つ生まれてくる。それの最後の受けとめ手が六代目菊五郎であり豊竹山城少椽である。そういう写実化の流れというものがあります。

この写実化とは何かと言うと、間拍子、常間、つまり先ほどのⒷの方ですが、その義太夫の音楽的な間を討ち破って、写実性をどれだけ盛り込めるかという闘いなんですね。だから大隅太夫なんて人は、たとえば「壺坂」でも、娘義太夫なんかがはやらせた、〽三つ違いの兄さんと言うて暮らしているうちに情なやこなさんは――という聞かせどころでも、ぶつぶつ言ってるだけで、ちっともおもしろくなかったというくらいです。

「義太夫は未開音楽である」

明治というのは大変おもしろい時代で、音楽取調掛《おんがくとりしらべがかり》というのができまして、義務教育のための唱歌を作ろうというので、いま歌っているような小学校の歌を作る。それがちょうど一八〇〇年代の最後の頃ですから、まだヨーロッパでも近代音楽は出てない。せいぜいワーグナーの時代です。だから古い洋楽理論を出発点にして唱歌教育が作り上げられるわけですが、その中で、まず日本人に四拍子を知らしむると言うんですね。要するに四分音符を四つずつ並べて歌える歌を作ろうというので、音楽取調掛で最初に作る唱歌が「白地に赤く」なんです。

ところがこの四拍子というものは、江戸時代までの日本の音楽にはないものです。どうしてこの四拍子を教える必要があったかというと、これは軍隊教育にも関係があるんですけれども、学校で小学生が徒手体操をしたり二列縦隊なんかで歩くときに、四拍子がわからないと歩けない。オイッチニ、オイッチニと歩けないわけですね。だいたい日本人には集団で歩くという感覚がなかった。というのは、農耕というのは個人的な、一人でやる生産ですから、集団で動くということがない。だから軍隊を作っても行軍することができない。そのために、音楽教育で四拍子を教えるということで、音楽取調掛で、まず初めに「白地に赤く」ができる。

まだドビュッシーも出て来ない時代ですから近代以前の理論でして、変拍子なんて考え方も当時はまだなかった。変拍子が認められるようになるのは第一次大戦以後ですから。そういう時に、日本の音楽教育の先駆者たちが「日本は音楽的に未開国である」と言って、その証拠としていろいろな古い日本音楽を採譜するわけです。たとえば私の手元にある本に、これは明治二十年頃の本ですが、義太夫節を西洋音楽の方式で採譜するとこういうふうになるという見本が出ています。

三勝半七の「酒屋」の中に「今ごろは半七つぁん、どこにどうしてござろうぞ」、それから〳〵今さらかえらぬことながら――というところがありますが、これを採譜すると、四拍子と三拍子が交代に出てくる。

○、いま、さ、ら、か　え、ら、ぬ、

こ、と、○、な、が　ら、○、○、

これは未開の音楽であるという論理を、今日ではそんな理論はどこでも通用しないんですが、当時の人は真面目にそう考えたんですね。

この「酒屋」というのは、先ほど申しました埋字運びの名人であるという綱太夫の作ったというか語り出した芸で、常間で語ればたしかに四つと三つに割れて行くんですが、実際に綱太夫が語るのは、たとえば〽舅御さんもお通に免じ――でも「しゅうとごさんも」とはならない。リズムをごまかして、「ご〜〜」と、これが埋字運びなんですが、それから「さ・ん・も」でなくて「さㇴも」というふうに言うことで、リアルにもっていこうとする。

綱太夫の時代というのは江戸長唄なんかがもう出て来る時期ですから、三味線音楽の音楽性もかなり完成しています。江戸長唄というのは三味線のリズムで唄を割ることを考えた音楽ですね。それに日本の音楽全体がこういう傾向になってくる。その中でリアリティを保つためには、埋字運びというものでリズムをごまかしてしまうというのが綱太夫のやり方です。つまり作曲術が時代にあって進んでくるにつれて、語る方の太夫は間ということで勝負をする。抵抗するということになる。

要するに、三味線音楽の常間、決まった間というものがあって、それを殺す方法なんですね、間というのは。三味線音楽は本来常間のものだけれど、それを語り方で、太夫の間でつぶして行こうというのが、日本音楽の成り立ち、或いは義太夫の日本音楽をもととして出来上がってきた歌舞伎だとか踊りだとかの間というものの、考え方の成り立ちです。

髪の毛がはらりなんて、なんでもないことだけれども、その踊りの流れの中で、流れずにそれに一つの歯止めをかけるように髪の毛がはらりと落ちることが間なんですね。そういうところで観客を、踊りという遊びの中から真実と真摯との中へ、もう一度そういう感動を呼びさまそうというのが間の芸術の成立した根本的な理由ですね。

マス・メディアとしての三味線

三味線音楽以前には間という考え方はないんです。三味線音楽というのはその音楽性自体が前へ出ることによって、真実に対する敵になる。それを民衆の側へ、或いはわれわれ日本人の人間としての生きざまの中へもう一度引きもどそうという芸術理念が間ですから、三味線が生まれる以前には間という考え方がない。ということは、三味線のようなリズミカルな、拍子にのるような音楽は、それ以前の日本には、日本人固有の音楽としては持っていなかったということです。

たとえば能の囃子にしても、普通八拍子の理論とか言って八つに割れると言いますが、八つに割れるというだけであって八拍子じゃない。八つには割れるけれども、便宜上割ったとも考えられる。三つ半の一拍子と四つ半の一拍子で合計八つになっているとか、そういうふうな感覚ですね。能は本来リズムに合わないいんです。不合《アワズ》というのが本来の拍子で、それが、能の詞章が次第に完成され、文芸的な内容と演劇的な構成を持つようになって、不合ばかりでは変化に乏しい、退屈だというわけで、間に合う音楽を他から導入してきた。それがクセ舞です。

クセというのはどういう音楽か、発生はよくわからないんですが、おそらく外来音楽、或いは日本に在住していた少数民族か外国民族の血を引く人たちの音楽じゃないか。農耕を中心とした、いわゆる倭人系統の音楽の感覚ではない、他の少数民族の音楽感覚が能の中へ集大成で取り込まれたのがクセで、それから能の中にも拍子に合わないところと合うところができた。

しかし日本音楽には、義太夫でも、合わないところがたくさんあるわけです。

今はもう相三味線という制度がほとんどなくなってきましたけれど、昔はもう相三味線で、これは太夫が亭主で三味線が女房で、二十年三十年連れ添うから初めて気心が知れて弾けるようになるんだというのですが、たしかに、合わないところはある意味で間が自由なわけですから、相手の生理も心理も芸風も全部わかってないと本来弾けないいんですね。相三味線という制度がなくなったということは、本当は、義太夫の中から間という芸術的要素をなくす。全くなくしはしないまでも、間という感覚を研ぎすますことを大変むずかしくする。お役人というか、要するに上つ方が庶民の芸術に介入すると、どうしてもそういうことになるんですね。要するに形式主義にかたよる。ところが本来の義太夫節というのは、そんなものではないわけです。

三味線というものが、その成り立ち上、リズムを持っている。三味線音楽が内在的にそういうリズムを持っているということです。そのリズムに対して、真実はそこにはないいんだ、或いは日本人の歌声というのはそんなものに合わないいんだという主張を打ち出したのが語り物なんです。

三味線というものは、いつ、どこから(8)どうやって日本に入って来たのかわからない、天来の楽器みたいなものですね。最初にこれが日本人の共通の楽器としてとり上げられたのは、おそらく歌声の交換のためということだろうと思うんです。それまでは伊勢の音楽が難波に伝わることはないし、難波の音楽がどこへ伝わるということも大変むずかしかった。それが、三味線を媒介にすれば歌声の交換というものが割合簡単にできる。だから一つのマス・メディアとして、三味線が民族楽器として公認されたということがあると思います。ともかく、三味線のルーツはここでは問わないことにして、日本固有ではない楽器が、日本人固有の歌声でない歌声を作り上げていったということは、歴史的事実として言えると思います。

対決はさらに続くか

その三味線音楽の作った歌声に対して、語り手、歌い手の方で、俺は日本古来の歌声を持続するんだというレジスタンスが生まれ、この三味線と歌声の争いというものがえんえんと続くわけです。三味線がチンというツボを弾けば、太夫は絶対にチンという音では語らないとか、先ほど例にあげました、三の音を弾いたら俺は一の声から出るとか、要するに三味線の規定する音楽性を全部無視して日本人の古来の、謡の伝統以来の歌声を持ち続けようという闘いが、三味線対太夫で激烈に行なわれる。で、三味線方がほぼ勝利を占めるのが元禄前後ということになっているのですが、この闘いは実際はずっと後まで持ち越されます。それで、三味線に歌声が追従するようになるのが江戸長唄なんですが、江戸長唄にも二派ありまして、たとえば「吾妻八景」と「秋の色種《いろくさ》」では全然成り立ちが違います。歌声が先行しているのが「秋の色種」、三味線が先行しているのが「吾妻八景」、つまり歌い手に三味線がついて来いという考え方の長唄と、三味線に長唄がくっついて行く長唄と二種類あるわけです。それが今では平均化されまして、芸大の邦楽科というものができ、全部三味線の譜でうたうというふうになって現在の長唄の衰退が出てくるわけですが、長唄の中にも、まあ、そういう抵抗がある。

唄い物でもそうですから、語り物の中での抵抗というのは非常に長く続いて、現代も続いていると言えます。先ほど申し上げたように、三味線の間というものを無視しようという考えがあるわけです。要するに三味線の規定する常間と、語り物としての義太夫の間、この二つの食い違いを食い違いとして暴露しては、一つの芸術としての意味をなさないけれども、暴露しない範囲内でつじつまをあわせてうまくやろう——これが間の考え方です。三味線という本来外来の楽器に対して、日本的な歌声を持続するという闘いの中で生まれるのが間なんですね。

長唄が三味線に従属したように、江戸舞踊も三味線に従属します。チントンシャンと決まる、この〝決まる〟というのは常間の中ではじめてできるんです。能には決まるということがありません。能

（8）**三味線というものは、いつ、どこから**：武智は、三味線にはスペインの三弦ギターの影響があると考えている。インタビュー記事「日本の民謡はスペインのフラメンコです」（昭和五十二年五月、全集第五巻所収）に詳しい記載がある。

の動きは永遠に、常に流動してますから。江戸舞踊にはある。で、上方舞、地唄になると、また決まる間がないんです。これは、三味線音楽の中で、能と同じように日本人の間を持ち続けたからで、三味線音楽に降参したのが江戸舞踊というわけです。

これは別に江戸舞踊が下等だというのではなくて、江戸舞踊を受け継いだ花柳とか藤間とかの踊り手が、明治政府に付和雷同というか阿諛《あゆ》というか、要するに明治政府の音楽教育の方針を受け継いで作り上げるわけです。特に花柳流というのはそうですね。だから花柳に古典なしという言葉があるくらいで、つまりは新舞踊を中心に出来上がって行くんです。それが小学校教育、義務教育とうまくマッチして、踊りというものが花柳界などの特殊な古典的世界でなくて家庭に入って行く。これが花柳流の成立の歴史です。だから花柳流というのはもう最初から明治政府に降参した踊りで、花柳幻舟にねらわれるくらい大きくなったのも、明治政府に妥協したからですね。で、妥協のしかたの少ないところほど微々たる勢力になって行く。間についても、あくまで守ろうとすると花柳流になれない。

日本民族の本来の芸術を持ち続けるには、三味線の中の反三味線という大変微妙な状況の中から、踊りにしろ語り物にしろ、間の問題が出て来るわけです。

（季刊「伝統芸術」第五号・伝統芸術の会・昭和五十六年六月）

歌舞伎の間

1

歌舞伎という一見単純そうな形式の演劇が、実は複雑な、異なった種類の様式を内に抱えこんでいて、昔から研究の徒を悩ませてきたことは、周知の事実である。

歌舞伎の様式が特定し難いように、したがって、歌舞伎の要素の一つである間（ま）の問題も、単なる外面的あるいは内在的なリズムやビートやストレスの問題として、単純に捉えて、割りきって説明することは、非常に困難である。

そもそも歌舞伎の多様性自体が、その伝統への尊重の念ないしはあとがえりの習癖から来る歴史（的事実または事件）の蓄積作用の結果として生まれ出たものであって、演劇史の完全な把握の後にでないと、正確には理解できないものなのである。

このような日本の演劇の習性は、深くその農耕民族的な長老支配の社会性に根ざしているのであろう。

農耕生産組織が確立し、民族文化の意識が芽生えて以後、その生産性における歴史ないしは長老的記憶の重要性が、芸術面においても、伝統への極度の配慮と重視との傾向を呼びおこした。

芸術が生産性にかかわるかぎり、ほとんどみそもくそもという底の伝統の摂取ないし保存の精神は、長い歴史を通して、失われることなく継続した。それが、根本的に生産性にかかわっていたことは、日本の伝統芸術、この論のばあいには歌舞伎、にとって、幸福なことではあったが、同時に繁雑で混乱を生じやすい表現上の要因ともなった。

演劇は、一面、社会性の歴史的段階を反映して、間断なく変化していく。この意味で、演劇は、未来の時間に向かって展開されていく芸術である。しかし、同時に、民族文化の根源に向かって引き戻される要素も、それは強く持つ。これが伝統の問題であり、このゆえに芸術は生産性を失わないでいられる。ただ、長老支配的な要因の強すぎる農耕社会では、過去の記録の記憶のすべてが、その生産性の場におけると同様の重さで、芸術の上にのしかかる。

しかし、なるほど、農耕生産では、雪の多い冬の後には潤沢な豊作が来るとか、赤い夕映えの後には晴天が来るとか、このような季節の変化の推移の後には野分が吹きすさぶとか、長老の体験的な記憶の集積が直接に生産性に役立つことが多いのだが、それが芸術的創造について、それほど直接的に役立つとはかぎらない。

むしろ、未来に向かって眼を開くとき、過去の芸術的集成との調和は、困難な倫理的抑制となって作用することの可能性も強い。もちろん、この作用は、演劇から生産性や民族文化との根源的なかかわりを喪失させないためには有用である。このことを見失うと、観念だけが過大で演劇的実像をともなわない新劇のような演劇を生んでしまう。しかし、といって、過去への牽引力ばかり強くなっても、現代の若手俳優による歌舞伎のように、無感動無気力の弊に陥ち入るのである。

この間のバランス感覚ともいうべき創造的知性を、歌舞伎の祖先たちは、巧みに使いこなしてきた。その結果、歌舞伎は一見単純で、その実組成の複雑な、怪物的な演劇に育て上げられた。

そのことの絵解きには、だから、最初に叙《の》べたように、演劇史的理解と、その異時代的な要素の有機的な結合のための化学作用的な実験とが、必要になってくる。

間の問題にかぎって考えるにも、このことは、例外ではない。歌舞伎の間の、世上に言われる複雑な構成も、間の成立の歴史的事実の解明から、はじめられなければならない。

2

歌舞伎が、先行演劇としての狂言に、大きく影響されて成立したことは、否めない事実である。歌舞伎の組成のはじまりが狂言尽しであり、その組成に狂言師がかかわり、歌舞伎狂言とか狂言立てという用語が現在も使われていることで、その関係は明白である。

間にのみ関して言えば、狂言の間は、単純明快である。狂言の間は、おこしの間で、ことばが一定間隔のストレス（強勢）で言われ、そこにイントネーション（変調）が成立するだけの仕組みである。狂言は対話もしくは会話の演劇であるが、その主な登場人物は一般社会人であり、個としての人である。それは、ときとしては、大名であり太郎冠者であり、僧侶でありスッパであり、それぞれの身分や環境に応じての位取りの差こそあれ、人として動き、会話するのに、特殊な間が生じることは、ない。

ときには、鬼や、山伏のような荒行者、つまり超人を目ざす人が登場することもある。また業平のような伝説中の人物や、老爺老婆のたぐいが、現われることもある。また普通の社会人でも唄い舞って興じることもある。そういうときは、音楽的な間が、日常的な間とは別に現われることもある。しかし、それらは例外で、狂言の間は、基本的には、個人の日常的な行動の間を規範としており、個の間であることに違いはない。

狂言師の唄い舞う芸は、小謡（こうたい）小舞（こまい）と称され、原則的に能の謡や舞に準じて行われる。能と狂言とは、興行権の問題から、能に狂言が殉ずるという形を採らされていたので、社会的な勢力均衡上、特殊芸能の部面では狂言は能に倫理として従属する形を採る。したがって、狂言を通して、能の間の影響は、歌舞伎に至っていると考えてもよい。

能の間というのは、音曲的な間であるが、同時に、能面の間と考えることもできる。能面は、人間の顔面と違って、展示するものであるから、原則的に静かに動かされる。早い動きでは、能面の微妙な変化は、鑑賞に耐えないからである。そうでなければ、能面は一瞬のあいだに、急速に動かされる。これを面（おもて）を切るという。切る技術は、実は、能面を、動かす前と、動かした後との、二つの位層で、静止的に捉えることとの技巧であって、瞬間的な急速な動きは、実は無視される時間（無の間の一種）なのである。歌舞伎には本来的には能の切る技巧は移入されていない。歌舞伎でも、見得を切るという言葉はあるが、これは、実は見得を切る時間を経過的に示して観せるものであって、経過のある間であり、能の切る行動を支える無の間（むのま）的な要素とはまったく異質である。

3

前節後半で指摘して来た音曲的な間は、しかし、何も狂言を通しての能の間の影響から生まれたもののとのみ考えるべきでない。むしろ、能の静謐の間は、能面の機能から生まれたもので、人間の素顔を示すことを基とする歌舞伎にとって、本来的には無関係なものである。

歌舞伎における音曲的な間の混入は、むしろ狂言の小舞や、それの影響が三味線音楽と結びついて成立した若衆舞[9]から直接派生した事態と理解したほうが正しいであろう。初期の若衆舞のレパートリーが、狂言小舞の「海道下り」「小原木」「ひんだ（靭猿の小謡）」などと一致した点が多いのは、その間の事情を反映していよう。これらは所作事の系列に属し、景事[10]（けいごと・けいじ）のはじまりと考えてよい。歌舞伎の間を支える第二の要素として、この景事の間（けいじのま）を指摘することができる。

（9）**若衆舞**：若衆歌舞伎は美少年を主演者とした歌舞伎で、女歌舞伎の禁止（一六二九）により盛んになった。しかし、一六五二年に禁止されて、以後は野郎（成人男性）歌舞伎の時代となる。若衆舞は、女歌舞伎から伝わった猿若の滑稽な物真似芸と踊りで、これは狂言小舞の形式に非常に近いものであった。

（10）**景事**：人形浄瑠璃で歌謡的な節に合わせて、人形が舞踊的な所作を見せる場面のこと。道行きや物尽くしなど。

景事は、必然的に女形芸に結びつく。若衆の傾城事[11]が女形芸に直結して行くのであるが、それを支える間が、歌舞伎の大切な間となって行く。女形芸が景事の間であるとすれば、様式の統一の必要上、立役の芸も同様の間を持たざるを得なくなる。

坂田藤十郎の写実芸は、狂言の話術を近世化し、人間くささを増幅したもので、第一人称の間（会話劇の間を仮にこう呼んでおこう）だったとしても、その相手を勤める女形たちが、傾城事を基とし、景事の間を通して女を再創造する必要があった以上、藤十郎（にかぎらず、相手役の男優）はそれに合わせた間を、妥協的にいくらかでも芸の間として輸入しないわけにはいかなかっただろう。ここに、相手方に合わせる、いわば第二人称の間ともいうべき間が、歌舞伎に導入されることになる。近松門左衛門の「傾城仏の原」の脚本に関して、藤十郎と芳沢あやめとの間に確執を生じたという伝説も、所詮は、この第一人称の間と第二人称の間とのあいだの、折れ合いのための歴史的必然の所産と見なすことができる。

現在の歌舞伎の中では、藤十郎の写実的な歌舞伎というものは、すでに滅亡して、観るよしもない。現在、第一人称の間を貫こうとしている歌舞伎は、市川団十郎系の荒事のみであるが、これは必然的に江戸歌舞伎における女形の未成熟という事態を、演劇史上に残している。男が女に変成《へんじょう》するという宿命の女形芸の中では、第一人称の間を貫くことは事実上不可能なのであり、女形は若衆歌舞伎以来の景事の間に依存せざるを得ない。

4

景事の間の成立の因を、若衆歌舞伎にのみ求めることは、正当ではない。女形芸自体が、人形のおやま遣いの芸に、その成立の源が考えられるのではないかと思えるからである。近松門左衛門の浄瑠璃が大流行したとき、その流行の一端を支えたのが、おやま遣いの名人辰松八郎兵衛だったからである。八郎兵衛のために景事の場面が必ず用意され、出遣いという、当時の差し込み人形では考えられないような破格の待遇が、八郎兵衛に与えられた。竹本義太夫の出語りということも、あるいは八郎兵衛の出遣いに対する座本の権威を譲るための対抗措置だったかもしれない。

近松門左衛門や竹本義太夫の目ざした、語り物としての浄瑠璃とは、実は坂田藤十郎の写実芸の影響下に成立した理念であると考えられる。いまも文楽に残る「世話のタテコトバ」[12]の技術は、藤十郎→近松→義太夫と受けつがれた、浄瑠璃の中へ第一人称の間を——という「語り」の理念の凝縮的結実であったと思える。

このように音曲にさえ第一人称の間をという写実の精神は、八郎兵衛のおやま芸の人気を通して、

(11) **傾城事**：初期の歌舞伎では、廓で遊ぶ客と遊女のやり取りを描く傾城買い狂言が多く作られたが、傾城（上級遊女）を題材とした所作事がすでに貞享年間（一六八四〜八八）に見られる。

(12) **世話のタテコトバ**：立て板に水を流すように、言葉を連ねる「しゃべり」の技術で、初代坂田藤十郎はこの「しゃべり」の芸を得意とした。近松門左衛門は後年、藤十郎の芸を人形浄瑠璃のなかに生かした。例えば「嫗山姥」での八重桐のしゃべりの芸である。これについては、本書の歌舞伎素人講釈「嫗山姥」を参照のこと。

再び音曲芸事の世界へ引き戻され、第二人称の間を浄瑠璃の中に温存することに用立つのである。

一人遣いの差し込み人形の技術は、人間以上の手っとり早い間で人形を処理することが可能で、それは現在民俗芸能として残る一人遣いの人形の操作を観ても、容易にうなずけるところである。そうであればこそ、近松や義太夫の写実芸の主張、語りの精神は、人形の操作とさしたる背馳なく、実践に移すこともできたのであった。

筆者自身の体験であるが、近松の『心中重井筒・六軒町の段』を、かつて竹本綱太夫が実験的に語ったとき、そのとき聞き手のひとりであった初代吉田栄三が、

「さすが近松さんのお作だけに、よう書けてますけど、今の文楽では上演できまへん」

と言い放った。その理由は、お房徳兵衛が屋根伝いに逃げるところが、人形が遣えないというのであった。

つまり、一人遣いの差し込み人形なら、あの文章とあの作曲で遣えるが、現在の三人遣いの人形では、間が合わない、という主張である。

そこで連想されるのは、『仮名手本忠臣蔵・九段目』での、人形の吉田文三郎と、語り手の竹本此太夫との対立衝突である。この事件は此太夫の退座、東西の風《ふう》の混乱(13)という大問題を呼びおこす演劇史的大事件であるが、要は文三郎が三人遣いの人形の間では、由良之助の人形が庭へ下りられないと主張し、その主張が通ったということなのである。そのころ、ようやく三人遣いの人形が定着したのに、竹田出雲の浄瑠璃の文章も、此太夫の語り口も、作曲も、一人遣いのときから少しも改良されな

い。その不満が三人遣いの人形の側から提出されたということである。

たとえば、同じ出雲の『菅原伝授手習鑑・寺小屋の段』[14]でも、松王たちが引き上げたあと、女房千代が寺子屋を尋ねてくる。そのときの文章が「門の戸がらりと引きあくれば、女は会釈し」とだけしか記されていない。このあいだに三人遣いの人形の千代が、家の中へ入って、うしろをむいて様子をうかがってから戸を閉め、源蔵にお辞儀するのは、至難の業なのである。

三人遣いのばあい、主遣い（おもづかい）は左腕を支点として、ぐるりと一回転し、ということは、身体全体を左腕の外側でまわすのだから、少なくとも数歩あるかなければならない。左遣いは、右手先を円の中心として同じく一廻りするのだから、これは主遣いの倍以上の距離を走るようにあるかなければならない。足遣いもしゃがんだままの姿勢で小廻りに数歩あゆまねばならぬ。これだけの行動をとることは、この文章の長さ、この節付けでは、不可能に近い超人業を要求される。

つまり、三人遣いが発達するにつれ、浄瑠璃を写実的に表現することは困難になり、文章も作曲も、

(13) **東西の風の混乱**：寛延元年、人形浄瑠璃「仮名手本忠臣蔵」初演の時に、九段目の由良介の間合いを巡って、文三郎と此太夫とが口論となり、結果として此太夫一門は竹本座を退座し、豊竹座へ移籍した。これにより義太夫の西風（竹本系）と東風（豊竹系）が混交することとなった。

(14) **『菅原伝授手習鑑・寺子屋の段』**：武智の「文楽　その芸　その人々」（昭和四十七年、全集第三巻所収）のなかに、初代栄三の言葉として、「千代が戻ってきて、『門の戸がらりと引きあくれば、女は会釈し』というところでほんのわずか（五秒ぐらい）のあいだに家へ入って、ぐるっと一つ回って、戸を閉めて、それから源蔵にお辞儀せんなりまへんねん。（中略）それもただまわるだけやないのんで、外に誰もいやへんか確かめて、戸を閉めますのや」とある。

三人遣いの様式に合わせて、非写実的に、複雑な間で作られるようになる。長い産《う》み地、手のこんだ作曲やさわり、様式化したことばが、三人遣いの人形の技術に合わせて、『酒屋』や『太十』のように、用いられるようになる。

もちろん、義太夫節では、写実に還れということが恒に語り手のモットーであり、それがまた近松門左衛門や竹本義太夫の悲願にも叶うことであるが、同時にそれは、果たすことができず、みたされないからこそ、理想の理念としてモットー化されつづけて現代に至っているとも言えるのである。

5

歌舞伎は、長いあいだ、義太夫狂言を金科玉条として、発達してきた演劇である。その理由は、歌舞伎内部における脚本難、ドラマツルギーの不備や未発達にあったのであるが、ようやく自身のドラマ（地狂言）を持つことができるようになっても、義太夫狂言で作り上げた表現技術の呪縛から脱け出すことができないまま、地狂言自体すらが、そのような演技術を前提に、書かれるようなことになってしまった。

このように三人遣いの人形の間から発達した演技術を、第三人称の間というのはいささか造語性が強すぎる気もするが、レトリック上、狂言（会話劇）からきた第一人称の間、景事から生まれた第二人称の間に対して、これを第三人称の間と称することとしたい。

現在の歌舞伎は、この三つの間が、複雑に混り合い、噛みあっている。

この三種の間が、平行的に、同一狂言の中で採り上げられているような極端な例さえ見ることができる。

たとえば『寿《ことぶき》曾《そ》我対面《がのたいめん》』がそれで、五郎十郎は荒事調で第一人称の歌舞伎、大磯虎や少将の女形は、傾城事で第二人称風に、そうして工藤祐経は、人情深さをあらわすために、浄瑠璃狂言風の、いわば第三人称のせりふまわしで表現される。

祐経が本来の敵役であるなら、荒事風に演技を統一することができたはずだ。また、女形も未熟な江戸風の女形芸を表現するにとどまれば、間も現在の演技とは違ったはずだ。しかし、祐経に、狩場の総奉行の役目が終わったあと、兄弟の心情を察して討たれてやろうという人情劇風の肚が加わった以上、少しウエットに物言う術を加味することは許される。女形芸も、未熟の段階に逆転するわけにはいかない。

こうして、五郎十郎の、のびちぢみしない、ストレスの強い荒事風のせりふ、優雅な身ごなしの間の虎少将、浄瑠璃風にのびちぢみする音曲的な祐経の間と、三つの違った間が並存することになる。

このように、異なった三つの様式が並存する演劇の例も珍しい。

しかし、大部分の歌舞伎では、この三つの異種の間が、うまく按配され、溶け合うように工夫されて、上演されている。

その成立発展の過程において、義太夫狂言からの影響が非常に大きい関係上、演技の組み立ても三人遣いの間が基準になっていることが多い。女形芸が景事所作事の間より小さく狭くなることが困難なので、男役の芸はそれより誇張された三人遣いの間の伝統に準拠することが多い。しかし、写実に戻れという大命題に俳優が精神的に拘ることもしばしばなので、ぎゃくに男芸のほうがさっぱりした間になることもある。ちょうど女形芸を中心に、誇張と写実とのあいだを揺れ動いているような形で、演劇全体の間が組み立てられるような風になる。

6

もちろん、幕末明治の頃になると、『勧進帳』をはじめとして、先行異質の芸であったはずの能からの題材の移植が行われるようになり、能の様式や、能面的な表現の特質も、換骨奪胎といった形で、導入されるようになった。能に本来的な間は一種の精神主義（肚芸とかイキとかいったような）のような形で移入され、シオリやオモテヅカイやナガレアシのような、能面芸術に特徴的な技法と共に、消化されて入りこむようになった。

また、近代に及んで、いわゆる新歌舞伎風の、写実というよりは、自然主義的な、すかしたような間も、入りこみ、それが新歌舞伎の範囲にとどまらず、古典的な所作事である『保名』や『鷺娘』などにも、そのような自然な間というものが写実主義のような形で見られるようになった。この傾向は、九代目市川団十郎から六代目尾上菊五郎に至るまでの、精神主義や演技主義の絶頂時には盛んに見られたが、最近に至っては、俳優の演技力の低下と表現力の幅の狭化との関係から、ほとんど見られなくなった。いまは、間という点では、本来の三種の間の組み合わせにとどまることが多く、表現的エネルギーの低下による間の劃《かく》一化のほうが心配されるほどになった。

もちろん、能の影響についても、本質的な素地の差異から、能の複雑な構造的な間がそのまま移し植えられるようなことはありえないので、むしろ低い意味で単純化された形で採り入れられていることが多い。

また所作事が近代化、合理化の線をたどることによって、本来の景事の複雑な間を見失う一般的な（邦舞の）影響を受けて、景事の間も、単純化劃一化されて、常間（じょうま・定間）に堕して行く傾向が強い。このことは義太夫狂言の間についても、同様の傾向が認められる。

このようにして、錯雑した間の組成と、また会話劇のストレスの間、景事の間、浄瑠璃ものの間の、それぞれに特有の複雑な間とのからみ合いから来る高度の間は、いまや歌舞伎の近代化合理化の傾向のなかで、やがて滅失の期が近づくのではないかと、心配される現況である。

（南博編『間の研究〜日本人の美的表現』・講談社・昭和五十八年一月）

「俊寛」の型の意味するもの

型というのは原作の解釈だろうと思います。これが伝承されて行くわけで、ですから解釈はいくつもあっていいんですけれども、その伝承があれやこれや入り混じってはいけない。それからその伝承も、節目の正しい受け継ぎであることがかんじんですね。

歌舞伎の「平家女護島」の俊寛について言えば、段四郎の型だとか璃寛の型だとか言うけれども、それよりもまず近松門左衛門の原作から出てくる型でなければならない。歌舞伎の「俊寛」というのは、そもそも伝承に価いするような役者が演っていないんです。歌舞伎の中で俊寛がどう演られたかというと、「姫小松子の日の遊」、通称「山の俊寛」という芝居がありまして、俊寛が兵庫の摩耶山に山賊になって立てこもっているという芝居なんです。これはもちろん近松よりも後世のもので、ちゃんとした歌舞伎よりも小芝居(15)でよく演じられていて、その序幕に「島の俊寛」を演った。それがハッと目が覚めると、ア、今のは夢であったか――つまり山賊の俊寛が島へ流されていたときの夢を見たという形でやったのが、歌六とか段四郎の演じた俊寛の原型なんです。

ですから、いまの大歌舞伎で先代吉右衛門が歌六の型でやったとか、猿翁になった猿之助は段四郎の型だとか言っても、その出生が小芝居なんですね。で、小芝居がいいとかわるいとか一概には言えないにしても、小芝居の中では伝承がはっきりしないということと、そもそも俊寛を演るというのが近松の原作に共鳴して取り組むのではなくて、夢の場として、一つの付け物みたいな扱いですから、いくらかいい加減になっているということはありますね。それが、歌六や段四郎を経由して、小芝居の型がそのまま大芝居に入って来ている。だから、これが俊寛の型だと言われても、非常に疑いを持つんですね。つまり団十郎は演ってないんですよ。団十郎が演りそうな役でありながらやっていない。ということは、やはり小芝居の芝居だという、差別的な考えがあったのかもしれません。

団十郎に対する評価もいろいろあって、このごろでは演劇改良論者だとか、いくらか軍国主義的な精神主義だとかいう批判があります。そういう一面はたしかに、創造的な俳優としての団十郎にはありますけれども、同時に古典をちゃんとした伝承の中で受け継いでいる芝居というのは、やはり団十郎、菊五郎を経由してないと、ちょっとあぶないところがあるような気がします。

歌舞伎の中の写実

歌舞伎の「俊寛」で、今言ったような疑問を端的に感じたのは、写実でないということですね。歌舞伎というのはもちろん様式的な演劇で、「俊寛」にしても義太夫が入っていますし、身近な意味で

(15) **小芝居**：厳密に規定できないが、江戸時代には公認の大劇場以外の劇場のことを指した。多くは寺社の境内にあったので宮地芝居、あるいは緞帳芝居（どんちょうしばい）とも呼ばれた。

の写実でないのは言うまでもないんですが、そういうものを精神として写実の領域へ近づけようという意志、指向は、大歌舞伎の俳優には常にあった。それがどうも歌舞伎の「俊寛」には足りないような気がするなと思ったのは、一つはあの幕切れの場面なんです。

ここはいま誰が演ってもそうしていますが、最後に船を見送って岩の上へあがって行きます。そのときに舞台をグルッと回して、たった一人で島に残った俊寛の孤独という姿を見せる。そこからまたいろいろ理屈や解釈が出て来て、一人淋しく船を見送るとか、翫右衛門のようにみんなを都へ返して満足だというのでニヤリと笑うとか、いろいろあるけれども、それはどれも枝葉から出て来た解釈で、島の高みに一人残る俊寛という舞台上の虚像から来ているにすぎない。そういう枝葉の問題が、本当の俊寛の解釈としての型と言えるかどうか。いくら翫右衛門がニヤッと笑おうとどうしようと、型が成り立つ条件がすでにそこにはないんじゃないかと思うんです。あの俊寛は島での生活というものから離れて、浮き上がってしまっている。

というのは、先ほども言いましたように、元来が夢としてあの場面は作られているわけです。現在は山賊の頭目になっている俊寛が、束の間の夢の中で、「ああ、あのとき俺は淋しかったなあ」というロマンティックな孤独感を味わう、夢想的な演出になっている。その感慨を出すための手段であって、「山の俊寛」という芝居の幕切れではないんです。

それにあの場面では、舞台をグルッと回すと岩のまわりは全部海になっている。今まで俊寛が生活していた場所はなくなっちゃって、鬼界ガ島じゃなくて鬼界ガ島の岩だけになってしまう。これは歌舞伎を支えている精神、歌舞伎を消費財でなくひとつの芸術に、写実という原点に絶えず戻そうとする歌舞伎俳優の芸術志向と、たいへんかけ離れたものです。

これもまた、夢の場面だということと、小芝居だという条件から出ているようで、現代人にはかえって、「なるほど俊寛は淋しかっただろう」と思わせるのに都合がいいし、俳優の方も、あの場面をどういう気持で幕を切るかなんてことに苦労しているようです。だいたい「俊寛」なんてはやらない芝居が人気が出てきたのは、あの幕切れのおかげと言ってもいい。しかしその幕切れの型自体が、謂わばいわれのない型で、「山の俊寛」という別の芝居につなげるための演出ですから、それに固執して、これが近松門左衛門の「俊寛」でございますと言うのはおかしい。

伝承の正しさということ

「俊寛」があたるようになったのは昭和に入ってからです。原作の、浄瑠璃の「平家女護島」というのも、大変むずかしい浄瑠璃だとは言われましたけれども、あたったとは決して言えない。近松の生前には一度くらいしか上演されていませんし、死後の上演記録も四回か五回くらいしかない。二代目の竹本義太夫が最初にやりまして、次が初代の染太夫、それから三代目染太夫、四代目染太夫と、徳川時代には四回しかやってないわけですね。たいへんむずかしくて貴重な作品だとはわかっていても、みんなかえって恐れて手をつけないし、内容も、近松のものですから「太功記十段目」とか「伊賀越」なんかと違って、あんまり大衆的ではない。ほとんど打ち棄てられてたんです。四代目染太夫がやってから昭和七年に豊竹古靭《こうつぼ》太夫(16)が復活上演するまで、およそ二百年間というもの上演記録がないんです。

この復活するときの逸話がありまして、東京に豊沢松太郎という三味線の名人がいて、その人が「俊寛」を覚えているという。で、東京まで古靭太夫が習いに来て、教わって、その後も自分で研究しているうちに、鶴沢道八のところへもこの「俊寛」が伝承されているということを聞いて、古靭太夫は道八のところへも行くわけです。そうしたら、東京で松太郎が教えたことと、神戸で道八が教えたことが、寸分違わなかったというんです。二百年間一度も上演されなかったものが——。

結局、狂言の「釣狐」なんかでもそうですけれども、永いこと上演しない曲というのは仕勝手でゆがんでいないんですね。だから、和泉流の狂言というのはだいたい東京アクセントなんですけれども、「釣狐」に限って上方アクセントになっている。それぐらい狂わないものなんです。

この話はまだ続きがありまして、復活上演したあとで古靭太夫が四代目染太夫の使っていた床本を手に入れるんです。そうしたら、「俊寛」というのは蜑《あま》の千鳥の薩摩訛りというのが一つの特徴ですけれども、その上ゲ下ゲの譜が打ってあったのが、松太郎、道八のとこれまた寸分違わなかったというんです。

古靭太夫が、

「この三つの経験を通して、私は、教えというものが正しく伝わっているんだということを確信しました」と言ってました。

文楽では、そういう具合に、全然上演されなかったからこそ純粋に伝わっているという、われわれが素人判断で考えるのと正反対のことがあるんです。型というものの貴さの一つはそこにあると思います。いまの義太夫の曲なんていうのは、「曽根崎心中」でも、残ってないからいい加減に作っておこうというようなものですけれども。

こう考えてきますと、小芝居から伝わってきたいまの歌舞伎の「俊寛」の、島が岩に変わってしまうという写実離れ、これは夢だから許されるのであって、本来の近松の作品の中では許されないことだと思いますね。その型が伝わっているのが、歌舞伎の「俊寛」上演史の不幸でしょう。

大時代がなぜ世話になる

それで私は近松の原文に即して、武智歌舞伎で「俊寛」(17)の演出をやり直したんですけれども、一番感じることは、歌舞伎の「俊寛」というのは世話物みたいになっているんですね。非常にやわらかい軽い調子で、島に流されている坊さんと若旦那と、蜑の千鳥なんていうのが出てくるからよけいそう

(16) **豊竹古靭太夫**：昭和二十二年三月、秩父宮より掾号を受領し、豊竹山城少掾となる。
(17) **武智歌舞伎で「俊寛」**：武智歌舞伎演出の「俊寛」は昭和二十五年五月・大阪文楽座での「関西実験劇場公演」のことであった。「武智歌舞伎」は後にマスコミが付けた名称である。

なるのかもしれないけど、まるで世話物みたい。ところが近松の原作を読むと、大時代なんです。義太夫で聞いてもやはり大時代のもので、だから重い作品だったんだろうと思うんです。

俊寛というのは空腹で飢餓状態ですからそんなに力は入れられないだろうというので軽くやるのが、歌舞伎的写実で世話的になる一つの要因だろうとは思います。それから千鳥のように身分の軽いものが出てくるから大時代にならないとか。だけど、瀬尾太郎とか丹左衛門なんてのが出てくるのは、どう考えたって時代の芝居で、そこの食い違いというのが一つ重要だと思います。

もう一つは、近松の文章というのは言葉自体に写実の要素が濃いので、大時代でも、近松門左衛門の文章の味として写実になる傾向がある。大時代の中の写実ですね。それは近松の味なんですが、歌舞伎の俳優たちがそれを世話だと勘違いしたんじゃないか。

敵役の瀬尾太郎の台詞を、歌舞伎では非常に張った調子で大時代に言いますね。ところが浄瑠璃の、古靭太夫のを聞いてますと瀬尾太郎というのは大変に品が良く、歌舞伎の役者なら世話だなと思うであろうくらいに品が良い。清盛の忠実な執事なんだけれどもドラマトゥルギーの上からは悪になる——スタニスラフスキー(18)の考え方なんかとも一致すると思うんですが、清盛の執事だから品の悪い人であるはずがないんで、しかし同時に、根本精神は悪だというところが瀬尾には出なくてはいけない。だから普通の、赤ッ面の敵役の台詞の張り方とは違うはずなんです。

後世の義太夫と近松が違うのは、敵役が春藤玄蕃にならないわけです。そういう誇張されたのではなくて、この人は清盛の家来で非常に身分の高い侍だと。だから品は悪くないんだと。だけど精神はあんまり良くないんだと。そういうところを、近松の場合は気をつけて、狙っていかないと、近松の味、型にはならない。

たとえば俊寛が、

「何とて俊寛の名は読み落し給ふぞ」

と言うと、瀬尾は自尊心を傷つけられるわけです。俺が読み落とすはずがないと。

「ヤア瀬尾ほどの者に読み落せしとは慮外至極」

と言うんですが、歌舞伎の俳優はこの台詞を春藤玄蕃式に、いかにも悪者みたいに張って言う。しかし古靭太夫のはもっと品が良い。それが近松の味というか、近松の文章を読みこむことから出てきた言い方なんですね。そういう近松の文章自体が要求するレシテーションを、歌舞伎の俳優はとらない。歌舞伎の「俊寛」全体が世話的になっているのは、そういうところに原因があるんじゃないかと思いますね。

つまり、近松的な人物の解釈と発想・表現方法で、ある人物を身分とか生活環境、階級などというところへいったん戻して、その中で人物を描いているわけで、そういうもののない単なる敵役なんていうのはない。これは悪者には違いないけれども、同時に清盛の重臣であるという、そういうハラのハコビ——と浄瑠璃では言うのですが——に、近松のものは特殊の注文があると言い伝えられている

---

(18) **スタニスラフスキー**：(一八六三〜一九三八) ロシア革命時代の演出家。内面的な真実を蔵した人間像の形象化を目標とするリアリズム演劇を本格化させるためにスタニスラフスキー・システムという演技理論を提唱した。

のは、こういうところをさしているんだろうと思います。

大時代の中の写実

もう一つ言えるのは、近松の時代は人形が一人遣いですから、間《ま》が人間の間に近い。三人遣いになると人間の間では間にあわなくなって、人形の間に合わせて浄瑠璃を語るようになるわけですが、近松の頃の一人遣いでは日常の動きに近い。そこで、台詞の言い方でも型でも変わっているはずで、この点もまた、歌舞伎の人が近松を世話だと勘違いする要因でしょう。近松ものでもあれは大時代なんで、近松の大時代というものに対する認識がどうも不足しているようですね。

その証拠に、この段の初めに俊寛が島での自分の生活を長々と説明する、近松一流のレトリックで書かれた美しい文章があるんですが、この部分を、俊寛の一人芝居では劇が展開しないからつまらないという小芝居的な発想で、今は全部カットしてますね。あの部分をやらなければ「俊寛」をやるむずかしさなんか本当はないんだというくらいむずかしいところですけれども、歌舞伎ではここをマクラと呼んで、芝居の始まる報せみたいに使っている。しかし近松はこの部分で俊寛の島の生活の苦しさを書きこんでいるわけで、この段全体で一時間十分くらいのうち、十五分くらいはこの一人芝居なんです。

翫右衛門君(19)はここを台詞でしゃべっていましたが、おなかのすいた人の世話の口調でしゃべってましたから、近松の大時代というこの芝居の輪郭が、それでは出てこない。

それから、島での生活がどんなに苦しいかを描いておかないと、あとで千鳥に会ったときの喜びとかそのあとの悲しみ、自己犠牲のあとの――自己犠牲までは楽なんですが、そのあと再び島でのつらい生活にもどるという苦悩、そういうものが出てこない。その冒頭部分をカットしてしまったから、ただ巌頭でロマンティックにヒロイックに船を見送るなんてことになっちゃうんで、そういう十八世紀的ロマンティシズムで近松を演っても、近松という人はロマンティストでなくてむしろリアリストですから、近松の型というものは出て来ないでしょうね。

原作の背後を読む

康頼、成経にしても、孤独にさいなまれているのではなくて、何かこう世話な生活をエンジョイしているような人間として出てくる。これはやっぱりまずいですよ。彼らが非常に大仰に自分の悲しみを訴えたり泣いたりするところが原作にあるんですが、そこを丹念にやっておかないと、近松の書いた俊寛の清盛への怒り、すなわち近松自身の徳川への鬱憤というものも見えて来ない。

近松という人はどちらかというと心情的に天皇に近い人で、江戸時代の関西にあった天皇というの

(19) **翫右衛門君**：前進座の中村翫右衛門が演じる「俊寛」は当たり役として知られている。翫右衛門は、昭和五十五年十二月歌舞伎座で「俊寛」を演じた。本稿で武智が言及しているのは、その時の舞台である。

は関東の徳川の圧制に対する抵抗の旗印といったところで、後水尾天皇が秀忠の娘にいじめられたとか、いろいろ話はあるわけです。

これは余談ですが、狂言の「花子」もそうなんだそうです。「花子」の主というのは後水尾天皇で、こわい奥さんというのは東福門院だという言い伝えが狂言にあるんです。だからあの役は天皇のつもりでやらなくちゃいけないし、初めの名乗りでも「これはあたりの」とか「洛中に」とか言わずに「これは洛外に住まい致す」と言うんです、あの狂言に限っては。後水尾天皇は北白川の修学院に住んでいたわけですから。

天皇といっても現在と明治の頃と近松の頃と、全く立場は違いますけれども、近松の頃の天皇は常にいじめられる側で、だから近松の作品では、みんな天皇を救う側[20]に立っていく。この「平家女護島」にも天皇がいじめられる場面があったと思いますが、逆に清盛というのは、近松の心情としては徳川を擬している。清盛への怨みというのは、俊寛の、妻のあづまやを殺された怨みももちろんですが、それに重ねて近松とその背後の、上方の人々の関東に対するレジスタンスがあるはずですね。そういう時代精神を踏まえた上で演っていかないと、本当に近松を演ったことにはならないし、型とか伝承とかいう問題にならない。

このあいだの翫右衛門君の「俊寛」でも、千鳥の話を成経、康頼と三人でして、俊寛が、「珍らし、〱。配所三歳が間、人の上にもわが上にも、恋といふ字の聞き始め笑ひ顔もこれ始め」と言いますね。このときの気持が、あの前進座の演出だとやはり浮わついているんです。世話物になってるから世話な人間が三人集まって女の噂話をしてニタついているという感じの演出なんです。

そうではなくて、俊寛は本当に心から感動しているんです。そのことに。大時代の精神で海女の恋に感動するというところに、ドラマの展開の必然性がある。それから俊寛と千鳥があとで親子の水盃するところも、歌舞伎では冗談になっているんです。ところが俊寛が千鳥を助けて都へ帰らせ、自分が島に残るというのは、親子だからなんですね。一旦水盃をした親子だからこそ――という父性愛的条件が、大時代としては加わってくる。父娘の盃をしたからは、これはもう自分の娘だ、成経の北の方にしたいんだと、はっきり言っているわけですからね。

ところがそういうところが、歌舞伎ではうわの空なんです。大時代へ持って行くか世話へ持って行くかの岐《わか》れめがそこにありますね。親子の契りが冗談なら、俊寛が千鳥のために人殺しをすることの具体的な必然性がなくなってしまう。高邁な人間性だけでは説明しきれないんで、やはりこれは親がわが子のために敵を倒し、これがひいては清盛への抵抗になるという、大時代であって初めて成り立つ必然性がある。これは成経の北の方なのだから都へ帰らなければならないという大時代の倫理がそこにはあるんです。

その設定が抜けちゃうと、男三人で千鳥の話をしているときの笑い声が、非常に猥褻に見えてくるわけです。成経がちょっとなぐさみに海女をかわいがったということになっちゃう。女性蔑視ですね、

（20）**天皇を救う側**：近松は作家となる以前に、公家の正親町公通に仕えていた時期があった。その関係から近松はもともと朝廷に同情的であったとされる。森山重雄著『近松の天皇劇』（三一書房・昭和五十六年）が参考になる。

これは。ところが近松の原作では、成経というのは独身で、本当に恋をして、都へ連れて帰りたいと言っている。大時代な設定ですけれどもこれは作曲がそうなんですから、精神もそうでなくてはいけない。その辺が「俊寛」の型を考える上のむずかしさでしょうね。

「鬼界ヶ島の流人となれば」というところで俊寛が甘輝見得《かんきみえ》という、髯を引っ張って見得をする型がついてます。あれだって時代だからいいんで、世話の中に突然あんな見得が出てきてはおかしいでしょう。あれは「国性爺合戦」の、「われも唐土《もろこし》稀代の甘輝」というところの見得の型を、シチュエーションが似ているという縁で引用しているわけで、謂わば本歌取りであると同時に縁語であるということですからね。

型を変えるもの

歌舞伎のような世話物にするより、大時代でやった方が、純粋でおもしろいと思うんですね。歌舞伎では猥褻な若旦那が女中代りに海女を引っかけたみたいになってますから、あれでは都へ連れて帰ってどうするんだろうと思ってしまう。しかし原作通りなら、北の方なんだから連れて帰るのが当り前ですね。それと、この二人の恋を成就させてやりたいという、それこそ人間性の高さ、それからあずまやのかたき、清盛への怨みというふうに、俊寛の政治的人間としての風格も出てくるはずなんです。

それもこれも、初めが小芝居の夢の場だったことが大きな原因だと思うんですけれども、考えてみれば夢のようにとりとめのないのが現代人の好みに合っているんでしょうか。真実からなるべく目をそらすような現代人の嗜好には、ああいうロマンティシズムへのそこはかとなきあこがれみたいなものが口に合って、それが、今の歌舞伎の「俊寛」を支えているんでしょうね。

一方、演じる側について言えば、政治的真実とか人間的真実とか誠実さとか、そういうところを見逃して易きについていているという面がありますね。前受けのする場当りの効果はこの方があるとか、時代ではお客が退屈するといけないからサラサラやっちゃおうとか。

背景としては、小芝居の観客は俊寛僧都の鹿ヶ谷の謀叛なんてことは知らないだろうということもありますね。現代では俊寛は常識ではないだろうけれども、徳川時代には教養の最低水準くらいのところに俊寛の話というのはあった。ところがそれより意識の低い大衆に訴えかけるのが小芝居ですからね。それにはそれなりの意味はあっても、真実への道ではないでしょうね。

近松の原作も、人気はなかったけれども大変いいものだとは思われていて、松太郎、道八のところまで、全然上演されなかったのに伝わっていたのは、すぐれた作品に対する芸術家の尊敬に支えられていたからです。ただ、いいものと受けるものとは違う。その落差は、いつも、何の芸にもついて回るものではあるわけですけども。

段切れの演出にしても、原作通りのものがちゃんと残っているんですが、「岸の高みに駈上り、爪立《つまだつ》て打招き浜の真砂に伏しまろび」

となってまして、歌舞伎では「打招き」までは役者がやるんですけれども、「浜の真砂に伏しまろび」は、せっかく上へあがった役者は上にいたいから、カットしちゃうんです。そういう恣意で型が変わるということもありますね。浄瑠璃では、この岸の高見と浜の真砂の空間的落差を埋めるのに、三味線のタタキの間が入ってます。ズズズズンという、その三味線で、俊寛は岸の高見から浜の砂の上に滑り落ちたんですが、それを文章で全部は書かずに三味線の手でつなぐというのが近松のレトリックでしょう。

そうして浜へころげ落ちて、俊寛はまた元の日常生活に戻るわけです。これまで三人で暮らしていたのに、今度は一人でいっそう淋しい日々を過ごしていかなくてはならない。近松が言いたかったのもそこだし、俊寛の自己犠牲もそのとき初めて大きくなる。そのためにも高みから下へ落ちなくてはいけないのに、歌舞伎役者が上にいたいから、岩の上で船をロマンティックに見送るとは何事かと言うんです。

だから、仮に九代目団十郎が「八重垣姫」を原作を調べて演じたように「俊寛」もやっていれば……と思うんですね。盛綱は二股武士だからと言って拒否したイデーは低いけれども、やはり団十郎、菊五郎の手を経た舞台の方が安心できるという気はしますね。

（季刊「伝統芸術」第五号・伝統芸術の会・昭和五十六年六月）

近松と浄瑠璃

一

近松門左衛門が、坂田藤十郎の歌舞伎の作者であることから、次第に竹本義太夫の浄瑠璃（操芝居）の作者に移りかわって行くその経緯[21]は、考えれば考えるほど、不思議なことに思えてきてならない。

近松の作家精神を、藤十郎がことさら傷つけようとしていたとも思えない。いや、藤十郎は近松という作家をたいへん尊重して、その作文のてにはすら勝手に変改することを、一座の役者に許さなかったという。

近松は文章を、自然であるように書くことを本意とした。それが写実好きの藤十郎の気に入られたことは、想像に難くない。そういう藤十郎の庇護のもとにいることは、若い近松にとって、まことあ

(21) **移りかわって行くその経緯**：元禄六年から十六年までの約十年間、近松は京都に住んで藤十郎のために歌舞伎作品を書いていた。しかし、元禄十六年四月頃、近松は大阪へ移り、以後竹本義太夫のための浄瑠璃作品に専念する。その最初の作品が「曽根崎心中」である。

りがたいことだったに違いない。

近松と藤十郎との提携については、おそらくこの特集の別論文において詳細にされることであろうから（編注・本原稿は「演劇界」増刊「近松門左衛門の世界」に寄稿されたものである）、ここには委《くわ》しくは記さないが、確定されない延宝六年（一六七六）の『夕霧名残の正月』から、確定されている元禄六年（一六九三）の『仏母摩耶山開帳《ぶつもまやさんかいちょう》』を経て、元禄十二年の『傾城仏の原』へと、十年ないし二十年の両者の提携のなかで、先輩藤十郎の芸風が、近松の作風に与えた影響の多大であったことは、想像に難くない。

藤十郎は宝永四年（一七〇七）の『石山寺誓湖《いしやまでらちかいのみずうみ》』で、紙衣《かみこ》を大和屋甚左衛門に譲って引退（二年後逝去）するのであるが、引退の儀式が紙衣譲りであったことが、藤十郎の芸と紙衣とが、切り離しがたい象徴的な関係にあったことを、物語っている。『夕霧』の伊左衛門や『仏の原』の文蔵などの、一世一代の当たり役も、深く紙衣にかかわっていたのである。

これらの作品の作者に擬せられる近松が、藤十郎の紙衣哲学に影響されていたとしても、べつだん奇異なことがらではない。近松が竹本義太夫の浄瑠璃の世界へ引き寄せられて行ったとき、紙衣の思想も彼によって受け継がれて、浄瑠璃のなかへ導入された。近松＝義太夫の提携作品を、それまでの古浄瑠璃と識別して、新規浄瑠璃とするならば、それはそのような新思想の流入がそこにあったからであろう。

紙衣という形象は、一つの新思想を表す象徴であって、その新思想の内容をなすものは、〝やつし〟(22)

の理念であった。〝やつし〟とは身をやつすの意味で、身とは身分のことである。封建社会はまた身分社会でもあったから、身分を隠すということは、封建的身分社会の個的崩壊の作用でもあった。

そのような身分関係の除去は、とりもなおさず、人間と人間との対等の関係のなかに、主人公を置くことになって行く。これは封建社会における貴種の倒壊であり、紙衣を着せられた大名や大名貸資本の息子たちは、人間という新たな観点のもとに、照射しなおされることになる。古浄瑠璃における貴種流離譚が、身分の崩壊ではなく、受難による流離だったのに対し、新浄瑠璃では貴種が貴種たる身分を失うことから、流離の悲喜劇が起こるのであり、受難的英雄譚から人情物語へと転換して行くのである。

義太夫が提起した新浄瑠璃の標語は、一つは「語る」であり、もう一つは「情を深く」であった。この「情を深く語る」の方向は、後に近松の第三の提携者であった二代目義太夫によって「人情第一」と修正されるのであるが、近松の浄瑠璃の思想的展開も、まさにそのような方向に進んでいったのであった。

紙衣というのは、久離や勘当のしるしとして、懲罰的な意味や世間への告知の意図で、紙製の着物を着せるようになったその習慣によるもので、封建的な身分社会を維持する上に、大きな意味を持っていた。久離と勘当とは本来異った制度であるが、共に子弟の縁を切って、〝家〟の負担を軽くする

（22）やつし：大名の若殿や金持ちの息子などが、義理や恋のため家を出て流浪し、卑しい物売りなどに身をやつす演技を云う。

ことを目的として作られた制度である。これは紙衣を着せて阿呆払いにするというだけでは成立しないので、役所へ届け、人別帳から外すということまでやるわけであるが、演劇的には紙衣を着せることで、その行為の成立、もしくは人別外の存在であることの表示としたものであった。だから、本来は封建的な〝家〟の制度の犠牲者であり、いかなる貴種も庶民あるいはそれ以下の存在となってしまう。

しかし、演劇的に見れば、大名や大名貸の子息といえども、一個の庶民として扱われ、封建的身分の属性から解放されるのであるから、そこにおのずとその人物の真の人間性、感情の起伏、ドラマ的環境が生じるわけで、かたくるしい封建的身分から来る生活の形骸化のようなものは、逆に取り除かれることになり、人間を人間として見つめることも可能になってくるのである。

藤十郎の芸風の中心は、傾城事とやつし事にあるとされる。傾城事というのは、金で買われた恋愛の世界の展開を言うのであって、逆に、金という枷《かせ》をはめれば、そこから先は自由恋愛の世界がひらけてくるのである。また大太夫の、金に束縛されぬ傾城にあっては、自ら自由恋愛のたてひきの世界に身を没することも可能になる。またそのような廓という世界のなかでは、自由恋愛を謳歌する気風も生まれてくる。金という枷の向う側での話だが、家や身分に縛られて身動きのならない一般良家の婦女子よりも、そこでは自由な恋愛の、人間的な息吹きの嵐が吹きすさび得るのである。

自由人の身分を獲得したとも考えられるやつしと、自由恋愛の自覚的な体験者としての傾城とのあいだに、はじめて真の人間らしいドラマが期待できるほど、封建制度の人間圧殺は強く庶民の上に、のしかかっていたのである。そうして、それらの庶民が、自己の本心の代弁者として、やつし事や傾城事の展開される舞台に向かって、喝采や笑いや涙を、そうして演劇的感動を投げかけた——これが藤十郎歌舞伎の実勢であり、近松の文芸も義太夫の新浄瑠璃も、そのような思潮の影響下に成立発展したのであった。

二

近松と義太夫との提携は『世継曽我《よつぎそが》』（貞享元年？—一六八四）とされるが、やつしや傾城事が、かなりはっきりとした形で打ち出されるのは『出世景清《しゅっせかげきよ》』（貞享二年？—一六八五）からと考えてよい。つまり、古浄瑠璃でのやつしが、貴人のままの零落というところにとどまって、身分の壁を破ることがなかったのに、『出世景清』では、景清自身人足に身をやつし、やつしの心で清水の阿古屋のもとへ現われる。ここにやつし事と傾城事の出会いとなるのである。ところがやつしの足を引張るのが小野姫《おののひめ》の存在で、ために景清はやつしをやめて武家の義理の世界に戻り（悖《もと》りの思想）、その裏切り行動（人間性への）が阿古屋（より自由人的で人間的感情を善悪両面で兼ね備え持つ）の怒りや嫉妬（自由な女性の感情）を買うのである。

この清水の阿古屋住家には、やつし事と傾城事との出会いが、封建的現実によって破られるという近松の写実精神がよく読み取れる。

近時『出世景清』は文楽で復活上演されたが、この段をまったく欠いていた。何のための復活ぞやと問いたい。十蔵という阿古屋の兄の現実派、現象追随派の人間描写もこの段ではいたく優れたものになっている。

このように、近松・義太夫の新浄瑠璃と、古浄瑠璃との差は、人物がより多く人間に近づくという写実精神、義理に対する人情の格闘や封建的現実における破綻の悲劇として、まさに人間悲劇の成立という観点から論ぜられなければならない。

『出世景清』は、近松と藤十郎の公認された年記（一六九三）より以前のことになるが、これはむしろ「夕霧もの」（一六七六以降）というやつし事、傾城事の典型的作品との関連において考えられなければならないことである。近松の浄瑠璃の写実主義の文体（七五調を排する）や、近松自身『夕《ゆう》霧《ぎり》阿《あ》波鳴渡《わのなると》』を脚色している点に鑑みて、浄瑠璃作家以前にすでに、近松が藤十郎歌舞伎を体験していたと考えたほうが、自然に思えるからである。

三

古浄瑠璃と新浄瑠璃を区分するのに、節付の綜合、複雑化を考えるのは、それほど正しくない。古曲においても節の分化は目を見張るほど多くある。また近松・義太夫作品の節を、後世作品より単純と考えようとすることもおかしい。

義太夫の節は当時の庶民の愛唱するところであったし、また節の数も後世浄瑠璃より、多くこそあれ、決して少なくはない。後世浄瑠璃では、三味線を演奏主体とした節の数が次第に増えてきて、節としての形がとらえやすいということはある。しかし、語りの芸術として、三味線主導の音曲化に従属することは、退化堕落の現象であって、義太夫の本旨に反している。

義太夫の語りは、時に、三味線との関連において、単純であるかに見えるが、そのときも、語りのなかにこめられたユリ（音遣いとしてのユリ）はたいへん複雑で微妙（微分音階的）で、今日の太夫が、はっきりとした伝承を受けないかぎり、見落として、すっとばしてしまっているところである。その過《あやま》ちの結果、単純との錯誤に陥るのであって、初期（初代及び二代目義太夫・主として近松作品）の節の数やユリの用い方は、そんなに単純なものではない。これは古典一般を通じて言えることである。

ただ、古浄瑠璃と新派浄瑠璃との差は、〝語る〟という一義にある。そうしてこの語りこそ、藤十郎の芸の基本をなすものであった。藤十郎は、所作や荒事をよくせず、ただ弁舌を中心に人を魅了したのであった。傾城買いの言い立てが、その芸の中心であったことを見ても、理解されよう。

つまり、写実的な話しことばを、浄瑠璃という音曲に（近松の指導理念で）義太夫が持ちこんだとき、フシや地アイのところでも、仮名をつめて言う技法が多様されるようになった。仮名をつめれば、写実性は得られるものである。これを義太夫は、〝語る〟と称し、逆に〝フシを語る〟（唱う）ことをきびしく戒めた。

しかし、フシのなかに、仮名づめを取りこむと、どうしてもフシの数《かず》が余る。それを補う技法が

〝音遣いとしてのユリ〟だったのである。ちかごろの太夫の語るを聞けば、近松ものの〝音遣いのユリ〟を、伝承の欠如からすっ飛ばして語っているので、近松ものが水くさい、味もそっけもないものになってしまっている。

このようにして、音曲と語りとの、二律背反性は義太夫において克服されて止揚され、他面、詞、イロ、地イロにおける写実性はますます揺ぎなきものになって、近松の浄瑠璃芸術論を裏づけることとなった。

それは、文句が働くこと、情をこめること、字くばりを合わさぬこと、そうして、「今の祭文同様にて」[23]花も実もなかったものを、私が出てきて一段高い芸術になったという自信にもつながるのである。

しかし、藤十郎歌舞伎で、写実ということの真実性の大切さを充分のみこんできた近松が、なぜ歌舞伎という演劇を捨て、本来非写実的な音曲の世界へのめりこんだのだろう？　女形が不自然で写実の生理にあわなかったとして、男太夫の語る浄瑠璃も同じではなかったか？

それは、義太夫の天才に、近松がおのれを預けたということなのだ。音曲の不自然が、情愛や情景を描くことの阻《さまた》げとなっても、そのような障害を越えて打ち出される真実が、真に高い次元での真実の芸術的表現となりうることを、近松は義太夫の芸術を通して悟った。そうして、ひとりの芸術家で作り出す〝虚〟の世界が、まことは大きな〝実《じつ》〟の世界に通じるものであることを——。

（「演劇界」増刊「近松門左衛門の世界」・演劇出版社・昭和六十一年七月）

(23) **今の祭文同様にて**：「難波土産」のなかで近松は、「これまでの浄瑠璃は祭文同様で花も実もないものであったが自分が出てそれを一段と芸術的に高いものにした」とその自信のほどを語っている。

私の好きなレコード

シェラック盤の芸術性

1

いまの蒐集家には想像もつかないことだろうが、あのシェラック盤㉔というやつは、いかにも重くて、こわれやすく曲がりやすく、どうにも始末のわるいものだった。

私は戦前、三千枚の洋楽レコードと、そのうえ、これは私の専門の邦楽関係のレコードを三千枚、しめて六千枚のレコードを集めていたのだが、この重さには参った。

なにしろ、二階に置いておくと、階下の襖が開かなくなるので、母がしょっちゅう零《こぼ》したものだ。後にはレコード専門の棟を一つ建ててもらったり、新築の家に、書庫とならんで、レコード庫を造ったりしたほどだった。

私の家は、邦楽には理解があったが、洋楽にはまったく無縁だった。母はヴァイオリンを聞くと歯が浮くと言い、オーケストラは頭が痛いといって横になった。当時の典型的な日本人であったし、今日の民族芸術主義の観点に立つと、いわれのない拒絶反応でもないのだが。

私の通っていた学校は、甲南といって、阪神間随一のブルジョア学校だった。そんな生活環境のせいか、音楽会やレコードのことが、友人の間で、話題に上ることも多かった。私は当時から文学や演劇が好きだった。それだけに、芸術志向の青年として、洋楽の話題を避けて通るわけにもいかないのだった。

友人が、当時出たばかりの、ベートーヴェンの第九やミサ・ソレムニスのレコードを、珠玉のように持ち来って、ポータブルを取りかこんで、神妙な顔つきで聞くのを、お相伴したものだ。しかし、正直のところ、おもしろくも何ともなかった。わけが分からなくて、退屈で、何で仏教徒であり、またマルクスを論じたりもする友だちが、ミサなどにうつつをぬかすのかと、滑稽な感じを覚えさえした。

ヴァイオリンだけは、三味線の名人芸を手がかりにして、演奏技巧の面から、何とか理解できそうな気もした。当時はまだクライスラーの全盛時代で、チェロのカザルスとふたりが、神様のようにいわれていた。しかし、このふたりの神技も、このかたくなな日本人の耳には、平穏を通りこして凡庸なものにしか響かなかった。エルマン愛好者も多かったが、これは悪趣味にしか聞こえなかった。ティボーが新鮮なように言われたが、私には何とも頼りないものに感じられた。文楽の道八や、長唄の六四郎（浄観）のほうが、ずっとりっぱじゃないか、などと内心考えていた。しかしそういうことを口に出すと軽蔑されるのがこわくて、黙っていた。

（24）**シェラック盤**：電気式蓄音機で再生されるSP (Standard Playing または Standard Play) レコードと呼ばれる78回転盤のこと。酸化アルミニウムや硫酸バリウムなどの粉末をシェラックで固めたものを主原料としており、シェラック盤と呼ばれた。

シゲッティが来日した時、友人に連れられて、はじめてリサイタルへ行った。レコードで聞いた大家たちとちがって、鋭い、つきさするような演奏だった。時に、ずいぶんわやな音を出すなあ、などと思いながら、いつの間にかシゲッティの芸にひきこまれていた。レパートリーは何だったか忘れてしまったが、どうせドサ廻りむきのベートーヴェンやモーツァルトだったのだろう。ただ、そのなかに「アルテューズの泉」があったことだけ、微かに覚えている。シマノフスキーを知っていたというのではなく、何か胸につきささるようなキュートな音が印象に残って、後年、その曲だったのではと、思い当たっただけのことである。

シゲッティに刺激されたのか、はじめて洋楽のレコードを買った。クロイツェル・ソナタだった。シゲッティではなく、フーベルマンの演奏だった。別に選んで買ったのではなく、家の近くのいなかのレコード屋で、手当たり次第に買って帰ったのである。トルストイとの連想でこの曲を選んだので、別にベートーヴェンが好きだったわけではない。案の定、母は発作を起こし、そういう母の神経を痛めつけたいサディスティックな感情で、繰り返し聞いた。しかし、そのおかげで、洋楽の基本的な形式を知ることだけはできた。

2

あいかわらず、洋楽とのつかず離れずの出会いがつづいた。友人たちはハイドンやモーツァルトに凝っていた。そして、それらは私にとって、おおむね凡庸で、退屈な異和感にみちたものだった。

そうしたある日、例のいなかのレコード屋で、私は一冊のアルバムを手にした。その紺色のレザーにはCAPRICCIO (STRAVINSKY)と記されていた。

曲名にも作曲者名にもなじみのないこの曲を、視聴室で聞いたのは、まったく偶然の気まぐれというほ他はない。私は打ちひしがれ、感動で身震いした。そこには未知の音があり、そうして、私の求めていた音楽があった——少なくとも、その時、私はそう思った。これが私の現代音楽との出会いであり、その後永く私はその虜《とりこ》となったのであった。

私のように音楽的未経験のなかでいきなりストラヴィンスキーに接し、そうしてはじめて音楽を理解した人間は、ほとんどまれであろう。それだけに、私のストラヴィンスキーへの傾斜は、ひときわはげしいものがあった。

私はストラヴィンスキーのレコードを漁り求めた。幸いなことに、当時のコロムビアは、ストラヴィンスキーを専属化し、その作品を次つぎ出してくれた。「キャプリッチオ」の次に私は「ペトルーシュカ」を聞き、また大きい感動に打たれた。次に「火の鳥」——これには少し失望したが、「春の祭典」を聞くに及んで、私のストラヴィンスキー熱は頂点に達したのであった。

晩年の十二音の作品に至るまで、ストラヴィンスキーは、たえず進歩を求めることをやめようとしない作曲家だったような気がする。少なくとも声名定まった老大家が、若い者の後を追って、十二音にまで手を出すというようなことは、常識的にはやれることではない。このような自分と戦いつづける精神こそ、芸術の世界では、最も尊ばれなければならない。

とにかく、歴史も伝統も一挙に吹きとばそうというストラヴィンスキーの心組みが、歴史も伝統も知識も一切持ち合わせていない日本の一青年――そのころようやく二十歳に達していたかどうか――の音楽ごころを喚びさましてくれたのであった。

私が戦後の若者だったら、おそらく私は、ビートルズに夢中になったことだろう。それと同質の感動が、私のストラヴィンスキー熱にはあった。それは、あらゆる既成概念を打ち破ろうとする芸術家魂の問題であった。

3

日本で発売されるストラヴィンスキーのレコードは、数が知れていた。私は、ストラヴィンスキーのために、外国からレコードを取り寄せることを覚えた。私は手に入れることのできるストラヴィンスキーのすべてのレコードを手に入れた。神戸の古レコード屋で、外人が帰国に際して売り払って行った「サーカス・ポルカ」というジンタまがいの小品まで手に入れて、くりかえし聞いた。何を聞いても、ストラヴィンスキーがいちばんいいように思えた。

しかし、そのうち、私のコレクションは、現代音楽全体に向けられるようになった。現代音楽といっても、一九三〇年代のことだから、ドビュッシーやラヴェルも含まれていた。バルトークはまだあまり紹介されず、民謡に取材したピアノ小曲ぐらいしか手に入らなかった。それでもスークやコーダイの作品、シェーンベルクの「浄夜」や「グゥレ・リーダー」は聞くことができた。ウェーベルンも一曲ぐらいしか発売されておらず、フランスの六人組（オネガーやミロー）が専らモダン派を代表していた。この間その健在を知ったのだが、ジャック・フェルーがいちばん若い世代だった。

メシアンの名は早くから聞いていた。しかしメシアンの作品はほとんど録音されることがなかった。ようやく讃美歌か何かの小品が発売されたことを知って、早速外国へ発註したが、レコードが着かない先に、戦争がはじまってしまい、とうとう聞くことはできなかった。いろいろ問い合わせたが、シベリア辺でとまってしまったらしいとのことだった。

そのころ、メシアンを聞いていれば、私の音楽観もまた変化していたかもしれない。メシアンを実際に聞くことができたのは、一九六〇年代になってからのことで、その時はもうこちらの音楽理論ができあがり、頭脳も硬化してしまっていて、この出会いは、少し日暮れて道遠し、であった。

しかし、この中欧の民族主義派作曲家の作品を、まがりなりにでも齧《かじ》っていたことが、私の生涯に大きい利益をもたらしてくれた。

当時はヒットラーの抬頭期で、オーストリー・ハンガリー・チェコ系の民族派作曲家がナチに迫害されるという事件が起こった。バルトークやシェーンベルクがアメリカに亡命したのも、このためであった。

ヒットラーはドイツ民族主義を謳い文句にしていた。なぜ民族主義を標榜するナチが、同じ民族主義者である芸術家を迫害するのか？　こういう素朴な疑問から出発して、私はナチズム（国家主義・超国家主義）と民族主義（レーシアリズム）とが、根本的に対立する思想であることを知ることができた。

今日でもレーシアリズムとナショナリズムとを混同している人が大部分である。日本人は民族主義を基調としている中国やアラブ連合やインドネシアの指導理念を、永久に理解できそうもない。そのような一般概況のなかで、私だけが民族主義の概念を正確につかむことができたのは、四十年前の素朴な疑問のおかげであり、その時期にバルトークやシェーンベルクを齧っていたことの大きな副産物であったわけだ。

4

シェラック盤時代の名盤について語ることは、現在のレコード・ファンにとって、ほとんど無意味に感じられることだろう。すばらしい録音のレコードが、おびただしい量で出されているからだ。

しかし、それでもオールド・ファンにはシェラック時代をなつかしむ人が多い。それは当時の蠟盤による録音が不完全なものであったから、かえって録音技術の創意、想像力といったものが加わる余地があったからではないか。

私はコルトーが嫌いだった。あの蒼ざめたような、崩れた、病的な演奏が、鼻持ちならないものに思えた。しかし、それだけに、そのコルトーのかもし出す雰囲気、彼独特の味の世界に溺れると、たまらなく好きになるらしく、コルトー・ファンが多かったことも事実である。そういう熱狂的愛好者を持っている点では、コルトーは未曾有のピアニストかも知れない。

コルトーが来日した時、私は最前列でその演奏を聞くことができた。それはレコードの演奏とはまるで違ったものだった。少し古めかしい、ロマンチックな奏法で、しかし蒼白い感じのタッチなんてものは少しもなく、健全にピアニスチックな音だった。

レコードのコルトーの耽溺美の世界は、だから、録音技師の創作だったのである。もちろん、コルトーの演奏にそのような傾向が内在したことは否めない。しかし、それを捉えて引き出し、ディスクの上に再創造して表現したのは、完全に録音技師の腕——芸術的才能だったのである。

録音技師の科学的限界が大きかったから、このような創造も可能であり、また必要でもあったのだ。今日のように技術水準が無限に向上すると、録音の目的は実物に似せるという方向にのみ傾いてくる。録音はもう芸術的表現の手段ではなくなり、まったくの模倣におちいってしまう。模倣は芸術ではないし、どこまで行ってもにせものの域にとどまる。立体録音のシステムが進めば進むほど、レコードはにせものの媒体でしかありえないことになってしまう。

蠟盤時代の、演奏家と録音技師との関係は、版画の絵師と彫師との関係に似ている。歌麿や広重の肉筆画に見られるにごった色彩や稚拙な描線も、木版の彫師の手で微妙で端麗な表現に変化する。浮世絵の肉筆よりも木版が珍重されるのは、彫師の創造精神がそこに加わるからである。それと同様にして、コルトーという不滅の大スターが創られたのだ。

　ストコフスキーやハイフェッツの華麗と、フルトヴェングラーやシュナーベルの重厚も、みなこのように録音技師のわざくれの所産だったのではなかったか。もちろん、それぞれの演奏家にそのような資質が潜在したことは否めないが、それを引き出し、特徴づけたのは録音師（彫師と同じくこう呼ぶのが応わしい）の芸術家魂だったといえそうだ。

　現に私は、このようにして創られた巨匠の演奏を、ナマで聞いてしばしば失望している。たとえばルビンシュタインである。この大きい音ばかりさせようと、鼻息ばかり荒荒しい「鍵盤上のプロレスラー」のような巨匠には、心から辟易した。おそらくルビンシュタイン自身、録音師から附与された豪壮のイメージを護るため、演奏会場での格闘を展開しなければならなくなったのだろう。

　心に残る名盤といえば、ギーゼキングの「ベルガマスク組曲」や「戴冠式協奏曲」、バンゼラがフランス語で唱った「魔王」、ロージングの「夢」、プロアルテ四重奏団による「ブロッホのピアノ五重奏曲」などだろうか。

　演奏を芸という日本的な角度から見ることは私の生涯の癖で、その意味で最高の演奏家はチェロのフォイアーマンだった。フォイアーマンは「ツィゴイナーワイゼン」をヴァイオリン弾きよりもうまく弾いた。また、ブラームスの「二重協奏曲」をフーベルマンと共演した時、フーベルマンがどうしても弾けないパッサージュを、「それはこう弾くのだよ」と、チェロで弾いてのけたという逸話が伝えられているほどのテクニシャンだった。しかし、彼は同時に、ノイエ・ザハリヒカイトの音楽理論の指導者で、このノイエ・ザハリヒカイト[25]（新即物主義）の思想の影響下に生まれたのが、後年の「武智歌舞伎」だった。同じ新即物派のギーゼキングやシゲッティとならんで、私の芸術思想上の師ということができる。惜しいことに名盤は少なく、ハイドンの「チェロ協奏曲」ぐらいのものか。

しかし、ただ一枚だけ、シェラック盤の名盤を選べと言われれば、私は何のためらいもなく、プランテ[26]の「木枯らしのエチュード」を推す。このピアニストは、たしかリヨンの音楽学校の先生で、カサドゥジュの師とも記憶している。録音当時、九十歳ぐらいの高齢でありながら、音楽的に何のひずみもない。ショパンの天才は、この一枚のレコードで証明される。ショパンは地獄を見ていたのだ。

そうしてプランテもまた――。

（「レコード芸術」・音楽之友社・昭和四十九年十月号）

(25) **ノイエ・ザハリヒカイト**：二十世紀初頭に興った芸術思潮を指し、主観的な見方を排し、冷静に客観性を以って対象に迫り、これを即物的に表現しようとすること。音楽的なスタイルとしては、イン・テンポ。解釈の態度としては、原典主義である。ノイエ・ザハリッヒカイトと武智の関連については、本書巻末の解説「伝統芸能における古典（クラシック）――武智鉄二の理論」に詳しく述べた。

(26) **プランテ**：フランス人ピアニスト、フランシス・プランテは、レコード史上初めて録音を残した芸術家の一人である。生年一八三九～没年一九三四。プランテはショパンの演奏を聴いたことがあり、その録音はピアノ演奏の「失われた時代」の穴を埋める貴重なものとされている。武智が文中に言及したショパンの「木枯らしのエチュード」はプランテ八十九歳、一九二八年の録音である。

御舟を語る

生涯をかけたコレクション

御舟[27]の有名な言葉に、「梯子を登って頂上を極めるのはむつかしい。しかし、その梯子を降りて、もう一度別の梯子を登るのはさらにむつかしい」という意味のことがあります。この言葉は、御舟の全生涯を通じての作家態度になっていると思います。彼は三年に一度ぐらいの割で画風を変えているのです。二十五年の作家生活の中で約十回は変わっていることになります。他の作家は、華岳でも古径でも、一点か二点見ればだいたいの画風がわかりますが、御舟に関するかぎりは、あらゆる時期の作品を系統的に見なければわからないわけです。

私は速水御舟の作品を、一〇八点と、他にデッサン三〇〇点を蒐めました。その過程で、私の手もとを通過した作品は二五〇点以上にも上っていましょう。全部で一二〇点蒐める計画だったのです。ところが、戦後父の事業の失敗などがありまして、折角蒐めた作品を売らなくてはならなくなってしまいました。生涯をかけた系統的なコレクションですから、できれば一つところに収蔵してほしいと思い、安宅英一さんにお願いしたところ、安宅さんもその気になってくださいました。ところが、会社の重役連中が反対したのですね。御舟なんていう、わけの分からない作家の作品ばかりを集中的に買っても危険だという意見だったそうです。結局三分の一だけ買うということになり、約四〇点が安宅へ行くことになりました。安宅さんとしては、全部欲しいので、翌年残りの三分の一を買ってというような計画を話されたのですが、こちらの財政状態が許さないというわけで、残りの三分の二は町の好事家の手に分散して渡ってしまうことになったのです。さいしょにお話ししたように、御舟の全画業や、その移り変わりを知るために、この一〇八点というのは最低限の数だったわけです。ですから安宅さんが四〇点選り取りで買われた時点で、御舟の画家としての全画業を、系統的に見て研究するチャンスは、ほとんど永久になくなってしまいました。これは今更とりかえしのつかぬことで、たいへん残念です。安宅さんの四〇点は、安宅さん御自身の好みもあって、全画業を網羅するものとも言い難いのです。しかし、四〇点まとまって残ったことは不幸中の幸で、これが今の山種コレクション母胎になっています。だから、これからの美術研究家は、山種の作品で基本の勉強をして、あとは一生をかけて全国を足で丹念に見て歩くほか、研究の道は残っていないわけです。そうならないため、一二〇点の蒐集を計画したのですが、本当に残念でなりません。

(27) **速水御舟**：大正～昭和初期の日本画家。生年一八九四～没年一九三五。御舟は「梯子の頂上に登る勇気は貴い、更にそこから降りて来て、再び登り返す勇気を持つ者は更に貴い」と語り、新しい日本画を目指して、従来の日本画になかった作風を追求した。それは、徹底した写実、細密描写からやがて抽象的・装飾的表現へと進んだ。武智は御舟絵画の蒐集家として有名である。

「秋茄子」こそ最高の作品

好事家の手に渡ったものの中に、いい作品がたくさんあるんです。中にはその後どこへ行ったかわからないのもあります。先日、竪型の「秋茄子」という絵が東京美術倶楽部で五千万円で売り立てに出ていましたが、ずいぶん安いなぁと思いました。というのは、この「秋茄子」には思い出がありまして、昭和十五年に買わないかと言う話が私のところへ来て、その画商と買う約束をしたんです。ところがそれっきりその画商が持ってこないんです。その後、たまたま小林古径先生のところに遊びにいったら、床の間にその「秋茄子」が掛かっているではありませんか。古径先生が説明してくれたんですが、「これほどの絵は唐・宋にもない」とおっしゃっていられました。延々と説明してくださったんですが、古径先生はずいぶん「秋茄子」に傾倒していられるのだなぁと思いました。しかし私に売りにきた作品が、なぜ古径先生のお手に入ったか、非常に不思議にも思いました。傾倒のあまり、買い取られたのかなとも思いました。あとでわかったのですが、その画商に箱書を頼まれたが、絵があまりにいいので、床の間にかけておいて、いつまでも箱書をしないでおかれたのではなかったでしょうか。その後、昭和十九年に「秋茄子」は、結局その画商が持ってきてくれました。ちゃんと古径先生の箱書をつけて。まぁ私が御舟の三代表作を選べと言われたら、当然この絵は入ります。それが売り立てに出て、買い手がなかったというのですから、今の画の評価というのはどうなっているのでしょうね。御舟の見方というものが、今の鑑賞家にはできなくなっているのではないでしょうか。

「秋茄子」は御舟の新しい構図というものが完成した最高の作品なんです。それを足がかりにして昭和十年以後の画業が発展していくはずだったんでしょう。この絵は東洋画と日本画の伝統とグレコ[28]とが、墨というものを通して一体となっているのです。その他に安田靫彦先生が特にお好きだった「白芙蓉」、それと「川霧」、これは昭和九年に発表されて以来、他の作家がいっせいにまねて描きましたが、この三つを私は御舟の三代表作だと思っています。この評価は、私の個人的な考え方だけではなくて、古径先生とか靫彦先生とか、吉田幸三郎さんなどの考え方や御意見を総合して言っているのです。「秋茄子」の絵の中には、初期の作品の「瘤取之巻」で使われたテクニックがそのまま出て来ています。昭和六年に描かれた「羅馬月明」の線の引き方には、大正四年の「横浜」で使われた手法が出て来ます。つまり蓄積した技法というものを、生涯大事に持っていて、梯子は降りるけれども何十年後かにまた使われるわけです。そういうことは系列的に年代順に作品を見る機会がないとわからないことです。

御舟の作品を大ざっぱに分けますと、初期の大和絵時代、その次が黄土の時代といわれる、これは今村紫紅の影響力が強い時期です。その次が新南画（「洛外六題」）で、次に青の時代（「洛北修学院村」「比叡山」）になるわけです。その時代の作品は、黄土とか青とかいう色に執して、ものを本当に見ていなかったということを御舟は反省するわけです。そうして細密描写の時代に入って行きます。

(28) **グレコ**：エル・グレコのこと。御舟は、昭和五年に美術使節として、横山大観夫妻らと共にヨーロッパ各地を巡り、滞在中ジョットやエル・グレコの絵を観て強く魅せられた。

その最初のあらわれが「京の舞妓」なのです。それから「炎舞」のような宗教的な作品だとか、「平野晴景」のような写実的な風景がつづき、昭和初年には院体風の形式主義の中へいったんはまりこんでしまいます。この時期には、ほとんど見るべき作品はありません。「名樹散椿」はこの時期の末期に当たるので、一種のスランプ時代と言えましょう。

御舟の線

さっき御舟の線のことに少し触れましたが、今の人が線がだめなのは、御舟や古径の実物を見ないで、グラヴィアで見るからでしょうね。線が地紙にくっついているかとか、どこで生きているかということは、点描風になってしまうグラヴィアやテレビでは分からないものです。映画やコロタイプなら少しは分かりましょうが、もちろん色もわかりません。最近の美術館や博物館では、作品が蛍光灯で変色してしまっていますね。ですから私が知っている色と、会場で見る御舟とでは全然違っています。やはり外光で描いているのですから、外光で見ないとね……。「炎舞」という作品は構図的にはある程度失敗しているし、炎の描写なんか、仏画を意図したせいか、少し堅くなっていますが、地塗りの色が古今にない色なのです。そのデリケートな色調は、やはり床の間の自然光で見ないとわからないものです。このごろ特にひどいのは、美術作品をテレビで見るでしょう。テレビだと全部線が走査線できれてゆがんでしまいますし、色も受像機の関係でいいかげんなことになっています。まあ曲がって見える方がいい絵もありますけれども。

御舟の場合、没骨手法[29]の場合でも線を基本にして、それをつぶしている場合がありますね。古径先生や村上華岳などでもそうです。村上さんの絵などは、線というものを基本にして考えないと、真価が分からないですね。安田靫彦先生も線の名人だと言われていますけれど、本当はわりと単調なんです。顧愷之[30]を日本へ紹介された功績で、そう言われているのでしょうか。

御舟の絵が大きく変わるのは昭和五年の滞欧以後のことです。その一つの原因は、大英博物館で顧愷之の実物を見たせいだと私は思っています。静かな古典的というのか、無主体性の線というのではなくて、もっと生き生きとした線に変わって行くのです。気韻生動ということの本当の意味を摑んだのでしょうね。滞欧作で古径先生のお好きだった画に「オルヴェートにて」という作品がありますが、そこに出てくる横に引かれた一本の線が顧愷之から会得した線の最初のあらわれだったように思います。つまり昭和六年以前の作品というものは、確かに立派なものかもしれないけれども、極端な言い方をすれば、古今第一流とは言えないのではないかと思うんです。それほど新しい試みが、「オルヴェートにて」の線一本にはあるのです。

私の場合、御舟が美の価値判断の基準で、御舟で鑑賞眼を養われたでしょう。ですからたいへん偏っているわけで、個性の違う他の作家を見ても、ほんとうはよく分からないのです。好きで御舟を

(29) **没骨手法**：没骨（もっこつ）とは東洋絵画の手法で、輪郭を描かず、初めから物の形を彩色または水墨で描くもの。
(30) **顧愷之**：「こがいし」は、四世紀後半、中国・東晋時代に、中国史上最初に現れた画家で、「画聖」と呼ばれている。

蒐めて、吉田幸三郎さん、小林古径さん、そういったグループの人たちの話を聞いて、「速水君は絶対だ、唐宋元でもこれだけの作家はいなかったんだ」と、繰り返し聞かされてきましたから、現代の全然違う美的なものを見ても、評価できない——評価する能力がないということなのでしょうね。あるとき入江波光さんの作品について、古径先生に、「入江波光さんはどうですか」と質問したことがありました。そうしたら先生は言下に、「模写は芸術ではありませんからね」と一言のもとにかたずけられてしまったことがありました。そのきびしい古径先生が、あれだけ傾倒されたのですから、やはり御舟を信じ、美的評価の基準としないわけにはいかないのです。

五十年に一人の天才

ただひとつ言えることは、日本民族の芸術の伝統性の大切さということです。今グローバルな絵を描こうと思っている人もいるでしょうけれど、日本人は日本人としての自覚や伝統のある絵を描くことで、はじめて世界的に高いところで受け入れられることになる。これは世界の主潮である民族主義の当然の帰結というか、原則なんです。その観点に立って、東洋画からはじまる日本画の古農耕生産的な歴史をしっかり把握して、それを現代に生かすことが大切なのです。現代ではそういう考え方がなくなって、芸大あたりでも、えらい先生が親切にテクニックを分析してくれて、それになぞって描くことを絵画だと思っているようです。昔の芸大は、ひどい画家が先生で、その中から杉山寧が生まれて来たことを、もっとよく考えてみなければいけません。古径以後、えらい芸術家を教授にする風潮が高まって、しかしいい先生が芸術に必要だとは必ずしもいえない。御舟だって、たかが楓湖《ふうこ》という田舎教師の門下でしょう。テクニックを分析して教えることだけうまくなったもんで、それでは絵画ではなく工芸ですよ。みんなそれで描いちゃう、それでは漆職人と変わりないですね。もっとも最近は職人芸が貴いという考え方もでてきて、僕らの考え方は通用しないかもしれませんね。

速水御舟のはなしに戻りますが、私が京都の大学に入った昭和七年のころ、榊原紫峰さんをお尋ねしたら、「速水君というのは五十年に一人出てくる天才だ。村上華岳は絵の中でつねに一ヶ所逃げている、速水君は隅から隅まで描き切っている。だけどあんなことをしていたら長生きできないよ」とおっしゃいました。それから三年後に御舟は亡くなってしまったんです。榊原さんという人は、「おれは絵はまずいけれど、絵を見ることは今、日本でいちばんだ」なんて言っておられましたが、とにかく私が訪ねた画家は、みんな速水御舟はいちばんだと言っていました。当時の京都画壇は、たいへん開放的で、見ず知らずの学生に、平八郎でも渓仙でも、簡単にあってくれるんです。少しでも話し合って、画壇をよくして行きたいというお気持だったんでしょうかね。こちらは何も分からないから、「今いちばん偉い作家は誰ですか」なんて単純な質問をするのです。すると必ず「御舟」という返事がかえって来ました。栖鳳や玉堂や大観がいばっていた時代ですから、そんな話を聞くだけでも、たいへん勉強になり、はげみにもなりましたね。

御舟がもし、その後も生きていたら、きっと抽象画からアンフォルメルに行ったと私は思います。

これはたしか吉田善彦さんも言っておられましたが、「おれは写生も何もない、めちゃくちゃな絵を描く」と御舟自身言っていたそうですが、デッサンなんか見ても抽象画を感じさせるものがあります。松の木のデッサンなんかそうですね。それとすばらしいのは、昭和九年の道成寺入相桜の写生です。これはまったくアンフォルメルの理念です。しかし御舟が生きて抽象画を描いていたら、こんなに値段が高くなっていなかったかもしれませんね。

（「三彩」・三彩社・昭和五十八年六月号）

三味線の起源

フラメンコ源流説

三味線という奇妙なまぎれものが、いつどうやって伝統芸術のなかへまぎれこんできたのかは、まるで見当がつかない。

西域から中国へ流入した三絃楽器が琉球へ渡り、三絃《さんしん》という楽器になって堺へ流れこんだという説も、琉球音楽と日本音楽との音階や旋法の差に着目すれば嘘であることが瞭然とする。琉球音楽の五音音階はポリネシア的なもので、日本の四音音階の音楽とまったくなじまない。それに絃の張り方も、一、二、三の糸の順序が逆になっていて、旋法の根本的な違いを物語っている。

とにかく、三味線は、永禄年間（一五六二）に突如日本へ現れ、それまでの伝統的な日本音楽のすべてをぶちこわし、まったく新しい旋法や音階を生みだした。こういう現象が一個人の芸術家の創意によって生まれるということはまったく考えられない。したがって三味線が生んだ新しい音楽が、何かの模倣であることは間違いないと想像される。

田辺尚雄氏は、三味線の起源について「アモイ説」をとっておられるが、琉球音楽の影響と考えるよりはこのほうがずっと面白い。というのは、三味線が突如出現した十六世紀は、いわゆる大航海時代であって、特にスペイン・ポルトガル系の船団がインドをへてスマトラ・ボルネオ・セレベス・ルソンなどを席捲《せっけん》した時代である。とすれば、スペイン・ポルトガル系の音楽文化が船団と共にもたらされたことは想像にかたくない。その影響が日本に伝わったことも、また想像される。

日本はスペイン・ポルトガルの直接の侵略を受けはしなかったけれど、その影響からまったく無関係でもなかった。すなわち、キリスト教の宣教師フランシスコ・デ・ザビエルの来日がそれである。ザビエルの属するイエズス会は、ポルトガル国王の許可を得て、インド、マラッカを経て布教のため鹿児島へやって来た。天文十八年（一五四九）のことである。当時、ポルトガル国王はスペイン国王をかねていたので、政治的にはポルトガルもスペインも大差はなかった。スペイン人は航海術にすぐれ、後に世界一強力なスペイン艦隊に発達するくらいだから、ザビエルの航海も上部構造はポルトガル国王の認可を得た宣教関係者だが、実際に船を操る船員は皆スペイン人で、その数はポルトガル人をはるかに圧倒していたことはいうまでもない。

ザビエルは日本の大名を訪ねて二年あまりのあいだ布教を続けるが、その拠点は鹿児島に置かれ、立派な宗教学校が設置された。ザビエルら宣教師の一行は大名を訪ねるに際して、チェンバロなどの楽器を貢物にしたり、またローマのグレゴリア系の聖歌を教えたりした。しかし、チェンバロなどの楽器はほとんど日本人の手で使用された記録がない。音構造の和声的な重構造が、当時の日本人の感覚になじまなかったのであろう。グレゴリアン・チャントの音階は柳川民謡などにわずかにその影響を留めているといわれるが、これも実際的にはほとんど影響を残さなかった。

また、ポルトガルのファドが日本の民謡にしばしば対比されるが、これもいちじるしい影響は認められない。それらは、むしろウイグル民謡の祖来的な所産と考えたほうが正しい。

このようにザビエルの布教も上部構造の点では、ほとんどなんらの影響も留めなかったのであるが、渡航船の下部構造、おそらく数百人を数えたであろうスペイン人水夫たちが二年三ヶ月にわたって鹿児島の根拠地に住みつき、その生活のあいだに鹿児島の土着人とさまざまな交流や交歓を持ったであろうことは想像にかたくない。彼らの故郷をしのんで歌う物哀しい歌声や、エネルギーを発散させるための合唱や踊は、それを聞きなれ見なれてくるあいだに、日本人に珍しさからくる感動や参加の意志や創造力を与えるようになった。幸なことにというか、奇妙な符合というべきか、スペインの民謡は、日本の伝統的な歌声と同じ四音音階（テトラ・コルデ）であった。そのことが日本人たちをスペインの水夫たちに親しませるよすがとなった。日本人はスペイン人の歌舞の群に投じ、その歌の意味を聞き、彼らの旅情を慰めた。

デ・ファリヤ(31)が発掘した十六世紀の「七つのスペイン歌謡」のなかに松の木によりそってしのび泣く歌があるが、その歌のメロディーはほとんどそのまま地唄の「残月」のなかに採られている。「残月」の成立はずっと後世だが、松の木に涙を流すというテーマが「残月」の「磯辺の松に葉隠れて」という歌詞と照合して、日本の伝統的な本歌どりの美学によって再生されて用いられたものと思われ

(31) デ・ファリヤ：スペインの作曲家。代表作にバレエ音楽「三角帽子」、「恋は魔術師」などがある。

る。もっと単純に日本の「あんたがたどこさ」の歌は、マドリッドの石蹴り歌のメロディーをそっくりそのまま伝えている。

また、三曲の「六段」が完全なソナタ形式を備えているということも十五、六世紀にめばえ始めたバロック音楽の前ソナタ形式と考え合わせれば、別段不思議なことでもないことになる。

このようなスペイン音楽の影響が、日本の民謡のそれまでの旋法（ノン・メロディー）から考えると破天荒なニュー・メロディーを生みだしたとして、それがなぜ三味線の成立にかかわってくるのであろう。スペイン音階の伴奏楽器は、大衆音楽にあってはギターが最もよく用いられるもので、おそらく水夫たちもギターを伴奏として歌い踊ったはずである。しかし、ギターは絃の張り方は三味線と同じ順序だが、六絃の和声楽器であるという先入感が従来の三味線研究者をまどわせて、三味線とギターとの関係が深く考えられなかったのだ。

しかし、十五世紀末から十六世紀末に至るまでのあいだ、スペインでは、三絃ギターが用いられるのがむしろ通常であった。三絃ギターは「アランフェス」のような名曲も生んだが、三絃という構造上歌唱のための伴奏楽器として、より適当であった。ちょうどザビエルの渡来の時期には、六絃ギターはまったくすたれ、三絃ギターのみが用いられた時代であったから、鹿児島の水夫たちも三絃ギターを用いていたことには間違いない。したがって、そこには日本人の嫌いな和声的な演奏がなされることがなかったので、日本人は比較的無抵抗に絃楽器を伴奏に用いることを受けいれることができたのであろう。これが日本における三味線音楽の成立の最初であると考えられる。

木製のギターが皮胴の三味線に変化したことに疑問をもつ人もあろうが、この地方ではすでに板三味線（胴を板で張ったもの）の存在も確認されているし、またアンデスのチャランゴのように、ギターを模倣しながら動物の皮を胴に張っている楽器もあるのだから、三味線が猫の皮を用いても別に異とするにはあたらない。

スペインの民謡がフラメンコの系統に属することは確かであるが、その影響を受けて鹿児島で成立した薩摩節の系統をひく大薩摩（江戸浄瑠璃）が、フラメンコと同じように歌声―間奏―歌声―間奏―歌声という形をとっていることは、誰もが気のつくはずのところである。日本の三味線音楽の元祖は薩摩《さつま》浄雲《じょううん》とされているが、これが薩摩という名を名乗っていることも興味がある。浄雲の名前もクリスチャン・ネーム（ジョアン）を想わせる。

また、三曲、地唄の系統の作品も歌と歌のあいだに長い合《あい》の手《て》や手事《てごと》を加えるのを常としているが、これもフラメンコのカンツォーネと間奏とが交替に出てくる形式をそのまま受けついだものとしか考えられない。

三味線音楽の成立については、他に沢住検校（生年不詳だが室町末から江戸初期の人）によるとされる説もある。この人は手事をはなれて、初めて浄瑠璃の伴奏をしたと伝えられ、小野お通らとならんで、浄瑠璃七功神のひとりに挙げられている。今日、文楽の三味線弾きが、鶴沢・豊沢・野沢などと沢の字を用いるのは、沢住検校を流祖と考えるからである。生田流中筋（中木・中光などの姓を名乗る）の中川博伸が伝える「源氏組」などの古曲は、他の組唄とはずいぶん変わっていて、義太夫三味線の旋法に似た部分を多く持っている。語り物の祖とすることができるだろう。

沢住検校は堺に住んだとも伝えられるが、この自由貿易港へヨーロッパ音楽が直接流入したのか、それとも鹿児島・熊本方面から伝承されたものかは分明でない。

生田流は八橋検校（一六一四―八五）の弟子筋だが、八橋検校は筑紫箏の法水や、北九州の玄恕に就いて芸を完成したと伝えられている。沢住検校は八橋検校より先輩（一六一五前後に活躍）であるが、やはり九州地唄系（筑紫箏など）と考えたほうが妥当かもしれない。

フラメンコは歌と間奏とからできているが、歌の部分の伴奏は三絃ギターによるあしらいのような伴奏であるから、浄瑠璃風の語り物を生む可能性は強い。この中川博仲の伝える箏曲組唄は、もっとまじめに掘り下げて研究してみる必要がある。

しかしとにかく、ラーラとか、ランランとかいう終結符を、ツウーン、シャァンというような沈潜した情感にまで高めて改変されたように、三味線が感性的に、完全に日本化されたことは、たしかであるし、また偉大としかいいえない気がする。

そのほか、薩摩源五兵衛節の歌詞が地唄の「万歳」とほとんど同じで「蛤はまぐりはまぐり……」のくり返しなどは同じ節だったと考えられる。これも薩摩のフラメンコ系の民謡が熊本地唄として定着したものと考えられるし、「よしこの」系統の「鹿児島ハンヤ節」や「阿波踊」の伴奏が、歌声や掛声も含めてフラメンコの直系の血統をひいていることは、明らかに感じとることができる。

近世舞踊の舞・踊の混交――西山村流筑紫舞《つくしまい》

私が不思議でたまらなかったのは、このように明らかに近世音楽が、スペインのそれも主としてフラメンコの強い影響を受け、それが日本の古来の民族伝統的な歌唱と結びついて一種独特な、フラメンコとは比べものにならないような精神的な沈潜した音楽（浄瑠璃・邦楽）を生みだすまでにはげしい展開をみせているのに、舞踊が邦舞としての独自の展開をとげながら、それと古代舞踊とのあいだを結ぶフラメンコ舞踊の影響を明らかに持っているようなものが、なぜ一つもないかということであった。

なるほど、阿波踊の踊はフラメンコ的な一面をもっていると考えられないこともないが、フラメンコが日本の土壌のなかで地唄や義太夫や大薩摩（江戸浄瑠璃）にまで展開していく芸術的創造性にみあうフラメンコ直系の舞踊が、まったく存在しないという事実は、ひいては私の三味線音楽フラメンコ源流説の存在自体も危うくするものに思えたからである。音楽がこのような大変化現象を起こしながら、舞踊がそれに対応しないということは、ありえないことなのである。この思いが私の研究心を長年にわたってさいなんだ。

昭和四十八年、私はたまたま故・立石隆一氏の主催する清新会《せいしんかい》という舞踊会の審査員を依頼された。審査員ともなれば全演目を観なければならない。私は、未熟な舞踊の曲目の羅列にじっと耐えていた。やがて長唄「竹生島《ちくぶしま》」というのに行きあたった。プログラムには、西山村という聞いたこともない流名がしるされていた。二人の若い舞踊手がシテとワキで登場してきた。その舞ぶりを観て、私はおもわず「アッ」と叫んだ。全身が緊張で硬直するように覚え、胸が高鳴っていた。それは直感的に私にフラメンコ舞踊を連想させたのであった。

後に西山村流をよく研究してみると、それは必ずしもフラメンコの影響だけというような単純なものではなかったけれど、そのときの第一印象の直感では、それはまさしくフラメンコから生まれた日本舞踊であった。

私は立石氏に頼んで西山村流の家元に紹介してもらった。家元は、現在西山村流の宗家になっている光寿斉《こうじゅさい》（当時家元・光寿）であった。踊ったのは、娘さんとお弟子さんとのことであった。光寿斉は私の質問に答えて、その特殊な足遣いが呂宋《るそん》足とか波足とか呼ばれていると語った。私は「呂宋足」という名称を聞いた時、息をのむ思いがした。

呂宋とは、取りも直さず今のフィリッピンのルソン島のことであり、そこはすでにザビエルの時代にはスペイン領であった。呂宋はまた、その時代の日本との重要な貿易地の一つであった。いったいポリネシアやミクロネシアの文化を考えるとき、スペインの影響を抜きにして考えてはならないので、東南アジア全体の民族音楽、民族舞踊と現在考えられているものも、日本の三味線音楽がそうであるように、スペイン音楽や舞踊の影響を常にまったく受けていないとは考えがたい。

西山村流の呂宋足がルソン島の土俗舞踊から得たものだったとしても、その源流がフラメンコでないとはいいきれないのだ。まして舶来の芸術や品物に呂宋とか天河《まかお》とかいう名を一列につける習慣が日本人にはあった。

私はさらに深く西山村流を検討してみたいと思い、西山村流の大会を姫路まで観に行ったり、また三隅治雄氏や文化庁の友人たちに観て研究してもらったりした。その人たちがどういう印象を受けたかは知らないが、私の印象のなかでは、三味線と同時に興ったフラメンコの影響下の舞踊であることは、確定していた。

私は、そのような古典舞踊と近世の歌舞伎舞踊との中間の結接点になる舞踊が、なぜ「竹生島」のような江戸後期の音楽と結びついたのか、不審に思った。しかし、それは西山村流の筑紫舞と呼ばれる、この系統の舞踊のいちばん最後の時期に、筑紫舞の集大成という形で完成されたものであることをやがて知った。

西山村光寿斉にこの舞を伝授したのは、菊邑《きくむら》検校と呼ばれる人であった。検校はもちろん盲目であったので、どうやって舞を会得したのか不思議だったが、ケイさんと呼ばれる唖の付人が、振を見覚えたのだという。菊邑検校が太宰府の寺で琴を弾いていたとき、そのリズムに合せて足拍子を踏む人がいて、その間合が絶妙だったので、その寺男を呼んできくと、その人がくぐつであることが分かった。くぐつの舞う筑紫舞は、通常撥ざさらの伴奏で舞われるか、筑紫箏の間で舞われるかなのだが、菊邑検校の間がそれらの間にぴったりだったのでおもわず踊ってしまったのだ、という。盲人の検校に拍子の足音が聞こえたのだから、この筑紫舞は当然踊だったわけである。

しかし、筑紫舞の歴史はくぐつの歴史とともに古く、高橋虫麻呂の「たにくぐ」以来の伝統のうえに立っているはずであるから、当然足を摺る舞の要素ももっていたはずで、現在西山村流に伝わっている筑紫舞にも舞の要素の多い演目もたくさんある。

しかし、呂宋足や波足に代表される踊の要素は、明らかに鹿児島・熊本地方のフラメンコ芸からくぐつ芸のなかへ流入したもので、中世以前の舞と近世の踊との接点に位するものである。

また、筑紫舞が必ずしもささらの伴奏で踊られたとは限らないことは、地唄の古曲「早船《はやふね》」がくぐつたちのあいだで情報の交換に用いられていたという事実からも明らかで、要するにくぐつ芸のなかの三味線や箏がささらの間で演奏されていたということなのである。「早船」が地唄のなかでも琉球組や「下総《しもふさ》」などとともに、組唄としての特殊な演奏の間を要求される難曲であることも、ささらの間と無関係ではないのであろう。

菊邑検校は、近代の地唄の名人富崎春昇（一八八〇―一九五八）が芸の本義を教えられたというくらいだから、よほどの名人だったにちがいない。菊邑検校は京都の職屋敷で啞の内親王に箏を教えているうちに恋愛関係に陥り、そのため近畿五府内を追放され、故郷の九州、熊本へ戻っていたという。本名を坂本甚一といい、追放と同時に検校の位も取りあげられていたので、『富崎春昇自伝』（北条秀司編）には坂本甚一の名で紹介されている。春昇は菊邑検校の演奏を聞いているうちに、

「私の心の中に、何んと申してよろしいのか、真に不思議な想念が湧き起つて来たんです。それ迄に曾つて自分が、芸道一念に没入していた頃でさえも感じなかつた、芸の秘境とでも申しますか、何とも云えない――ある時は心の中を掻き立てられるような昂奮を、またある時は、深い幽幻の谷間へ

引き入れられるような気持を、刻々に覚えて行つたんです。（中略）坂本さんの三味線は、絃と絃とが、まるで生きてるものが互いに唸り合つてでもいるように、うんうんと響き渡るんですな。（中略）しばしの間、私は酔うたようにうつとりとなつて聴き入つて居りました。

考えて見ますと、ここ数年間の私は、自分の芸に浸《と》け込むなどと云う時はまるで無かつた。それ以前の修業時代にも、自分自身がいつもその中に居るので、これ程の感動を覚えなかつたんでしょうな。いま不意に、久しく忘れていた芸道の三味境を、他人《ひと》によつて眼の前へくり展げられ、はじめてその真の美しさと尊さを悟る事が出来た訳です。（中略）

私は正に芸の世界に陶酔しました。頭の中は空《くう》です。人もありません。自分もありません。合奏者の相手の事も浮びません。あるものはただ音の交響だけでした。（中略）

ついでに、その坂本甚一さんの、芸のことについて、一寸申し上げて置きたいのです。

普通三味線を弾くのには、撥を持つ右手に六歩の力を籠めると、絃を押さえる左手には四分の努力を払うものとされて居りますのに、坂本さんの弾いて居られるのを聴いていますと、右手の撥に三、四歩の力を籠め、左手に重きを置いて弾いていられるんです。そうですから、聴いている者の頭の中へ、弾奏の力がぐんぐん追つてくるような気がするんですな。こんな腕前の人は、そうざらにあるもんでは無いと、その時つくづく感心致しました」

と述べている。近代随一の三味線の名人富崎春昇に「芸や、芸や、わての生きる道は芸よりほかにない」と叫ばせた菊邑検校が、どれほどの名人であったかということは、この春昇の証言で明らかであろう。

その名人の菊邑検校が、数十年の研鑽のすべてを十数年（昭和七―十八年）にわたって少女であった西山村光寿斉に注ぎ込んだ筑紫舞の伝承は、決してあだやおろそかに見過ごしたり見落したりしてはならない。そのような怠慢を私は最も憎む。

私は筑紫舞のことをもっと深く調べたいと思い、西日本新聞の協力を得て地元の博多へ行って土地の識者から話を聞くことにした。ところが、話題の豊富なその人たちが、菊邑検校の話にふれたとたん急に口数が少なくなって、何をたずねても曖昧なことを口ごもるだけで、そのうち突然「今日はこれから用がありますので」といって退散してしまうのだった。どうやら菊邑検校のことは、なぜかこの地ではタブーになっているのではないかと思えた。同時に、私はそれまで半信半疑だった唖の内親王との不義による五畿内追放や、菊邑検校には常に憲兵がつきまとっていた、という光寿斉の談話を信じる気持になった。

その夜床についてから私は夢ともなく、現ともなく「アサクラ」という言葉を聞いた。次の朝、西日本新聞の人に「何かアサクラという地名か場所がありますか」と問うてみた。その人はしばらく首をかしげて考えていたが、やがて「アサクラ神社というのがあります。今は朝闇《ちょうあん》神社と呼んでいますが、昔はアサクラ神社と読んでいたそうです。山が近いので朝が闇い、というので朝闇の文字を当てはめたのかも知れませんね」という答であった。私は「では、今日そこへ連れていって下さい」と頼んで、その日の他の調査の予定のなかへ朝闇神社訪問を入れてもらった。

朝闇神社は高い岩山の中腹にあって、そこには大きな洞穴もあった。しかし、変哲もない小さな神社にすぎなかった。私は内心失望しながら拝殿に上がって参拝した。そうして拝殿に立ってあたりを見廻した。拝殿は絵馬堂のようになっていて、幾枚かの汚れた絵馬が掛かっていた。その一つに目を止めたとき私はおもわず「アッ、呂宋足だ」と叫んだ。その絵馬には天保四年と書いて、奉納者の土地の豪族の名前がしるされていた。それは舞を奉納する絵で、前方に素袍を着て踊っている二人の男が描かれていた。その片足の上げ方が呂宋足そのままの形で活写されていた。画面は汚れてよく分からないが、貴人の姿や官女の姿が洞穴の入口を背に描かれており、反対側には囃子方のような姿も描かれていた。闇の洞窟にたちこめる篝火の煙や、なかが暗くて外が明るい当時の大和絵ではちょっと考えつかないような前衛的な風格をもつ絵であった。

　私はふと、この辺が斉明天皇の朝倉宮の所在地ではなかったかと気づいた。訊ねてみるとはたしてそのとおりで、朝倉宮宮址といわれる場所がすぐ傍にある。私たちはその方向へ歩を運んだ。神社の石段下には小さい池があり、猿沢ノ池と名付けられていた。朝倉宮宮址はいかにも宮居の跡らしく、広々と広がった美しい原野だった。

　私は立札によって、ここが能の「綾の鼓」の伝説の地であることを知った。私は「綾の鼓」の主人公が老人であることを不自然に感じていたが、ふとこれは舞楽を奉納するくぐつであったのではないかと思った。くぐつの楽人なら綾の鼓を打つことを引き受けるのもきわめて自然なことだし、くぐつという賤民を老人で表わすこともありそうなフィクションだ。恋にやつれたくぐつが能面に朝倉尉の名を今に留めているのではないだろうか。

とにかく、筑紫舞が光寿斉の言い伝えのとおりくぐつを通じて菊邑検校や、ケイさんから伝えられて、西山村流に残ったことは確実だと、その絵馬一枚で私には思えた。

くぐつ（傀儡師）というと、人形を使う手くぐつのことばかりが大きく取りあげられるが、手くぐつも含めて船に乗って芸能をして歩いた一団をいうのである。文楽用語にも船底《ふなぞこ》や手摺《てすり》などの船の用語が残されているが、舞のほうでも能の常座《じょうざ》に当たるところを柱つきと昔は呼んだ。これは明らかに船の前方にある帆柱の位置をさしている。

くぐつは『万葉集』にあらわれた谷くぐや遊行婦女と同類で、谷くぐの名からくぐつの名称が生まれたものと思える。それは筑紫の朝倉宮において、すでに楽師として仕えていたのであるから、中国へ渡った味の一群も、筑紫の面土（茴士）国王（今の糸島郡）に伴われた筑紫舞の芸能者（一〇七年）だったのかもしれない。

西山村流の伝える筑紫舞には、舞の要素をたぶんに含んだ演目も多い。それがフラメンコの影響を併せ持つようになったのは、船くぐつとフラメンコとの交流（交易を含めて）の結果だと考えられる。三味線以後の近世舞踊における舞の伝統と踊の新しい要素との混交は、この筑紫舞に始まったと考えてよいのではなかろうか。

興味があるのは、菊邑検校が天草（熊本県）の本渡《ほんど》の出身であることで、ここはいわゆる島原歌（天草キリシタンの軍歌を基とする）の発生地（「あんたがたどこさ」も肥後城主への反抗歌である）であるとも考えられるから、本渡出身の菊邑検校ほどの名人が、くぐつ舞と三曲を結びつけて再整備したのも、すでに何かの根拠を踏まえてのことだったのではなかろうか。三曲というものがすでに箏はチェンバロ、三味線はギター、胡弓はヴィオールの変形で、その合奏形式をそのまま日本楽器に置き換えて成立したものであるから、ルソン系、もしくはスペイン系音楽との関連が、ある程度菊邑検校には想像がついていたのではないか（本渡は隠れキリシタンと関係が深い）などと空想もされる。

筑紫舞については、その後西山村光寿斉や、古田武彦氏らの調査によって数多くの絵馬や、宮地嶽神社における有名な洞窟の舞の現場の発見、また筑紫舞に関する古文書の発見などが相次いで行われたため、その存在の確実性は動かせないものになった。

「洞窟の舞」というのは、光寿斉が幼少のころ、宮地獄の洞窟で観た十三人立の翁（今では七人立《しちにんだち》の翁のみ伝わる）の舞のことである。そのとき舞に参加したくぐつたちは、皆きまりの服装とおぼしいぼろぼろの着物を身にまとって翁を演じたが、話の様子では京都などで弁護士や実業家の職についている人たちもまじっていたという。おそらく、その人たちはくぐつという賤民の身分を隠して正業についていたものと思われる。

細石神社で発見された翁の舞の絵馬では、翁が呂宋足をしているところが描かれているが、これは踊の要素が翁の舞のなかにも入り込んでいたことを物語っている。

筑紫舞という言葉は、菊邑検校から光寿斉が直接聞き知った言葉であるが、文化庁の役人たちは「あれは武智さんの造語だろう」と疑いをかけていたそうだ。ところが古田氏の研究によって、明治十九年（一八八六）に書かれた『筑紫舞の由来』という古文書が発見された。そのなかには、

「此御神楽舞方之儀者筑紫舞と相唱可然趣申談有之候間以後筑紫舞と相唱候事」と明白に、また古田氏の発掘した古文書『肥後国誌』にも、永和四年（一三七八）以来の翁渡《おきなわたし》の能式（山ノ能）、そのほかに関する記述が見出され、それによって古田氏は筑紫舞の翁の能面不使用に関する考証をいろいろ述べておられる（古田武彦著『よみがえる九州王朝』二四三頁）。

なおもう一つ、筑紫舞を筑紫ぶりとする呼び方もある。これも間違いではない。舞というのは、民権の生産的な身体行動の芸術的再構築を意味し、踊は異民族の物めずらしやかな身体行動の再現である。ふりというのは「風流」の転訛語で、それは文芸的な主題性（松囃とか小原木踊とかいうような）を持つ舞踊をいう。日本の舞踊は、歌詞をともなっているから、全部風流とも言える。舞踊を、まいと、おどりと、ふりに分ける美学論は、まったく無意味である。

三味線伝播と近世舞踊の展開――阿国・佐渡島歌舞伎

このように三味線という異質音楽に相応する異質な踊と舞との結合の存在が、歴史的に初めて明らかにされたわけである。その後、三味線楽器の伝播につれて、それは日本全国に広がり、歌声の伝唱の役割を勤めるのであるが、それと同時にスペイン系から派生した新しい踊の身ぶりも全国的に広がっていったはずである。

面白いことに、三味線の伝播は廻船によって広められたと考えられているが、九州西岸からあいだを飛ばして越後へ上陸している。越後は滑車を用いた帆船の発生地であるが、そのために山陰地方に三味線が広がらなかったとする理由はない。

三味線は主として歌舞伎の楽器として用いられるのであるが、出雲出身と考えられる阿国歌舞伎には三味線が用いられていない。反面、越後の佐渡島歌舞伎は最初から三味線を取り入れている。この二つの歌舞伎のうち畿内に入るのは阿国歌舞伎が先行するのであるが、この理由の一つには中国地方から京都に至るまでのあいだに、三味線への拒否反応が強かったことがあるのではないか。すなわち、これらの土地は倭人の占住地であったため、歌声が三味線音階になじまず、ちょうど明治時代の日本人が西洋楽器を拒否し、それを聴くと頭痛を催したという事実と同じ拒否反応が、そこに生じたからであろう。

それに反し、九州西岸や越後は、五音音階に潜在的に馴れなじむ少数民族という人種的要素をもっていたため、その古い潜在化していた血が三味線楽器を受けいれたのであろう。三味線の都市への流入経路には薩摩節や伊勢の説教節、また堺の沢住検校系三曲の系列のものが多く、それらは浄瑠璃音楽の主流をなすものであるが、越後の三味線は瞽女系の民謡や熊本系の地唄三曲となっていく。瞽女三味線の代表的民謡「新保広大寺《しんぼこうだいじ》」(32)が生まれたのは十七世紀末と想像されるが、それが江戸で流行して市民たちが歌い踊ったのは天明四年（一七八四）とされるから、その伝播には百年を要している。

（32）**新保広大寺**：越後瞽女が唄い広めた「新保広大寺節」は、津軽じょんがら節や八木節の元唄ともなり、日本民謡のルーツとも云われるもの。武智は「三味線音楽の役割」（全集第五巻所収）のなかで、新保広大寺を取り上げている。

また、青森まで流れてジョンガラを生んだのもまた百年後だったし、西の方へ移って「安来節」や「関の五本松」を生むのには二百年の歳月を要した。これは東北地方よりも出雲地方のほうが、はるかに三味線に対する拒否の感情が強かったことを物語るものである。ただ、語り物系の三味線は、浄瑠璃や歌舞伎の影響で、これらの地方へも早く伝播した。語りが日本的音階を、民謡などのうた物より、失うことが少なかったためである。

五音音階的な少数民族の血が濃く流れている東北は、今も三味線民謡の宝庫であるのに対し、倭人系の中国地方は、三味線を伴わない無伴奏民謡が多い。このような三味線に対する嫌悪感が、阿国歌舞伎の入洛を一歩先んじさせた原因ともなっているのであろう。

阿国歌舞伎に関する多くの歌舞伎絵を見ると、それがナンバ(33)の舞であると同時に、足を上げる踊の要素も持っていることが分かる。阿国歌舞伎が念仏踊や、ややこ踊の系列を引いた歌舞伎踊であることを思えば、それが三味線をもたなくても、踊の要素を持っていたのは当然で、その躍動的な面白さが、物静かな舞しか知らなかった都人の喝采を博したものであろう。時の流行は新規で珍奇なものを追うものである。阿国の絵には十字架を首に掛けたものも残っているが、これは阿国の環境が毛利家の密貿易（湯の津や萩などで、岩見の銀の輸出にかかわったか）につながっていたゆえとも思われる。そのような環境のなかから新しい踊の身ぶりの要素を、阿国は吸収したのかもしれない。

佐渡島歌舞伎は、端的に三味線の身も心も浮くようなリズムを持ち込み、阿国の踊の身ぶりになれた都人の心をいっきょに捕えた。佐渡は世阿弥の遠流の地でもあり、またゴールド・ラッシュの中心地でもあったから、観賞するに足る芸術を生みだす背景を十分にもっていた。ナンバという言葉が芝居用語として定着したのも、鉱山の採掘用具としての滑車の機械が南蛮渡来のゆえにナンバと名付けられ、その綱を引く姿勢が単え身なので、単え身の踊をナンバと呼ぶに致ったのであろう。

女歌舞伎は幕府の停止によって解散させられるが、その女役者たちの一部は、宮廷や武家の出入りの女役者として生計を立てたものと思える。後に、江戸では坂東の女役者たちが大奥の御用を勤めたものである。

そのなかで近衛家の出入りを勤めたのが、井上流の祖であったのではないか。井上流独特の足拍子の踏み方は佐渡おけさの足に似て、後へ蹴りあげるように踏む。佐渡の坑道は天井が低く、後へ蹴ることが労働の基本体型の一つであった。また、スペインのザパテアードも鉱山地区で生まれた舞踊であった。そのほか、井上流の基本の構えで後足の踵を爪先立てて上げることになっているが、これは能の舞の基本である摺り足が、踵を絶対に地から離さないというのと正反対である。ここに井上流の佐渡の鉱業的な身ぶりを取り入れた踊としての要素の面が色濃く滲みでている。井上流は、後に二代目家元が文楽の人形身（ナンバ）を取り入れ、三代目家元が能の影響を強く受け、摺り足を取り入れ

（33）ナンバ：ナンバは、これを生産性に根差した、日本人古来の身体のあり様だとする、武智歌舞伎の重要な概念のひとつである。一般的にナンバは、右手と右足が同時に出る歩行形態であると理解されているが、武智自身は単え身（体幹をまったくねじらない）の基本姿勢を崩さず、右足が前に出る時は右肩が前に出る、極端に言えば右半身全部が前へ出ると説明している。本稿が収録されている『舞踊の芸』の百四十七頁に詳しい記載がある。「身体行動論」（昭和四十七年、全集第一巻所収）も参考になる。

て、今日の京舞の技法を完成する。それは踊と舞との絶妙なコンビネーションによる新しい舞踊の形式であった。

歌舞伎舞踊とナンバ

江戸時代の舞踊の中心をなす歌舞伎舞踊も、同じように舞の伝統と踊の新風とを結びつけて成立したものである。

歌舞伎の初期の若衆歌舞伎の重要な演目であった「小舞十六番」や丹前六法、さらには水木辰之助の槍踊などは、もと狂言の小舞を基として創られたものであったから、ナンバの生産労働的な身ぶりを伝えていた。ただそのなかに三味線の小間《こま》や合の手、手事などによる踊の要素が加味されて、それが受けて流行したものであろう。

丹前も六法もナンバの身ぶりであって、能と同じく手を振って歩くということはなかったが、腕を横に動かす動き（大手を振って歩く）は、舞の腕の動きの一種の変形として取り入れられていた。

槍踊は奴芸で、三味線も足が地につくように弾いてはならないといわれるくらいで、完全な踊であったが、槍が武芸の一つとしてナンバの構えに密着していたから、基本姿勢としてのナンバを見失うことはなかった。

歌舞伎舞踊が現在のようなナンバでなくなったのはずっと後世のことで、都会人の食生活が低カロリー化（味噌汁にひじきだけというような、男子で二千カロリーを割り、女子は千五百カロリーに近づくというような、低栄養症一歩手前の状態にまで低下した）するようになって、人たちが生産労働的な身ぶりに耐えられなくなり、筋肉を萎縮させ、身体を内らにすぼめるために左右の手足をナンバの逆に出すように習慣づけられた様を、芝居に写実的に取り入れるようになったためである。

都会人の行動が非ナンバ化するのは、浮世絵で見ると歌麿（一七五三―一八〇六）以後のことで、春信（一七二五―一七七〇）以前の人物画は皆ナンバである。つまり、享保のいちじるしいGNP低下や、天明の大飢饉を境に、町人たちは低カロリーで生きられる生活の知恵を働かせ、それが演劇に反映してナンバは次第に影をひそめるようになったのだった。

ただし、過渡的な時期には体はナンバに使いながら、写実的な非ナンバの動きに見えるよう腕だけを逆に動かす、いわば〝逆ナンバ〟の姿勢で踊られた。中村富十郎の「娘道成寺」（享保年間）や中村仲蔵の「関の扉」（明和年間）などが適例で、仲蔵ぶりというのは、すべて逆ナンバで踊られる（実際問題として、今日「娘道成寺」や「関の扉」を正しい伝統的な身ぶりで踊れる役者や舞踊家はほとんど一人もいなくなり、ただ七代目坂東三津五郎や六代目尾上菊五郎の芸談のなかにのみ生き残っている）。

しかし、この逆ナンバの形で実生活の消費生活的な非生産性を補うというのは素晴しい手法で、それでこそナンバの生産性の身ぶりが演劇や舞踊のなかに生きるのであって、芸術が生産性の線に結びついて生き続けることが、これで初めて可能になるのである。現代の新劇などがみすぼらしいのは、この日本の伝統的な生産性の身ぶりを見失っているからである。現代にも、もちろん生産労働は存在するが、それは分業工業化社会のなかで真の全身的な労働性を失ってしまっている。ここに演劇における伝統の問題が大きく存在するのであって、それはあたかもルネッサンスがファクトリーとスチーム・エンジンに抵抗して、芸術の原初性を主張する運動だったことに通じる。このネオ・ルネッサンスの実践が現代の芸術にとって最大の課題（伝統の回復）となるのである。

間――この奇怪なるもの

ナンバは歌舞伎舞踊のなかから次第に姿を消し、悪る身（語源は割り身）などと呼ばれて、滑稽な所作として軽んじられるようになる。また、踊の伴奏音楽として長唄が発達し、三味線で作曲してそれに唄のメロディーをのせていく作曲法が完成し、踊は三味線にのって世相、風俗などをリズミカルに踊るものが増えてきた。

しかし、芸術家である俳優は「玉屋」や「願人坊主」をリズムで踊るだけでなく、実在の人物像に似せて表現するために、わざとリズムをはずすような技法を発達させた。これが踊のなかの間であると通常考えられている。

しかし、間は本来異国のものである三味線のリズムから唄声をはずすために工夫されたものであった。初期の浄瑠璃では、むしろ語り手の日本的な調子はずれの歌声や、リズムのない歌に合わせて三味線を弾くように要求（『断絃余論』一七三六年）した。だから、日本人の本来の歌声のテトラコルド（四音音階）をさらに八分割したくらいの微分音階と、三味線の絶対音階的なものとの相剋が、三味線歌曲の表現の中心点となった。間というと時間的なものしか考えない人が多いが、音の高さにも間があったのである。

この高低の間のほかに、日本の旋法のテトラコルド的要素を三味線楽器の五音音階構造に合致させるために、ウキ（倍音）という音程が日本の音楽全般に取り入れられた（能には三味線がないから本来間という考え方はなかった）。ところが、ウキの音程は本来日本の歌声にはないのであるから、歌い手はウキの音程を避けて歌うことを工夫した。桜間道雄や観世栄夫に確かめたところによっても、ウキの音程をいかにうまく避けて、はずして歌うかが謡の名人の要素であり、条件でもある、とのことであった。

また浄瑠璃の文献を見ても、古い名人には「三上《かみ》コハリ」コハリはコワリと発音する）の音遣いの名人というのがたくさん出てくる。「三上コハリ」の音というのは、三上は三の糸のいちばん上を押えたツボであり、コハリは二の糸のいちばん下のツボであるから、そもそも「三上コハリ」という音は、あいだが一つ飛んだ無茶苦茶な想定である。三上とコハリのあいだには、三を放した音程が存在するが、これがウキの音程である。「三上コハリ」の音という概念は、倍音を否定する、すなわちメロディーを認めないという音楽思想であるから、西洋音楽の理念とはまったく食い違っている。

小泉文夫氏なども日本のテトラコルドの下中上の音階構成を西洋的音階に合致させるために、下の音階と中の音階とのあいだに一つの空白の音程を想定して説明している。現代の邦楽もだいたいそのように演奏されているが、それは日本音楽の本来の音階理論としては大きいあやまちである。それは本来五音音階に従いつつ、反抗するように謡うという歌い手の技法によって処理されなければならないので、間の問題は踊のリズムだけではなく、音の高低に関しても存在するのである。

このように間の問題は、三味線楽器の出現がもたらした大きな問題点であって、三味線のリズムも歌い手の感覚によって、否定的肯定のうえに立って処理されなければならない。

そうして、そのような演奏全体の肯定的否定の場に置かれるのが舞踊の間である。それは、名人芸の実際的演奏を目のあたりにして初めて理解されるものであって、今日我々が「六代目菊五郎の『保名』の〝姿もいつか乱れ髪〟のところの間は、よかったなあ」といくら歎息して聞かせても、現実に延寿太夫と菊五郎の演奏を目の前にもってこないかぎり、誰にもわけのわからない老人の繰り言にしかならない。むしろ、否定的肯定の肯定的否定というような理念を日本人の原初生産性労働行動と重ね合わせて理論的に捕捉するほうが近道であるかもしれない。

なお、そのほかの舞踊に関する各論については、小寺融吉をはじめとして、多くの個別的な研究書が発行されているから、それを参照すれば足ることである。したがって、ここには省略する。

（『舞踊の芸』・東京書籍・昭和六十年六月）

Ⅱ　批評「歌舞伎素人講釈」

第一回　嫗山姥《こもちやまんば》　兼冬館の場

音楽性無視は困る

『嫗山姥』は正徳二年近松門左衛門六十才のときが初演ですから、（初代竹本義太夫筑後掾）存生のころで、一座は多川源太夫、竹本頼母、和歌竹政太夫らであったことと想像されます。想像というのは、ほとんど初演に関しては何も文献が残っていないからです。だからどの段を誰が語ったかもまるで不明で、ただ「頼光道行」のなかの「草の露ちる影にだに」の江戸ぶしが大流行で、筑後掾（初代義太夫）の声名が高まったことのみが、伝えられています。したがって、この『嫗山姥　兼冬館の場』俗に「しゃべり山姥」と言い伝えられている場も、誰が初演したか、分っていません。誰が初演したって構うものかというのは、あさはかな考えで、浄瑠璃とて音楽（音曲）であるから、初演のときの作曲で、すべてが決ってしまうものなのです。いつかも高名の俳優が『弁慶上使』の弁慶を勤めて、なかなかの名調子でしたが、四段目風の発声で演じていたので、チョボの曲調に声が合わず、へキエキしたことがあります。義太夫狂言で音楽性を無視されては困ります。役者はよく、歌舞伎には歌舞伎の発声があって、浄瑠璃の本行にしばられてはいけないのだと、聞いたようなことを申しますが、ト長調の歌をハ短調で歌うようなことが、音楽劇で許されるはずがありません。『弁慶上使』は『御所三』と俗称されるくらい、三段目の代表に違いないのです。『寺子屋』の松王は四段目ですから、件の名優の発声でもよいのですが、弁慶が松王式の声の出し方、音程の選び方をされると、音楽劇が音痴劇になってしまいます。とにかく、そういうことにならないために、初演の太夫名を確定しておくことが、必要になってきます。その上で、語り物と芝居とは違うのですから、歌舞伎劇の個性を打ち立てるのは結構なことですが、はじめから音楽性無視、手前勝手では困ります。

しゃべりは頼母の風

作曲、初演の太夫、それから『風』が確定しないと、(34)このように、せりふの言い方一つにも影響してくるので、どうしても詮索が必要となって来ます。さいわい、『嫗山姥』の「八重桐廓噺の段」は、現行浄瑠璃として文楽に伝わっていますので、その曲を聞くことで、その『風』(ふうと読みます)を推察することができます。音(おん)のにじり方(35)や音遣(おんづか)いなどから、まさしく後世の大和風に近いことが察せられます。もちろん、この芝居に、大和掾(内近理太夫→大隅掾→大和掾)が出座していたかどうかは、不明です。ただ、彼の師である竹本頼母はほぼ確実に出座していたでしょうから、この二段目(しゃべりは『嫗山姥』の二段目に当ります。勝手な臆測ですが、序切は出座間もない和歌竹政太夫、後の竹本政太夫→二代目義太夫→播磨少掾、三段目はもちろん筑後掾、道行・四段目も筑後掾という風に推測します。これが決まらないと近松ものの復元はありえないわけで、最近の文楽の近松もの復活があてにならないのは、こういう事情に依るものです）は竹本頼母の風と考えて、ほぼ誤りないでしょう。頼母の段物と推測される曲には、『冥土の飛脚』の新町封印切があります。これも曲風に似たところがあります。頼母は道行景事のワキによく内近理太夫を使っています。ここで、頼母の風と大和風との相似一致の論理が成立するわけです。理太夫の当り芸、出世芸は『国性爺合戦』の『楼門』です。これは明らかに大和風として伝わっています。『しゃべり』の風は、『楼門』の風によく似ていますし、両者が共通点を持つように掘り下げて考えて行くのが、曲風の研究であり、また近松もの上演、復元の手がかりにもなるわけです。

思ってみれば、近松の復元は、たいへん簡単な一面もあるわけで、義太夫節の創成期のことですから、そんなに風が複雑にわかれているわけではないのです。要するに、筑後（初代義太夫）播磨（二代義太夫）の系列の浄瑠璃と、頼母・理太夫（大和掾）系の、いわゆる風ものと俗称されている浄瑠

（34）**『風』が確定しないと**：杉山其日庵は『浄瑠璃素人講釈』はしがきに、「現今は、斯界に衰微荒廃の暮鐘が鳴っている時である。それを回復するには、修業を烈しくする外ないのである。修業を烈しくするには、芸妙が理解らねばならぬ。（中略）芸妙とは何であろうか。即ち名人優越の風である。その優越の風はドンな物であるか、その学的座資料が古来より口伝口伝ばかりで、今は少しも無いのであるから、自得の外得られないのである。自得の妙風は、修業の鍛錬から起るのである」と記している。武智の著作では「風の論理」（昭和二十四年、全集第三巻所収）に詳しい。

（35）**にじり方**：「にじる」とは、座った姿勢のまま膝をするようにじりじりと移動する（用例：にじって近くへ寄る）、あるいは押し付けてすり動かす（用例：煙草の火をにじって消す）との意味。義太夫用語としては、音をはずさない程度に微妙にずらす、あるいは揺らす技法のこと。

璃と、この二種類しかないわけです。その点、後世の方が、高名の太夫がたくさんいて、風が複雑化しているから、音楽的な研究が、多岐でむづかしいと言えます。だから、仮に近松の作品を復元しようと思うと、この場は播磨風で行くか、大和風でやるか、という二つ一つの見きわめさえつければいいので、その意味で、音楽的な作業は簡単だと言えます。ただし、播磨風の三上（さんかみ）古播（こわり）の音遣いを中心とした作曲、また大和風のウレイを中心としてカミシモへニジった音程による作曲、またその演奏技術の把握など、実際問題としては困難が山積するわけですが、純理論的には、出雲以後の作品の復元よりは話が簡単だということを申し述べているのです。

藤浪は政岡と同じ気持

そういう曲風ですから、床の語りもわりあい早間で、いわゆる大和風のノリ強い[36]演奏になっています。この大和風のノリ強くというのは、実際の演奏課題としてはたいへんむづかしいので、いわゆるノリ間というのとは少し違い、ノリと反対のスネタ間[37]が基本にないとノリが立たないなどとも申すほどで、たとえば、〽岩倉の大納言　というような一句でも、大納言を時代にスネて、大和風独特のニジッタ音に語り、そのあと先のはずみを際立たせるような腹力が要るのです。もちろん次の〽沢瀉姫も音遣いでちょっとへタル加減に語り、そこで御簾が上がり、沢瀉姫を中心に、局藤浪や腰元どもが並んでいることになります。この姫は坐りっぱなしの、いわゆるシビレ姫（調姫をもじったシャレ）

の一つですが、曲にいいクドキがありますから、私は今度の演出[38]（第二回近松座）では、立たせて動かせてみました。並びの腰元と言いましても、作品に〽腰元茶の間仲居までと職務を書き分けています。歌舞伎の舞台面の楷調を破ってはいけませんが、なみの並びの腰元ではありませんから、『妹背山三段目』桔梗小菊ぐらいの個性は持たせたいと思います。私はひとり清少納言みたいに歌に凝っている腰元に短冊を書かせ、沢瀉姫にお見せする――それが姫の頼光一の思慕をかき立てる。というように、設計してみました。

〽頼光は行方なく、御文の音づれさえ、枯野に弱る秋の虫、世に便りなきうき節にのところが、少し足のはこびが変りますので、「秋の虫」の三味線がきめるところで、沢瀉姫が頼光のことを思い、愁嘆するように短冊を使っての思い入れをやらせてみたのでした。浄瑠璃は次の「若し御短慮の」からまた運びますので、御殿女中らの心配り「御寝間の奉行寝ずの番」のことごとしさを出すように配慮しました。今の歌舞伎は行儀本位で、こういうところがつまりません。もちろん行儀を破ってはいけませんが、端役とて人間、行動や反応がなくてはいけないのです。今の歌舞伎

（36）**ノリ強い**：ノリとは三味線のリズムに合わせたリズミカルな調子の強い語りのこと。
（37）**スネタ間**：「すねる」は通常素直に人に従わず不平がましい態度をとることを云うが、義太夫用語として武智がここで云うことは、三味線が示すリズムに素直に常間で乗るのではなく、はずみを付けることで、逆にリズムを際立たせる、つまりテンポ・ルバートの技法であると考えられる。
（38）**今度の演出**：武智演出による「嫗山姥」は近松座第二回公演として、昭和五十八年に三越ロイヤルシアターで行われた。本書に収録されている「五百番の内『嫗山姥』ということ」は、この時の演出ノートである。

では行儀ということばは、練習不足の遁辞になっているような気配です。まして、藤浪といえばお局、取締の責任者ですから、政岡と同じ気持でいなければいけません。何よりも沢瀉姫にかける慈愛の思いやり、責任者としての威厳、責任感、それらを欠いては藤浪になりません。

姫君役の台詞の多様性

次に沢瀉姫のせりふ「アアまた局の気づまりな意見、聞きとうない……」は、大和風の全体の曲題と、大きい関係があります。ことばにも風がある……とは、死んだ綱太夫がよく言っていた言葉ですが、ほんとうにそのとおりで、これはウレイの言葉にはちがいありませんが、ウレイのツボあたりから出てただ何となく言っていたのでは、沢瀉姫になりません。だいたい、この姫は若い役者がやることが多く、またマクラの曲趣が大和風で浮いて派手ですから、それが耳に入って、どうしても姫のせりふが浮きがちになるのです。今の若い子は洋楽的な耳が発達していて、音曲を表面的に捕えやすく、またとりやすい耳になってしまっているので、昔の不器用で音痴な役者よりも始末がわるい。このせりふも、たいてい、浮いた調子で、子供のようになってしまい、とても「今ごろはあなかに帯も結ぶはず」とか「この長の夜を誰と寝よ」とかいうお姫様には聞こえてきません。といって、陰気にしゃべったのでは、曲風に合わないのです。つまり、このせりふは「アアまた局の気づまりな」までは、ウレイの調子よりややギンに(39)ニジった、外した調子で言い、「き」の字一字をややウレイに落とし、「きとう」をウレイよりやや低目にニジって言い、「な」をウレイに戻し加減に、「い」をギン寄りの外れたところの中間音へ持って行って収めるという配慮が必要です。これは、他の役もそうなのでしょうが、ことにお姫様役は真行草のうち、真の位のものですから、こう言わないと沢瀉姫になりません。と言って、ばかの一つ覚えのように、他の姫役、たとえば八重垣姫をこういう調子で言っては、いけないのです。八重垣姫は鐘太夫風ですから、ギンとマギンの音で言い、ウレイに落とすことはありません。要するにお姫様というのは真の真の位ですから、その段、その曲、その風に合わせて、一つ一つ変えて、せりふを言わないとならないということで、これが姫君役の根本的な心得ということになります。その次の「日本国の花もみじを、今この庭にうつしても」と同じで、「なもみじ」「うつして」を、それぞれ落として外して言うことです。クドキ[40]の動きは、そんなにこせこせはできませんが、立たせて品よく動かすことです。これは振付と役者の工夫とにまかせてよいでしょう。私は、腰元が気をつかって、頼光や右大将のふりを御機嫌とりにして見せ、そのうちにみな、「もらい涙にくれ」るというように持って行ってみました。腰元衆が煙草売りの源七を待つあいだは、お気なぐさめのため、はしゃいで動くように見せなければなりません。

---

(39) **ウレイの調子よりややギンに**：ウレイ（憂い）は情を大事にして渋くやや暗め、ギン（吟）は明るくやや派手めとなる。以上は鑑賞的な仕分けであるが、歴史的には西風（竹本座）の調子がウレイで、東風（豊竹座）の調子がギンとされている。

(40) **クドキ**：人形浄瑠璃のなかで、女性が自分の心情を切々と訴える場面をクドキ（口説き）と云う。クドキでは三味線のリズム、太夫の語りにあわせて人形が舞踊的な動きを見せる。

源七実は時行の出は、「飽かぬ夫婦の仲をさえ」を八重桐の伏線として丁寧にやらなければいけません。遊びすぎの男という設定は傾城買いの藤十郎以来の伝統を踏えているのですから、近松劇の場合、つねに藤十郎（近松自身がもっとも影響を受けた役者）の演技との接点を求めることが肝腎で、この源七などは和実双方とも、その代表的なものだと思います。売り声の「あーぶらひかず」の「あー」と引くところは、一種の大和風のニジッタ音遣いが必要で、またせりふの聞かせどころでもあります。あと、和事風の動きを、「逃げ出づるを」の逃げ出す町作、「てーんぽの皮」の膝を打つところなど、随所にまじえて行かねばなりません。

大立物の太夫同様の八重桐

次に、荻野屋八重桐の出になります。これは文楽でも築地外でやります。この方が源七役は三味線を弾かなくてすむので、たすかります。私の演出では、舞台が狭いので、紗幕に築地を描いて、ときどき透かせてみせましたが、歌舞伎劇らしさと前衛的な効果は出たようです。下手に門を作ると、源七の居所が上手になり、お姫様の前を通らなければならないのが不自然で、これは源七が下手の方がいいように私は思いますが。「あわれ昔は全盛の」と歩いて出る歩様に、昔の全盛の太夫の姿形や心意気を少し見せたいものです。それから少し早間に歩き、足が疲れた思いで立ちどまり、築地のそばの石に気づき、本舞台へ入ってそれに腰を降ろすと、中から三味線が聞こえてくる段取りになります。

八重桐は立ち聞きして、自分が作った唱歌であることに気づき、その主をたしかめたいと思い、「傾城の祐筆」と名乗り、文を書く商売を振れまわります。「祐筆」は御町内の騒ぎを打ち消すほど張って言わねばなりません。そうでないと、三味線に気をとられ、御所方では誰も気がついてくれないことになります。八重桐は肩に風呂敷包みを背負っていますがそれをおろして、中から手紙（時行のかたみの文を持ち歩いている心で、天紅にしません）を出し、それを持道具に使って、ちょっと振りをしてみました。女中が出てくるあいだ、文を片づけます。更科、掃部という腰元に誘われ、入るところ「庭の飛石すなすなすな」は音遣いも特殊だし、ちょっと気取った振りのほしいところで、荻野屋の八重桐という名乗り自体が、藤十郎の相手役の女形荻野八重桐から取ったものと言われていますから、女形も傾城買いの仕方話の心意気がなければならないところです。なお、歌舞伎役者がよく荻野屋の八重桐と言いまちがえするのは、とんでもないことで、自分の先祖の戒名を忘れたような配慮と申せましょう。八重桐はここで笠、荷物、手甲を片づけ、内裏の腰元に貫録負けしない大立物の太夫という威勢を、お辞儀の姿で見せなければいけません。太夫というのは一つの廓に二人か三人しかいない大立物で、その権威が守りきれず、江戸期中期にはその存在自体が滅びてしまうほどの権勢だったのですから、紙子姿の中にそれを見せなければなりません。

ここで、時行と八重桐、久しぶりの夫婦の出合いになるのですが、

「たばこ売りの源七も、何心なくそば近く、顔と顔とを見合わすれば」

というとき、源七は、ただの文売りが来たのだと思い、いわば同業者、なぶってやろう、心やすく

ものを言ってやろうというような気持で、何気なく側へ行かねばなりません。この「何心なく」という演技は、歌舞伎のような様式的な演劇では、たいへんむづかしいので、ここは源七役者の腕の見せどころ、和事が骨髄にしみてないとやれないことではないかと思います。それで、ぐっとそばへ寄っておいて、さて顔を見ると女房なので、びっくりして、下手袖（又は上手袖）へ隠れるのですが、この何気なくからびっくり、またびっくりまでの様子を、二人の演技者が十分に演じておかないと、看《かん》客《かく》は何のことか芝居の行く立てが分らなくなります。近松は、リアリズムですから、「ヤア離別せし女房、南無三宝と小がくれの」としか、簡単にしか書いておいてくれません。こういうところを補って、十分肚を売りこむ配慮が、近松ものの演出や演技の組み立てには、特に必要なのです。歌舞伎芝居で観て何のことかわけが分らなかったという苦情は、こういうところの演技の不足から生じるので、ことに源七の演技は粗雑になりやすいですから、十分の配慮が必要です。八重桐も、源七の退場後も、その存在、それへの心配りを、十分すぎるくらいに演じておく必要があります。これは近松ものによくある演出上の配慮なのです。

おどりの演技となったしゃべり

沢瀉姫に身の上を問われて、八重桐は源七への面当ての気持から、例のしゃべりにかかります。これは、言うまでもなく、藤十郎の傾城買いの仕方話(41)を、近松が踏まえて、女役になおして書いているのですから、あくまでも仕方話でなければなりません。ところが、今の歌舞伎の演技では、「しゃべり」でなく、「おどり」になってしまっています。これではいけないというので、今回、扇雀君とよく相談して、義太夫の地合の部分で、せりふにそのままなおせる部分、三味線の間や手を一切変えないでしゃべれる部分を、できるだけしゃべるようにしてみました。その部分を、参考のため、書き出すと、次のとおりになります。もちろん三味線の間は生きていますが、いわゆるノリではありません。そうやってみて、しゃべり、ということ、仕方話、の実感が、いきいきとよみがえってきたのです。それだけではありません。藤十郎の仕方話の話術の間が、扇雀君にも、はっきり、具体的に摑めてきたのです。これは大きな収穫でした。今度たとえば「傾城仏の原」の傾城買いの長ぜりふを、仕方話として振り付ける手がかりを、二人ともはっきり把握することができたのでした。自分で間を作ってしゃべることを、三味線の手助けで摑み、今度は三味線を外して自分で間を作ってしゃべり、それに振り（仕方）をはめこんで行くという作業が、藤十郎の話術の根源にあったのです。これは近松劇（ことに会話術）造型の上での画期的な手がかりの発見といえそうです。地合地イロから新たにせりふに取った部分は、次のとおりです。

「のぼる程に、のぼる程に、刀利天の中二階、夜昼なしの床入りに」

「いよいよつのつて会うほどに」

(41) **仕方話**：「しかたばなし」とは、思い出などを、身ぶり、手ぶりなどを交えて情景を彷彿とさせるように話してみせることを云う。武智が指摘しているように、初代藤十郎が得意とした「しゃべり」の技法である。

「これ八重桐」
「よしないにせよ、あるにせよ、それ程ゆかしい」
「木こく、南天、めっきり、めっきり、切り石の上へ」
「鼻血は一石六斗三升五合五勺、そりゃこそ喧嘩がはじまった」
「茶棚へつついたばこ盆、あたる物を幸いに、打ちめぐ、打ちわる、踏みくだく、めりめりぴしゃりと鳴る音に」
「秘蔵の子猫を馬ほどな、鼠がくわえて駈け出すやら」
「男めゆえでござんする」

これに本来の詞（ことば）の部分が加わるから、かなりしゃべりの印象は強くなります。もっとも、こう書くと簡単なのですが、太夫の音遣いとせりふの音程との関係が、たいへんむづかしいので、扇雀君はよくやっていました。そのほかは、完全な地ブシ、地合になっているので、振り事で処理しましたが、それでもしゃべりの仕方話の気分（むづかしいのは八重桐と小田巻との仕別けです）が看客に十分伝わったことは、その反応、そのあとの劇の部分のジワの来方などで、悟ることができました。「あんまりしゃべって息切れた、お茶一つ」という実感があったのです。よそよそしい踊の振り事では、仕方話にはならないわけです。それに「おどり山姥」の所作事の振りが、時行の存在を振りの中で忘れているのも不思議です。それを忘れては、芝居――話劇――になりません。とにかく今回は藤十郎歌舞伎の面影ぐらいはほうふつできたのではないかと思っています。

○女房には紙子をきせ

この八重桐の怨言が、今は文楽でも語り方がぞんざいになっているので、駒太夫以前のやり方に戻した間で語ってもらいました。そうするとここを丁寧にやったおかげで「おろおろ涙にくれければ」で紙子の袖で涙をふきかけ、はっとつぎ目がはなれはしないかと襦袢の袖に持ちかえて泣くところで、看客の反応が来たのには、やはり看客はつねに真実を見守っている、ちゃんと見てくれていると、心からありがたい気持になりました。それにつけても、演技者は、つねに親切でなければならないのです。

源七が出て八重桐を責めるところ、逆に八重桐が義理を糺して源七を責めます。ここの八重桐の理屈が、よく行きとどいて、完全に書けています。その義理（道義と理屈）に責められ、源七は錯乱、のっぴきならぬところへ追いこまれ、切腹に及び、変生（転生）に及ぶのです。この時行を破局にまで追いこむ大切な八重桐の論理を、今は長いというので文楽でさえ一部欠いています。はじめ八重桐に妹が敵を討ったと聞かされて忘然自失する時行、それにたたみかけるように頼光勅勘という政変、正義の敗亡、それが全部自分の不所存からと知らされて逆上する時行、右大将暗殺というような不可能なクーデターへ走ろうとする時行、せめて頼光の家来となってその威勢でとなまんらな考えにおち入る時行、その願いさえ、棒叩きに合うぐらいが関の山とやりこめる八重桐、この時行の逆上と錯乱と狂気、そこへ追いこむ八重桐の夫を死なせた悔恨と懺悔、それらが重なり合いもつれ合って、輪廻転生、金時の誕生、山姥の出現へと、劇は展開して行くのです。この最後の詰めを欠いた現行歌舞伎のおどるしゃべりの誤演は、決して近松の思想の何ものをも表現しえないでありましょう。

（季刊「序破急」・序破急出版・昭和五十八年十一月）

第二回　近江源氏先陣館　盛綱陣屋の場

むかし、〝武智歌舞伎〟をやった頃の経験からいうのですが、どうも歌舞伎劇のうち、九代目市川団十郎が演じていない演目は、何だかきまりがつかない。性根が一本通っていないというのか、解釈が透徹していないというか、演出がぴたっと決って来ない。型と役柄とが相応しないのです。

この盛綱という役も、団十郎が御承知のように何だか変な屁理屈をこねて、返り忠はいやだとか何とか、とうとう演じないで終ったものですが、そのせいかどうですか、やはりまとまりの悪い、ぴったりしないところが感じられてなりません。九代目という人は、そうしてみると、すばらしい演出家、解釈家だったのでしょうね。

私が、九代目を経てこない歌舞伎はだめだと実感したのは、この盛綱陣屋のゆえではありません。実は、〝武智歌舞伎〟の二回目に近松の『平家女護島』[42]の俊寛（鬼界ヶ島）を演出したときのことで、これも九代目は演っていないわけですが、今伝わっている型が、どれも田舎くさくって、不合理で不自然で、構成も心理の綾もとぎれとぎれ、これじゃ仕方がないやと、全部つけなおしてつくりなおし

（42）（〝**武智歌舞伎**〟の）『**平家女護島**』：武智歌舞伎の第二回公演は、「関西実験劇場公演」と称して大阪・文楽座で行われた。この時の演目は「妹背山道行」、「俊寛」、「勧進帳」であった。

たのですが、そのときたまたま『勧進帳』を同時上演していて、これはまた九代目の極め付き、筋道がちゃんとしていて、なおしが利く、正道の演出がきちんと乗って行くのです。そこで相棒の三津五郎（当時蓑助）君と顔を見合わせて、「やっぱり九代目を経ていない歌舞伎は駄目だね」と、異口同音に語った思い出があります。

四十五年後の今日まで持ち越した盛綱演出論

そこで、たいへん飛躍するようですが、この盛綱も駄目芝居の一つに必然的になるわけで、そこで私もこの芝居のことをたいへん気にしていたらしく、たしか昭和十四年、私が『劇評』という小冊子を刊行していたころ、次号には「盛綱論」を書くという予告をした覚えさえあります。けっきょく、その予告は果せないで終り、それから四十五年後の今日まで持ち越してしまったわけですが、盛綱演出のことは、ずっと私の胸にひっかかっていたのです。

そのことを、あるとき、亡き三島由紀夫に話したことがありました。すると三島さんは即座に「武智さんが盛綱を演出するのだったら、ぼくは日本中どこへでも観に行きますよ」と応えてくれました。しかしこれは三島さんが私の演出能力を高く買っていてくれたからでは決してないので、すぐ三島さんはこう言いました。(43)「ぼくは盛綱という芝居、いっぺんも納得したことがないんだ。あれは、三つのシチュエーションがばらばらになっていて、一つにまとまらないんだ。あれがどういう風にしたら一つにまとまるのか、ぜひ観たい」と。私は三つのシチュエーションが一つにまとまらないという三島さんの慧眼というか、感受性の強さに、すっかり感心してしまいました。そうして、本来一場面であるはずの陣立て物を、三杯道具《さんばいどうぐ》に飾りかえる歌舞伎の演出も、主演の役者が三島さんと同じような感想をこの劇に抱いたことがあって、それで三杯道具の新演出を考えついたのだろうかと、あらためて歌舞伎の珍演出によって以て生じるゆえんを知らされた思いにかられたことでした。

しかし、一つの劇が三つの劇であってはならない理屈で、また陣屋という設定はあくまでも「熊谷陣屋」のように一場面でなければならない理屈で、何もかも一つ部屋で済ませてしまうことが臨戦的なので、玄関居間客間がそろっていては戦場という実感が薄らぐわけですから、それは一つの歌舞伎的リアリズムの根本でもあるわけです。歌舞伎といえどもより多く人間の内面的真実に肉迫しなければならない、という人間主義の主張を、この盛綱陣屋の演劇評を通じて明確にされた大論文が小島政二郎の『場末風流』という本に収められています。これは羽左衛門（十五代目）と吉右衛門（初代）の盛綱を比較検討した大劇評で、小島先生は扮装、演技から声の出し方まで含めて、いかに羽左衛門の盛綱が様式的で下らなく、吉右衛門のそれが人間的真実にあふれているかを丹念刻明に指摘されているのです。小島先生とすると当時売り出し中の後輩の三宅周太郎の上っ面な劇評を訓するというような気持で書かれたものでしたようですが、実は私はこの劇評から金科玉条を獲たもので、批評の精

（43）**三島さんはこう言いました**：武智と三島との対談：「現代歌舞伎への絶縁状」での発言（全集第六巻所収）。対談が行われたのは、昭和四十五年七月九日のことであった。

ようです。私の初期の劇評が近ごろ多少評価されてきたようですが、ほんとうはそれらは小島劇評の後学であって、新規なものではありません。小島先生のこの盛綱論は、贋阿弥や竹の屋の古典的劇評と、周太郎以後の近代的批評との中間にあって、それらを集大成したものであったのです。惜しいことにこの大論文も戦後再刻された『場末風流』にはどういうわけか収録されていず、また『小島政二郎全集』にも入っていませんから、今それに接しようと思えば古い、たしか昭和五年ごろ上梓された確か新潮社刊の仮綴本風の『場末風流』(44)をさがす他はないのですが、これも古本市で見かけたことがありませんから、歌舞伎研究家にとっては悲しい懸題となりそうです。私自身高校生のころ繰り返し読んで血肉とした思い出の一冊ですが、いつの間にか紛失してしまって手許にありません。羽左衛門の盛綱が白塗りで軽薄で、吉右衛門は砥の粉顔で人間悲劇的であったというようなところから書き出して、微細な一言一句まで文芸的にそうして演劇的に論破してありました。私の劇評の如きは、やはり同書収録の福助のお夏狂乱の人間の肉体の崩壊期を論じた小論文とあわせ、この二つの小島論文をお手本としたエピゴーネンに過ぎないのだと、自ら思っています。

（教訓・今の幸四郎さんも吉右衛門さんも、盛綱を演ずるとき、白く塗ってはいけませんよ）

卓越した小島政二郎の盛綱論

どうして小島先生が盛綱を論じて人間主義の主張に成功されたか、また三島さんのいうバラバラ事件とは何か、この二つは実は一つの事実をさし示しているので、ほんとうは異種同根の指摘なのです。つまり、この芝居は近松半二らの作となっていますから、浄瑠璃物としては比較的後期というか、爛熟期、語り物の語り手の技巧が発達した時期の作品なのです。浄瑠璃作者としてもプロットを描くだけでなく人間を掘り下げて描きたいという気持が強く、それを技巧面で発達してきた名人太夫の表現力というか得意の技を生かして、それまでになかった人間像を描くことに興味の中心が移って行った時期なのでした。文芸的評価では、半二や宗輔・専助の作品は門左衛門や海音あるいは出雲より下廻るかもしれませんが、そのかわり見ていておもしろい。但し表現力が卓抜した名人芸を前提にしていますから、下手くそがやると何のことだかわからなくなる。——つまり、今の文楽みたいなことになってしまう理屈です。そのため、一字一句に言い伝えがあり、工夫と技巧をこらして演じないといけない。そうしないと何のことだかわからない、四分滅裂の状態になります。反面、そういう作品は、いわゆる役者に預けることが多いので、演者としてはたいへん力の要るたのしみの多いものになります。

つまり、半二が『盛綱陣屋』で描きたかったのは、武将としてはあるまじき人間的苦悩、返り忠と

（44）『**場末風流**』：正確には小島政二郎の『場末風流』は中央公論社から昭和四年に出版された。なお、当代幸四郎も吉右衛門も、盛綱を白塗りで演じている。

いう反徳目への肯定の論理という、ちょっと丸本物の世界の限度から逸脱したぐらいの人間性を、それも語り物的な説明を排除して、心理的立体的な描写によって近代劇風に描きたいということで、丸本物としてはたいそう飛躍的な新規な手法を意図したものだったのです。

この『盛綱陣屋』を初演したのが竹本鐘太夫(45)という、間(ま)ということを、心理描写や劇的な情景描写におそらくはじめて意識的に利用して成功させた太夫で、このあとに住太夫、染太夫、綱太夫、中太夫などの間の名人芸の持主が競合するように出てくるその祖をなした人と推測されます。この鐘太夫の師の筑前少掾が間拍子の名人だったのですが、その間拍子の拍子にかかった軽快味を取り捨てて、心理的な劇的な間におきかえたのが鐘太夫で、間がたいへん大きかったことは「捨て間」という呼称からでも想像がつきます。

「捨て間」とは、どんな間であったか。たとえばこの人が初演した『太平記忠臣講釈』の喜内住家を取ってみても、「頼みましょうと家来が案内ツーンおりえ誰やら見えたぞや」というところがあります。つまり重太郎の家来が喜内の貧家の門口から案内を乞う。ふつうなら、ツンと受けて、すぐ老母のせりふにかかるのでしょうが、鐘太夫は「家来が案内」と詰めて、間をおいて、淋しくツーンと弾かせ、また間をおいて「おりえ」と語る。ここが絶妙によかったと伝えられています。つまり三味線のうけを挟んでその前後に間をとるのですから、太夫は二倍の間を保っているわけで、これが捨て間といわれるゆえんなのでしょうが、そこに何ともいえない貧家の情景があふれたと言います。事実私も山城少掾の講七を聞いて、それまで愚劇と信じていたこの段のすばらしさに打たれ、山城の最大傑作の一つと信じていますが、そのようにやり方によって、つまり演者の技心の程度に応じて、大悲劇にも大愚劇にもなるという要素を、この劇は持っていたのでした。盛綱も同じことで、演者の技心に委ねる部分が多いだけ、むりなことを要求して作者が書いているわけで、この演技力で補うということの必要性が、盛綱をバラバラにもし、また一つにもまとめるわけで、そこでなまじめの顔の白塗り加減、砥の粉のまぜぐあいまで直接に表現、劇の内容にまで響いてくることになるのです。

捨て間の重要性

鐘太夫場として有名な浄瑠璃には、他に『本朝廿四孝』の十種香があります。これも捨て間かどうか知りませんが、八重垣姫が勝頼の姿を見て思わず一間を走り出て取りすがり勝頼に新参の花作りであるとたしなめられ「ふーん何といやる」というところ、歌舞伎では誰の八重垣姫を見ても何を言わんとしているのか、わけが分ったためしがありません。これも「ふーん」と「何といやる」とのあいだに心理的な変化、反省の間があって、おなかで諦めて「何といやる」と調子を変えていうのでないと、芸にならないのです。「ふーん」「何といやる」とつづけて言うから、みな、浮いてしまっています。この十種香には有名な摂津大掾のレコードが残っていて、これは大掾唯一のレコードですが、こ

(45) **竹本鐘太夫**：杉山其日庵『浄瑠璃素人講釈』のはしがきに「竹本鐘太夫は、筑前掾の門弟で、大音にして美声で、『捨て間』とか云うて『間』を大変に明けて、人形を息で活かす事を鍛錬した名人との事」とある。

れが大掾らしくない出来のよくない語り口との評判でして、山城少掾も「大掾さんの十種香はこんなものじゃございません」と言い言いしていましたが、その「臥戸へ」からの枕の部分が、必要以上に間がゆったりして、だから「これは鐘太夫風ですから、後世へ残すためわざと本式に大掾が語ったのではありませんか」と山城に質問してみましたが「さあればね」との答えで、一向に取り合ってもらえませんでした。しかし私は今でも自分の考えがそう間違っているとは思わないでいます。大掾の売り物らしい華やかさはなくても、いかにも古浄瑠璃らしい風格に充ちているように私には思えるのです。

鐘太夫の「捨て間」というのは、捨て忘れたように大きい間という意味から言われたことと思いますが、直接的には当り芸である盛綱陣屋の有名な「思案の扇からりと捨て」の「捨て」から出ているのではないでしょうか。「思案の扇」と詰めてから「からりと捨て」を言うまでのあいだが、万策尽きた、これより他に道はないという盛綱の肚に通う絶妙の間であったので、捨て間の呼称が出たというこれは私の推理です。

大体盛綱という人物は、いかにも軍師らしく機略縦横、自ら降参と見せかけて弟高綱をひそかに尋ね、逆に意見されて弟の戦にかける心底をさぐり知るというようなことまでやってみせますが（七段目）、その根底には為義義朝以来の骨肉の争いによる不幸な状況への嫌悪の情が満ちているのです。だからこの日の戦さにわが子小三郎が高綱の子小四郎を捕えたことにも、そのため源家（佐々木源氏）の家名に疵《きず》がつきはしまいか、若し我が子にひかされ降参などはしないかとの心配が先に立ちます。今はあまりやりませんが、盛綱が小三郎や縄目の小四郎を連れて帰館するところ、初代鴈治郎など実にあざやかで、「そこへも盃ここへも頂戴」とよろこびを語るところ、華やいだ技法で見事なものでしたが、しかしあまりよろこびすぎると、いかにして佐々木の家名を傷つけないですませられるかという当面の建前論に抵触することになります。ほんとうに技が利かねばならないし、といって利きすぎると真実が見失われるという演技主義と演劇主義の相剋、ここにすでにバラバラ事件の種が胚胎してくるわけです。

和田兵衛が使者に来て小四郎を返せという。盛綱の気持から言えば、返せるものなら返してやりたい。それによって弟高綱の裏切りの心配もなくなるし、母微妙も孫の無事をよろこぶことができる。しかし時政から預った手前返すわけにもいかない。この苦悩を和田兵衛と差し違えることで晴らしたぐらいの気持でしょう。そこで「その場は一寸も立たせじ」などと言って「反打って詰めかくる」ような智将らしくもない振舞にも及ぶのでしょう。ここを捕えて智将らしくないという批判がありますが、その非難を浴びないため、ここは十分の気合でやった方がよろしい。吉右衛門（但し初代）の形と意気込みはたいへんよかったと記憶します。和田兵衛という人物は、小四郎の忠死が成功した先まで読んだ智将高綱が、兄の盛綱に切腹などさせないため、また榛谷十郎のような時政の隠し目付から盛綱の身を護るため、この豪傑を送りこんでくるので、高綱のロボットであると同時に、高綱の時政攻略策戦の推進者でもあるわけです。高綱の策略の中には、兄盛綱の人間性への読みも、もちろん入っています。

演技主義と演劇主義の相剋が胚胎の盛綱陣屋

さて、その後「盛綱は只茫然と軍慮を帷幕の打傾き思案の扇からりと捨て」となるわけですが、茫然という辞句に表面的にとらわれていると、盛綱が足りない人間になってしまいます。これは人目には茫然としているように見えるということで、内心の苦悩や思索はコンピューターの目より張りつめているわけです。けっきょく高綱を短絡的戦死に導かないためには、小四郎を死なせるほかはない。その役を果し、小四郎に武人らしく名誉ある切腹をさせ、佐々木の家名を万全に護る役目を果せるのは、母微妙以外にないと読み切る――これが思案の内容。そこで「思案の扇」と詰めて語り、捨て間で「からりと捨て」を語ることになるのですが、役者としても扇の置き方一つにも気を配ることになるのです。鴈治郎や羽左衛門は、扇を額に当て、それをぽろりと落して、口を「あ」と開ける演技でしたが、これは急の思いつきみたいで、考えあぐねた末ということになりません。これでは「からりと落し」てまるで石松代参みたいな性根になります。吉右衛門は膝を扇で突いて捨てていましたが、これも知恵につまって万策尽きたようで、知将の風趣に欠けるし、「からりと捨て」より「ぽんと捨て」みたいになるのが欠点です。これは「思案の扇」で床が息を詰めるまでに、すべての読みを完了して、無の間のあいだに最善の方法ではないが、やむを得ないというあきらめの気持の動きがあって、長嘆息をうちにこめて、からりと捨てる、捨てるという行為は少し軽率になるので、右脇へ捨てるともなく置くというところへ、演技的表現の目標を定めたいものです。無の間というのは心理的行動の間であり、判断の間でもあります。今の役者も太夫も、詰めるというと、力みかえって息を止めていることが多い（それさえ出来ない奴はもっと多い）のですが、息を詰めるというのは、横隔膜が上っている状態で、生理学上は心緒の乱れに通じます。だから詰めてから次のことばや行動に移るとき、横隔膜を引き下げて判断力の可能な状態に持って行くことが大切で、それが無の間（この場合は捨て間）の効用なのです。心理的行動の間、九代目団十郎のいう肚芸とは、ここのことを指して言っているわけです。

さて、その思案の内容を、盛綱は微妙に説明します。これは歌舞伎の物語の中でも言葉本位の類のない重要なもので、石切梶原の物語に匹敵しましょうが、梶原の方は事件の説明が主ですから、内容の比重では盛綱の方がむづかしいし、技巧も多用しなければなりません。言葉本位ですから、型といってもありませんが、「修羅の巷の攻太鼓」が目立つ型所で、羽左衛門は太鼓を叩くまねをしました。いかにも滑稽でした。よかったのは人形の栄三で、母の方へ、上手へむいたまま、胴串をひねって正面へ見上げた形が、まるで苦悩する人間のようで、形容と心理との見事な交錯一致がそこにありました。

その物語、つまりは武家の建前論ですが、それに打たれ納得して、「母は手を打ち、尤も尤も」となるのですが、この「事を分けたる物語」トントントントンジャン、としめてから「母は手を打ち」になるまでのところに、捨て間があります。こういうところが歌舞伎ではぞんざいになり克ちです。

この捨て間で、上気して気も乱れたであろう微妙が肚を締めなおして、「モッ、トモ、モーットモ」と言わねばなりません。微妙役者の中にはどう勘違いしてか、尤もを副詞として「尤も兄のそなたも、弟の高綱も」と言っているのさえいました。肚芸は女にだってあります。この「尤も」を言う力のために、この微妙は三婆の一つに数えられているのではないでしょうか。「早や短日」を割りぜりふで言うのを歌舞伎らしいとたたえる人も多いのですが、遊戯的で私は好きではありません。

盛「早短日の暮近し」

微「思えば佐々木の兄弟が」

と、何となく浮き浮きしてきます。「思えば」というのは歌舞伎の入れ事ですが、文芸的にも、「佐々木兄弟が苗字を汚すか」と盛綱ひとりで言う方が、駄目押しが利いて老母の「気遣いめさんな遅れはせぬ」という言葉の涙にみちた健気さが生きると思うのですが。「苗字を汚すか名を上ぐるか二つの境」というのが、盛綱の建前論の中心課題ですから、これを割りぜりふにすると、テーマが見失われてしまいます。

注進受けになって、盛綱が「南無三宝しなしたり」とおどろくのを、歌舞伎では「打死せんこと眼前たり」で三段に足を落して大見得を切りますが、これはうれいで言うのでないと心理劇として首尾一貫しません。三段の見得は突嗟のおどろき「しなしたり」でやる方が正しい。ここにもバラバラ事件の要因があります。

首実検ですが、これは肚芸と称して長々とやるのが役者の見栄になっています。これは悪い演技主義のあらわれです。文楽の栄三は歌舞伎の盛綱（羽左衛門でした）を筆者といっしょに見て、「歌舞伎ちゅうのは妙なことをするもんだすなあ。あれでは大将づきあいになりまへん」と一言のもとに批評し去りました。つまり天地をも見抜くように時政を長い間待たせて、いろいろ思入れをしては、せっかくの計略もばれてしまいます。小四郎が「盛綱が引開くる首桶の二目とも見も分かず」切腹するので、時政も欺されるのですが、作者が「二目とも」と書いたところが曲者で、盛綱には一目見るひまはあったわけで、一目見れば贋首ということ、すぐ判ります。「何故の切腹」というとがめ立ても、不審からの言葉として言われねばなりません。それでこそ「目をしばたたく三郎兵衛」という一句が生きてきます。その上で、何もかも承知している盛綱が、大将づきあいで故実正しく実検すればこそ「大地を見抜く時政の眼」もくらますことができるのです。十五分も二十分も実検して百面相のような思入れをくりかえしている役者はすっとこどっこいです。肚芸というのは、短いのが身上で、横隔膜の処理の間のことで、百面相の肚芸なんて九代目団十郎の辞書にはないことです。

ここでだれてしまうかや、盛綱が小四郎の心根ふびんさに、建前論を捨てて人間主義に立ち還った最後の告白まで、一貫した流れが出て来なくなるのは当然で、役者の仕勝手がバラバラ事件を呼びおこしていたのです。

（季刊「序破急」・序破急出版・昭和五十九年三月）

第三回　歌舞伎十八番の内　勧進帳

「盛綱陣屋」のことを書いたとき、九代目団十郎を経ない歌舞伎はだめ[46]と誌して、そのよい例として「勧進帳」を引き合いに出しました。

「勧進帳」は歌舞伎十八番の一つで、団十郎系のお家芸だし、当然九代目の息がかかっているわけです。しかし、誤解していただかないように念を押して書くわけですが、あの記述は、武智歌舞伎で演出したとき、さすが九代目の当り芸だっただけに、筋目が通っていて、演技をなおしやすかった、なおすことができた、と言っただけのことで、何も現行の「勧進帳」がどれもこれも結構だと申し上げたわけじゃありません。現行の「勧進帳」が結構なものなら、何も演出の際、なおす必要はないわけで、まことに今の「勧進帳」は結構でないということを言っているのです。

ただ、九代目の演出が、もと正しきものだから、現行演技の疑問点も、その型を分析し、照合して行くと、もとの正しい演技演出に行き当ることができる――これは伝承芸としてまことにありがたいことで、このありがたさは、その衡に当ったものでないと味わえない感激でありましょう。

照合と申しましたが、照らし合わせるとなると、この劇はいわゆる松羽目物の本行物でありますから、先行芸術としての能以外に、照合すべき本歌（ほんか）はないことになります。事実、九代目は能の「安宅」とこの「勧進帳」とを、かなり深く比較検討しています。九代目は若いころ藤堂の殿様や山内の殿様のごひいきに預かったと言っていますが、この二人とも能のしろうと名人で、九代目に延年の舞の稽古を山内容堂侯がつけたというような記録もあります。旧幕時代には能は式楽で、どの藩にもお抱えの能役者がいたわけですから、殿様のお声がかりで、どんな能の秘伝でも習うことができたわけです。土佐の殿様は観世流、伊勢の殿様は金剛流だったようで、それで今の「勧進帳」の弁慶はすっかり金剛流の扮装ですが、九代目は明治八年までは黒地かんとん縞の水衣で、明治二十年のいわゆる天覧劇のとき以来金剛流のきまりである梵字散らしの水衣、つまり現行の衣裳に変わったようです。（あるいは明治十二年かもしれません。）

「勧進帳」の創始者である七代目団十郎はずっと観世式のかんとん縞を用いていました。この初演の初日、当時の観世太夫（家元）がおしのびで見物に来ていて、七代目の弁慶が花道へ出ると、ぷっと吹き出したと伝えられています。それで七代目が気にして、人を通じて「いかがでございましたでしょうか」と問わせたところ、儀礼的に「いや結構であった」という返辞があった。そのことを七代目に伝えると、「うそにも観世太夫が結構と申されたのだから、そのお言葉をたよりに勤める」と七代目が言ったという逸話が伝えられています。とにかく観世太夫が初日に観にきたぐらいですから、七代目も内密に能を習ったことは確かで、それが観世流だったから、水衣も流儀のきまりのかんとん

（46）**九代目団十郎を経ない歌舞伎はだめ**：武智の、九代目団十郎の評価については、「伝統演劇とその周辺・五・モトリの精神」（昭和四十二年、全集第一巻所収）に詳しい。

縞になったのでありましょう。

歌舞伎と能との関係は、一方は河原乞食の身分、他方は幕府お抱えの大名格ですから、表面的には交流はありえなかったでしょうが、裏面ではお抱えの殿様のごひいき関係などで、事実上の交流はあったと考えるのが順当です。「土蜘蛛」などでも、金剛流秘伝の千筋の糸が早く歌舞伎に入っていますし、それにまつわる神霊譚のようなものも、そのような能と歌舞伎、大名と非人との交流を隠すために捏造されたものと考えるのが正当でしょう。それにしても、江戸の身分社会のなかで、かくも熱心に伝統の交流が行われたのに、現代の自由社会で、歌舞伎役者が一向に能の伝承に気持を向けないのは、ほんとうに七不思議と言ってもよいくらいですね。

とにかく、今では梵字散らしの扮装が型のようになってしまいました。この型が定着したのは、天覧劇の肝煎り役に金剛流関係者がいたためか、九代目自身が藤堂侯の恩を思ってそう決めたのか、それとも、「勧進帳」では山伏問答が見せ場になっていますが、問答入りというのは金剛流の小書だから、こしらえも金剛風でないといけないという演劇改良会あたりの入れ知恵があったためか、それとも金文字の梵字散らしの方がかんとん縞より派手でよいという見た目本位の考えに基くものか、その真相はよく分かりません。武智歌舞伎でも最初は梵字でやっていましたが、後に、昭和三十九年、日生劇場(47)の開場祝いに公演したとき、かんとん縞の能裳束を別に織らせて着せました。私の好みとしては、かんとんの方がいきな感じで好きなので、そうしただけのことです。ただ、この水衣の織物一つが、当時のお金で二十万円もかかりました。今なら百万円以上でしょう。かんとんまがいの染物なら、その十分の一ぐらいで出来るはずです。それでやらないのだなあと、そのとき、感じました。このときは日本生命がスポンサーですから、弘世現さんに、パトロネージというのは、これほど高価な、物惜しみしないものでないといけないのですよと、実地教育してさしあげる気持でやったことですが、さて通じましたかどうですか。しかし、お金がかかっただけあって、その織物は見事で、いきなものでした。こういうパトロネージの精神がないので、歌舞伎がだんだんと見すぼらしくなって行くような気がします。この日生公演のとき、十一代目団十郎が演出に文句をつけにわざわざ主演の富十郎（当時竹之丞）のところへやってきましたが、さすがに彼も目利きの趣味人、この水衣だけは取りかえろとは言いませんでした。もっとも彼としては七代目の型にかえしたと解釈したのかもしれませんがね。それだったら、いっそのこと、四天王も大口をやめて初演どおりたつつけ（裁着袴）にしろと命令すればよかった。団十郎も近く十二代目ができるそうですが、こんないい加減な見識がりは受け継がないでくださいね。とにかく、富十郎は、その弁慶をニューヨークで演じて世界一の名優の讃辞[原註1]を擅《ほしいまま》にしたわけです。かつての演出家として、これ以上のよろこびはありません。これもひとえに九代目団十郎のおかげと、よろこんでいる次第です。

（47）**昭和三十九年、日生劇場**：昭和三十九年一月日生劇場開場記念公演での「勧進帳」は、鶴之助の弁慶、雷蔵の富樫、猿之助の義経で行われた。その舞台を見た十一代目団十郎が怒り出し、上演差し止めを要求する騒動となった。

九代目と現行の違いは一時間四十分と一時間十五分の時間差である

それでは、九代目の「勧進帳」と、現行の「勧進帳」とでは、どこが違うのでしょう。いちばん分かりやすい目安は、時間です。九代目団十郎の「勧進帳」は、一時間四十分かかりました。いまの「勧進帳」は、一時間十分から十五分ぐらいです。ひどいのは京の顔見世で一時間五分というのがありました。日生劇場のときの「勧進帳」は一時間二十五分から三十分というところでした。もっとも、常間でだらだらやって時間がかかるのは困りますが、九代目が一時間四十分なら、せめて一時間二十分以上は掛けてもらわないと、「勧進帳」とは言えないのではないでしょうか。

この時間差は何を意味するのでしょうか。荘重味、力量感、そういうものが、まるで違うということでしょう。この「勧進帳」に限り、台本の変化は全くありませんから、要するに演技の間（ま）がまるで違うとしか言えないのです。

現在の「勧進帳」で最もぞんざいになっていると感じられるのは、いわゆる勧進帳の読み上げのところです。由来、〝勧進帳〟というのは能では「安宅」の小書（こがき――特殊演出）に過ぎません。それを正面切って外題に据えたのは、この勧進帳の読み上げが、能の伝統の歌舞伎への受け継ぎの接点、歌舞伎の荒事的発声の新展開という演出意図が、七代目団十郎の胸に深く座っていたから、と考えなければなりません。

その読み上げが、今の役者は、どれもこれも、みっともないくらいに不十分なのです。あれでは、まるで弁慶のひとり言です。これは言うまでもなく、往来の巻物ですから、弁慶は即興で勧進の文句を、いかにも帳に記してあるかのように、堂々と、自信を以て言うのでなければなりません。もっとも、心理的な劇構成としては、この件の前に、ノットの段が用意されていて、山伏一同が誅されると知って、そんなことをしたら立ちどころに仏罰を受けるぞと脅します。脅された富樫は、仏罰を受ければ九百生まで浮かばれないとよく知っていますから、一歩を譲って正常な証拠調べ（本当の山伏なら通そうという）に入るわけなのです。ですから、その心理のひるみにつけ入って弁慶は偽の勧進帳でも堂々と持ち出すことができるわけで、能では読み終わったとき、巻物の表が見えるように、わざと逆に折りかえして持ち、いわゆる不動の見得（「勧進帳」では元禄見得になっています）に入ります。もちろん能では、「関の人々肝を消し、恐れをなして通しけり」というようになっていますから、歌舞伎の演出とは少し違っていますが、大根の性根としては、それくらいの気組みがなければならないのは当然で、歌舞伎でも、〽天も響けと読み上げたり、の一句は採用しているくらいですから、ひとり言のまくれた間（ま）の読み上げでは困るわけです。この呼吸は富十郎には十分伝授しておきました。彼の発声がアメリカで世界的評価を受けたのですが、それにはこの点も十分入っているものと思っています。

　この読み上げのくだりが、充分であったからこそ、九代目の「勧進帳」は一時間四十分も要したのでありましょう。しかし、今の役者の息組みで、だらだらと引き伸ばしたって、充実した芸術品ができるわけがありません。最初の「それつらつら思んみれば」の一句は、さすがに大切に言わなければと思っているのでしょうか、「そーれー」という風に引っぱりまわして言っているようですが、あんなに息も力もなく、ただだらだらやっていたのでは、弁慶になりません。あるいは役者は例の酢豆腐論から、これは嘘の勧進帳を誦むのだから、考え考え造り上げている肚なのかも知れません。しかし勧進帳の文句なんてものはほとんど決り文句みたいなもので、パターンが幾種かに決まっているので、要は偽の往来の巻物であることを富樫方に知られなければよいわけですから、脅しをかけたり大声で虚勢を張ったりして読むので、その気合の充実ということが眼目なのです。文楽では、わざわざ富樫に開いた勧進帳を見せに行ったりしますが、能の逆巻きの型と同様、みなこの精神、この解釈から出ているので、富樫にのぞきこまれておたおたしてしまう歌舞伎の型は、精神のおきどころが少し違っているのかも知れません。

　読み出しの「そーれー」は、間も息もだれるし、第一、芸が陰気になっていけません。近頃の「勧進帳」が根暗らな感じになるのは、このことも一因かも知れませんね。これは詰めて張って、能のように「そッれ」と言うのがよろしいのです。そうして息の間（「そッれ」の「ッ」の字のあたりと同時に[原註2]息を呑んで横隔膜を引き下げ肚に力を入れ、「れ」のあと息を盗らずに、そのまま息を詰めたままで「つゥらつゥら」と言いはじめると、息の間になります）で「つらつら」の「つ」の字を出るのですが、最初の「つゥら」も少し保ち（もつと読む。もつは息の溜めの技法で、詰めたままの無い息、生理的には残り少ない息を、有効に使うために節約しながら大きく響かせる技術で、腹筋の力が作用していなければできないのです。要は横隔膜の操作の技術ですが、精神統一や表現力の安定深化に有用です。よく、ためが利くとか利かないとか申しますが、そのためです。矯めと書く人もいますが、生理に密着した表現としては、溜めであろうと考えています）、次の「つら」は音程を呂（りょ——低音階）に落して、最初の「つら」よりもう一杯保って言います。これは宗教的な神秘性の雰囲気を造り出す技法で、弁慶としてはどうしても富樫らを中世的な神秘の気分に引きずりこむ必要があったわけです。「思ん見れば」は中（ちゅう）の音に建てなおして、「ん（む）」の音をやはり息のこみ（あたりの原註参照）で、ユリ[48]ともなく揺って保って、音遣いで言います。（なお現代ではユリと音遣いとを混同している芸人が多いのですが、これは発生的に別の技法ですから、念のため書き添えておきます。）「む」は性格にはユリでなく、音遣いで言います。「見れば」は尻すぼまりにならないよう、「れ」を正確にコンで（コミの動詞化。込んでと書きます）から、「ば」を少し浮けて「ばァ」のアの字の産み字[49]運びを正確にやります。このあとへ打切り、つまり、歌舞伎で言えば、富樫が勧進帳を覗きこむ型所が来ます。今の弁慶はそのため気が急いで「ばァ」がぞんざいになる人が多いのです。その欠陥を補うには、「ばァ、アー」とマワシユリの感じで処理するのが効果的だと思います。

この読み上げは、本当は囃子のアシライで、三つ地やつづけ地で次第にノリを強めてもらうと効果的なのですが、いまのセリフはコケてしまっているので、ちょっとぐらいの練習ではそういかないの

（48）**ユリ**：別名ヒビキガナとも云う。節尻（ふしじり）の母音を長く伸ばして転がす。その時の息遣いで独特の旋律が生まれる。

（49）**産み字**：生み字、埋み字とも表記される。本書収録の「間はどこから来たか」でも述べられているが、謡、浄瑠璃、長唄など日本の声楽で、ある（おん）を長く伸ばして歌う時、伸ばされる母音の部分のこと。例えば「し」を伸ばした時に「しいー」となって残る母音の「い」のことを指す。

が実情です。それに「勧進帳」は伝統主義古典主義の精神から生まれているものの、歌舞伎は歌舞伎ですから、能の謡の陰性は合いません。そこで私が富十郎に教えるとき工夫したのは、能の謡のノリのハコビを参酌しながら、名人団平が節付した文楽の「勧進帳」の音程を外して（義太夫を語るわけではないのですから）ノリとハコビとを生かして、読み上げをそのような古典的な枠組の中で完成させるという手法です。団平の「勧進帳」は、道八に聞いた話によると、能の先生がこの曲を聞いて「団平先生は謡に御堪能のようで」と褒めたので、「いいやちっとも知りはらしまへん」と答えると、「いいやそれは謙遜で」と言った揚句、「名人の考えは一致するものですな」と感心したということです。団平の節付と足取りとが本行に一致していたことはこの逸話でも明らかなのですが、これから先は私の想像ですが、団平は「勧進帳」を作るに当って、当然九代目団十郎の弁慶を知っていたと思うのです。同時代の、最も権威ある芸を見聞きしないで、創作意欲が湧くわけがない。文楽では、歌舞伎を観てはいけない。芸が下がるという憲法があるということは、山城少掾から何度も聞かされたことで、それで道八も師匠（団平）の恥を隠すためあえて告発しなかったのか、あるいは本当に知らなかったか、それは分りませんが、団十郎の弁慶を全く見ないで研究もしないであの曲を作るほど団平が非良心的であったとは考え難い。丸本狂言の息の抜けた歌舞伎を見ることは、義太夫を語る上のさわりにはなるかも知れないが、歌舞伎を本歌とする「勧進帳」を団十郎の芸抜きで作ることができるほど甘くはないと私は思うのです。そうだとすれば、団十郎の弁慶のイキやハコビやハラは、団平作品から音程を外すことである程度伺い知ることができると考えてよい。それはたとえば坂田藤十郎の歌舞伎は現在伝わっていないが、その口跡や芸のやり方は、その座付作者近松門左衛門から竹本義太夫へという経路を辿ることで、ある程度想像され、無限に近づくことができるのと同じ理屈です。

打切の見得（富樫が勧進帳を覗き弁慶が隠す）のあと、弁慶がにじり足で富樫と相対するところでは、弁慶が巻物をやや水平気味に、富樫がいつでも見ることができるよう、持って構えるのがよいのです。富樫は十分怖れていますし、弁慶の一旦押し隠すのも、無礼をとがめる反射的行動と解すれば納得が行きます。やはり歌舞伎の特長は人間的な物の考え方が中世の禁忌的な能よりも幅広く入りこんでいる点にあるのですから、こういう打切の拡大解釈もすぐれた創意と言えます。後に中入で富樫が、義経を打つ弁慶の苦悩に同情してわざと見遁がす反武士的な行動も、能のただ仏罰を恐れ弁慶一行の勇武に戦いて通関させるというシチュエーション設定より、はるかに人間的な幅があります。もっとも能のワキ方に聞いた話によると、能の方にも富樫がわざと弁慶を落とすという心得はあるそうですが、その心得自体が、近松の「凱陣八島」以来の人間的な広がりを求める近世思想の影響の中で生まれたものではないかと疑われます。

それからの読み上げは、一幕前半の山場となるよう、しっかりと、「天も響け」とばかり、十分な音量と鍛錬された発生とで、しかも充分に保って（一時間四十分、一時間四十分！）言われることが必要です。が、いまの役者の音量と発声法とでは、フォルティシモもピアニシモも十分利かず、まことに心もとない次第であります。ただ一応の心得を列挙すれば、まず最初の「大恩教主の秋の月は」は、謡風に陰にではなく、荒事風を能の品格で押えて、アタリが「大恩」のダ、「教主」のオ、「秋の」のキ、「月は」のツに当たるよう、等間隔で三段に起し（オコシ）て、きっとして言わなければ、歌舞伎の芸になりません。今の弁慶は大体「大恩」のイでオコシて、あとはぞろっぺに言ってしまっているのが多いようです。それが時間短小の原因になっているのです。逆に「涅槃の雲に隠れ」は、押えて「雲」を一種の音遣いで「クモォォ」という風に言います。「生死長夜」はショウジジョウヤと読む事。チョウヤはいけません。「おどろかすべき」は張って、「人」がフォルティシモとすると、「もなし」はフォルティシモで、ということになります。そうして打切のあと「ここに」は沈め、「中頃帝おわします」は荘重な中音でという風に変化をつけないと、芸も晴にもなりません。

前に言いましたとおり、水衣一つでも上懸りと下懸りとでは変化があるのですから、勧進帳の文句でも、こうでなければならぬという規則はなく、どちらがよいとも悪いとも言えないわけですが、文章の神秘的効果を深めるためには、用語の選択、読み方のどちらを取るかは、演技上の重要なポイントになります。私には代々において下懸りの文句の方が好ましいように思えますので、大体金春流に準じて用語を選んでいます。列記してみると次のようになります。

現行歌舞伎	武智歌舞伎
中頃帝おわします	中頃帝おわします
御名を聖武皇帝	御名をば聖武皇帝

最愛の夫人（ふじん）
涕泣（ていきゅう）眼に荒く
思いを善途に翻し
俊来坊重源（ちょうげん）
上下の親族を勧めて
数千蓮華（すせんれんげ）
帰命稽首

最愛の、夫人（ぶにん）
涕泣（ていきふ）眼に在って
思いを泉路に翻して
俊来坊重源（てふげん）
上下の真、俗を勧めて
数千蓮華（しゅせんれんけ）
帰命施主（せっしゅ）

その他、言い伝えとしては、九代目の「現世にては無比の楽に誇り」が、いかにも〝無比の楽〟らしく、聞きほれるようであったとか。音遣いの極致なのでしょう。〝楽〟の音の音程からの何とも言えない外し方が必要なので、こうなると全民族音楽的音程への前近代的古典的な理解、つまりは教養の問題になって来ましょう。と、勧進帳の読み上げだけで予定枚数をオーバーしてしまいましたが、このような習いが富樫の登場の作法から、四天王の運歩、ノット（それ山伏といっぱの件）の大小鼓のかかり方のいきごみ（息の込みが語源です。これは歌舞伎でも故望月朴清のそれはまことに聞き事でありました）に始まって、飛び去りの六法に至るまで無数に、その一つ一つが伝統の枷を荷って目白押しに詰めかけてくるのが「勧進帳」という劇なのです。

原註1「この役は大きな声と態度を必要とし、踊りの素養を必要とし、高貴さと土臭ささとを兼ね備えた典型的な反英雄像を作り出す能力を必要とする。……西洋人の観客として面白いと思うのは、富十郎の眼の閃き、偽の勧進帳を読んで相手を欺すときの流れるような手の動き、そして弁慶の大きな体格に見せるための演技上の工夫などである。」（ニューヨーク・タイムス　ジェニファー・ダニング評よりの一部抜粋）

原註2　あたりとは、こみともおこしとも言い、日本語のイントネーションの基本的技術です。これができないから、今の歌舞伎がしょぼくれるのです。

（季刊「序破急」・序破急出版・昭和五十九年六月）

第四回　身替座禅

畏友野村万作さんが『太郎冠者を生きる』(50) という本を出版された。二十も年のちがう――もちろん私が年長――万作さんを、畏友と呼ぶのはキザったらしいけれど、私の心のなかに在る感情をすなおに言いあらわすには、他にことばがないのです。万作さんのまじめな求道精神と、狂言という芸に対する尊敬の念とが、入れまじって、私をそのような気分に導いてくれるのかも知れません。私ぐらいの年になると、年長はもとより、同年輩の尊敬できる人というのも、ほとんどいなくなります。自分が尊敬してやまなかった例えば速水御舟というような人でも四十で死んでいるのですし、六代目菊五郎だって今では私よりはるか年下だし、尊敬ということと年齢ということとは、ちぐはぐになって当然なので、年下の人を自然と尊敬する習慣がいつの間にかついたのです。万作さんもそのひとりということです。

この『太郎冠者を生きる』はずいぶん中味の濃い本です。万作さんの芸の生きざまがよくわかりますし、狂言師という古典芸術家が現代とのかかわりの中で成長して行く様がことのほかよくわかり、

(50)『太郎冠者を生きる』：白水社・平成三年九月出版。

ちょっと類例のない名著のように思えます。もちろん日本の古典芸術家の中でこういう生き方、勉強や創造の道をたどってきた人は、著者のほかには、観世寿夫さんと茂山千之丞さんぐらいしかいないので、その意味でこういう感動的な著書があらわれたのも当然、といえそうです。狂言という芸が、古代の日本人、ことにその大多数を占める農民の日常行動を昇華して成立した芸術でありますから、いわば日本人の芸の根幹をなすもので、それゆえ、その実行者である万作さんへの尊敬も倍加されるということなのです。

ところで、この本の前半には、気はずかしいぐらい、私の名前が登場します。青年期の万作さんと私とは、芸術の上で深いかかわりがあったので、昭和二十九年の『夕鶴』から始まって、三十年『彦市ばなし』『月に憑かれたピエロ』三十一年『仏陀と孫悟空』と、実験的な創作劇の運動がつづくわけです。おまけにこれらの実験劇は、能楽協会の理不尽や家元制度の不条理と闘いながらの解放運動のような意味合いも併せ持っていたのですから、われわれのあいだには一種の同志的な連帯感も存在していたように思います。したがって、この本を読む前からそのことは、ある程度覚悟してはいたのです。

しかし、びっくりしてしまったのは、彼が昭和二十七年、彼の二十一歳のとき、私が私の師茂山弥五郎（後・善竹弥五郎）と狂言の素人会で演じた『横座』のことを丁寧に分析していたことです。このことは、実は私も万作さんに関していちばん深く印象に残して記憶していたことなので、しかしまさか万作さんの側でこれほどの一つの節目になっていたとは想像もしていなかった。万作さんは家重代の伝統ある狂言師のプロだし、私はいくらまじめ人間でもたかが弥五郎師の影法師の一しろうと、その芸が彼のような才人の一つの転機になっていようとは。

しろうとというのは天狗なもので、私だって内心では『横座』『右近左近』『鱸包丁』この三つの狂言に関しては、当代一、これの右に出る者はひとりもいまい、どうして国立能楽堂から頼んでこない、と、本気で考えているのです。しかし、それも、弥五郎師が亡くなられたからそんな妄想も起きるだけのことで、それが公式の文書のなかで、プロ中のプロの万作さんに取り上げられ、ああこれでぼくの名前も狂言史上に永遠に残る——などと思うほどの意外性から来る感激が私にはなかったのです。と言って、それも私の天狗性のせいだけではないので、それはけっきょく、不思議に、このときのことが私の記憶の中に新鮮に残っていて、忘れる折とてなかったからなのです。

『横座』のことで教わりたいからお目にかかりたい、という申し入れが彼から私にあったとき、私はお父さん（万蔵師）がいられるのにと不思議の感じが先に立ち、しきりに辞退し、「弥五郎さんを御紹介しましょうか」と言ったのですが、「近くぼくも『横座』をしますので、ぜひ、武智さんのお話を聞きたいのです」と真剣な声音に射すくめられ、それではということで、当時私の東京での常宿だった築地の「細川」（横綱大錦がもと経営していた。今は廃業してありません）へ来ていただいたのでした。そういう細かいことまで鮮明に覚えています。万作さんの和泉流と私の習った大蔵流とでは、基本的な型や台本もだいぶ違うので、話がしっくり嚙み合わなかったような印象が残っていますが、万作さんの著書によると、「私はこのころから、狂言は演劇だという意識を持つようになっていたが、様式性が強く、舞台での動きの美しさを大事にする東京の狂言に対して、対照的な弥五郎さんの芸は、土くささのあるリアリズムの演技で、狂言でもこんなことができるのかと思うような心理描写があった。心理的ということがすなわち演劇的ではないが、そのころ私の演劇に対する考えは浅いものだったので、武智さんの細かい心理描写や相手役の弥五郎さんの憎々しい演技から、追い込まれた博労の悲劇性を強く感じたのである。

今考えると恥ずかしいが、喜劇が低く見られるならば、狂言はシリアスな、極端にいえば悲劇であると強調することによって、地位の向上をはかることもできそうに思えた。（以下略）」

『横座』という狂言は、あらすじを言うと、ひとりの牛博労が、こどものときから可愛がって育てていた牛が行方不明になり、方ぼう尋ねさがしているうちに、その牛を連れて歩いている知人に逢い、返してくれと頼む。しかし知人はお前の牛という証拠がないという。博労はこの牛が生まれたときの様子を詳しく話し、牛に横座（正座の次の座）と名づけたいわれを説明し、横座とさえ呼べばもうと答える、それが私の牛の証拠だと言います。けっきょく二人の賭になり、三度呼ぶうちに答えれば牛を返してやろう、答えぬ時は被官（農奴のこと）にするという条件で争います。知人は牛に答えさせまいと意地悪をする。その中で、悪戦苦闘の末、ようやく三声目に牛はもうと鳴き、博労は牛を牽《ひ》いてよろこび勇んで帰るのです。

たあいもない話ですが、心理描写的と言えばいえないこともありません。この稽古をしていただくとき、弥五郎師は私にこう注意されました。

「この狂言は、たいてい、欲の深い二人の男が、牛を奪い合うというように演ずる人が多いのですが、それでは深味も真実味もなく、同情が寄りません。知人（耕作人・アド）の方は金を払って買った牛ですから、惜しいのは当然でございます。博労（シテ）は牛が可愛いという一心で勤めなければいけません」

そうして、最初のことば、

「これはこのあたりの住居いたす、牛博労でござる」

という、ごくありきたりの、きまり文句の名乗りを、私がひとこと言ったら、弥五郎師はぴたりと稽古をやめて、

「それは何でございます」

「はぁ……？」

こちらがきょとんとしていると、

「いえ、どういうお気持で、今のようにおっしゃったのでございますか」

「……はい……」

「この博労は、子供のように可愛がっていた牛を失って、悲しんでいるのでございますよ。今のように、ただおっしゃってはいけません」

そうして、このとき、〝うれいの調子〟ということの伝授を受けた。これは悲しみを表現する声音で、その音調のむつかしさは、筆であらわすことはできませんが、道でアド（耕作人）にばったり出

合って、「いえ、こなたはどれへござるぞ」の「いえ」一言で情景ががらりとかわるまでは、〝うれい〟つまり秘蔵の牛がいなくなった心配いっぱいの気持と、その音調とで演じなければなりません。といっても、ただの一本調子ではなく、失望のどん底もあれば、そこはかとない希望のときもあるわけで、その微妙なうつりかわりを、調子のデリケートな変化に託して、一句一句言い上げるのですから、そういう冒頭の名乗りですでに野村万作さんは心理的と感じられたのだったかもしれない。しかしこちらは心理描写はやろうなどとは思ってもみなかったので、狂言の演出自体がそのように組み立てられているのです。

おかしかったのは、耕作人が博労に、賭の条件として、お前が勝てば牛を返してやるが、負けたら被官につけ、つまり被官百姓という農奴の身分になれというところで、

シテ「何じゃ、こなたの被官に」

アド「なかなか」

シテ「こなたの被官には、ちと過大(くわんたい)でござろう」

というやりとりがあります。博労というのは自由人で、被官百姓は奴隷ですから、これはとんでもない賭の条件、人間のすべてを寄越せとの要求なのです。万作さんも「弥五郎さんの憎々しい演技」と書いていられるとおり、稽古してもらっていてもカッとするぐらい口惜しいので、「こなたの被官には」の「には」という語尾が震えるようになるのです。そのとき、「あ、初代吉右衛門(の口跡)に似ているな」と反省して、そっと弥五郎師の顔をぬすみ見るのですが、弥五郎さんは知らぬ顔をし

て、何とも言われません。とうとう稽古のあいだ中、何十遍となくやってしまいましたが、ここは一度もお小言を頂かなかったのでした。狂言の表現のぎりぎりの許容の範囲に入っていたのでしょうか。それにしても、歌舞伎の役者が、狂言物のせりふがうまくやれないのが、不思議に思えてなりません。彼らは勝手に狂言物の喜劇的パタアンというものを想定して、類型的な演技を設定しすぎているのではないでしょうか。吉右衛門の声色でも通用するところがあるのですから、狂言物ということを、もう一度考えなおして錬りなおしてくれる役者は出ないものか。いつもそう思います。

歌舞伎の狂言物は鷺流《さぎりゅう》が基

もっとも、歌舞伎の狂言物が変なのは、鷺流(51)を基にしているからで、このことも弥五郎師から教わりました。武智歌舞伎で『勧進帳』をやったとき、番卒の扮装が能に比べて滑稽なので、みんなで「変だ変だ」と言って変えようとしたとき、たまたま指導に来ていられた弥五郎さんが、「皆さま、変だとおっしゃいますが、あれは鷺流のきまりでございます」と言われて、なるほど九代目団十郎に狂言を教えたため宝生九郎によって廃絶家させられた鷺流の型なら『勧進帳』の中にまぎれこんでいても不思議はないということで、そのまま踏襲することになったのでした。そのとき、弥五郎師は、

(51) **鷺流**：狂言の流派。江戸時代には狂言の流派は大蔵流、和泉流、鷺流の三流派があったが、鷺流は大正以降、中央の能界からは滅びて存在しない。山口県、新潟県、佐賀県に残存しているが、能楽協会への入会を現在は認められていない。

「だいたい歌舞伎の型は、鷺流を基としているようでございますな。大蔵はことばを主とし、和泉は型を主といたしますが、鷺は滑稽を基とするということになっております。たとえば、鉢巻などでも、われわれは、額の汗が流れて目に入らぬようにというので眉の上からいたしますが、鷺流では滑稽のさま、間の抜けた様子を強調するため、額の上の方から尻下がりに締めます。歌舞伎を拝見いたしますと、皆さまそのようにお締めになっていらっしゃいます。しかしそれは演者の御主張でそうなさっていられることで、格好悪いからと申して、そこだけ変えてみてもどうなるものでもございませんわ」

と、辛辣なことを言われたが、草成期の歌舞伎に参加した狂言師が鷺流だったのかどうか。とにかく鷺の流祖は、太閤の御前で、水の中へ入り、魚を拾う鷺の身ぶりをして見せて、一流に取り立てられたというから、ちょっ演技のけたが外れていたようで、宝生九郎が歌舞伎差別から鷺流を破門したというのも、実は九郎が鷺の芸を嫌悪していて、廃絶のよい口実に使ったのではないか。九代目に能を教えた能楽師も別段破門もされていないし、九郎自身歌舞伎が好きで、宴会の余興に川崎九渕らにチリカラを打たせたというくらいで、このことは川崎師自身私に「チリカラ、あんなむつかしいものはないね。おれたち、歌舞伎では飯が喰えないねと幸（祥光）と話したもんだよ」と語っていられた。とにかく、歌舞伎の狂言物が鷺流に拠っているというのは、しんどいことです。

そこで、『身替座禅』ですが、これは言うまでもなく六代目菊五郎の創造にかかる狂言物で、脚本は岡村柿紅だったと思います。もう六代目のころには鷺流を伝えるものもなく、六代目は誰をたよりに狂言の大曲『花子』を研究して『身替座禅』を創り上げたのか。当時の六代目の側近は、能では桜間道雄、狂言では和田喜太郎（和泉流）でしたから、このときの相談相手も和田喜太郎だったかもしれません。

とにかく、もし『身替座禅』が欠陥商品だったとすれば、その原罪は一にかかって脚色者にあるので、つまりすべての登場人物に内面性が乏しく、性格描写が浮いているのです。私がいつもいやな感じがするのは、大名が出て行くとき、太郎冠者が色事のとりもちを大名に頼み、また大名も「そちも誰やらとはうれしい仲であったのう」とか言って笑い合いますが、あれでは遊蕩気分で、また大名が太郎冠者と友達づきあいしているみたいで、劇的状況の真実味が半減します。太郎冠者は大名に脅され手討にするといわれてやむなく命惜しさに身替りを引き受けるから、奥方も太郎冠者を許してくれるので、友達づきあいの馴れ合いでは太郎冠者の罪が深か過ぎます。また大名の方も、花子に逢いたい逢いたいという一心の、まことの恋心のイキが抜けますから、後の出が引き立たなくなります。大名は上機嫌ではいけないので、恋心いっぱいでなければいけません。

大体、太郎冠者というのは、身分は家人（けにん）で、一種の奴隷（財産だから、売買も生殺も主人の自由）です。その奴隷が持主の主人と対等に口を利くということは、ありえないことです。ここが狂言でも太郎冠者もののむつかしい所以で、現に野村万作さんも『太郎冠者を生きる』の中で「狐から離れて、これからは太郎冠者を目ざしたい」との発言で締めくくっているほどで、太郎冠者の境涯と人間とのあいだに存在する落差の追求は、ほんとうにむつかしい。私が『横座』の博労や『右近左近』の百姓で一応成功できたのも、博労や百姓がともかくも自由人であるからで、太郎冠者を演じては、たとえば『茫々頭』のように、みじめな失敗を体験しています。自由な現代人には太郎冠者の心理体験の追求はたいへん困難であると申せましょう。弥五郎師の教えは、太郎冠者はまごころを以て主のために尽すということを第一に演技を組み立てねばならない、というに尽きていました。そうして、そこに、環境、状況、性格の不一致などから、破綻が生じる。それが狂言だ、と教えられてきました。かりそめにも、主人を馬鹿にしたり、友達づきあいなんて、とんでもないことです。

『身替座禅』の主のことを、大名大名と書いてきましたが、これはどういう種類の大名なのでしょうか。これも弥五郎師から教えられたのですが、『花子』という戯曲は、後水尾天皇をモデルに書かれた一種のゴシップ劇だということです。つまり、この作品成立当時の人は、最初の名乗、「これは洛外に住居いたす者でござる」というのを聞いただけで、この主人公が後水尾天皇であることが判ったと言います。大名の名乗には「これはこの辺り」とか「はるか遠国方」とかいう言いまわしはありますが、「洛外」と特定したのはこの『花子』だけで、洛外といっただけで、洛北修学院に住居する後水尾天皇を暗示していることが、当時の人にはよく判った。つまり、この劇は、現代劇だったわけです。

後水尾天皇といえば、奥方が恐いということも、よく判ります。この奥方というのは、皇后和子（東福門院）のことで、二代将軍徳川秀忠の娘ですから、徳川家の威光を笠に着たいわばお目付役です。だから政治的にも恐妻だったわけで、歴史上これ以上の恐妻はないのです。後水尾天皇は、徳川家が天皇家に加えてくる圧迫の矢面に立った人で、幕府の法令『禁中方御条目』『公家諸法度』の実施（元和元年）により、三公摂関の任免改元などの天皇の権限が著しく制限されたことに抵抗して、生涯をかけて争った人です。そのためついに天皇を廃され、修学院離宮に籠って四代に亘って、上皇として反幕府運動を続けました。そのため悲劇の天皇と呼ばれますが、上方の人の反幕府精神が天皇の行動の支えとなり、またたいへんな文化人でしたから、被圧迫公家や沢庵や光悦などの文化人、その周辺の上方経済人たちの支持もあったのでしょう。この『花子』事件も、上皇時代の隠れたエピソードと見なければなりませんが、その主人公が単なる遊蕩児でなく、一種の政治的英雄の一挿話というところに、世論の同情や同調もあったのだと思います。

だいたい、『身替座禅』の主人公の役名、山蔭右京というのが、気に入りません。狂言作者の理解度の限界を示しているとも言えましょう。修学院も山蔭かも知れませんが、何か蔭の人のようで、陰湿な感じがします。それに修学院離宮なら右京でなく左京でしょう。水尾左京ぐらいに変えれば、少しはぴりっとした恋愛の哀歓が現わせるようになるのかも知れませんね。御水尾天皇が上皇になるのは、三十三才から八十六才の間ですから、この事件も中年から老ゆらくのあいだの出来事だったわけです。まあ歌舞伎のことですから白塗りでも差支えないことですが、狂言ではメークをしませんから、年相応ということが習いになっています。つまり、二十代のシテなら青年の恋、四十なら壮年の恋、

（52）『**花子**』**という戯曲は、後水尾天皇を**：武智と八代目三津五郎の『芸十夜』芸四夜（全集第六巻）にもこの話が出て来る。

六十なら老ゆらくの恋と、シテの年齢に合わせて、その時分時分の真剣な恋心を現わして行くということです。勘三郎など、自分の年に合わせて『身替座禅』を演ずるとなると、世間が湧くでしょうね。しかし、気の毒なことに、歌舞伎ではそうもいかないのです。

何しろ、高貴な人（古典劇では天皇の位取りというのが最高のものになっています）の純粋な恋というのですから、いまの歌舞伎の演出では、不満続出です。冒頭の名乗にしても、鷺式軽躁のイントネーションでは、位取りになりません。「これは洛外に住居」というところぐらいは、天皇を演じるのだという、あるいは奥許しの秘伝を演ずるのだという気がまえが欲しいものです。花子が「逢いたい逢いたい」と言って度々文をくれるというところも、惚れられてうれしいというような浮かれ心で言ったのでは、劇の根本が崩れてしまいます。秀忠将軍の娘の目を盗んでも恋をとげたい（政治的反逆の恋）一心ですから、狂言では特に「あいた～いあ、いたいと申して」というように、位取りを十分に花子の心を自分の心として、言わねばならぬ個所です。「例の山の神が、片時の間も離さぬによって」が歌舞伎では、「片時も離れぬによって」になっていますが、「離さぬ」の方が奥方のしこめの深情け的な愛情が現われてよいと思います。和子皇后は文字通りの政略結婚ですから、恋愛結婚と違って、それほどの美女だったとは思えません。ことに美女か美女でないかは、男の主観によっても変わるもので、主観的醜女と考えてよろしいのでしょう。ただいかにも女らしい性格で、夫を愛する心は人並み以上なので、それで男の方も困るわけです。

奥方が心の深い、夫思いの人であればあるだけ、劇的葛藤も深まります。奥方の性根は「エエありように花子が許へ行くというたならば、一夜ばかりはやるまい物でもないに、妾をたらいて行たと思えば、身が燃ゆるように腹が立つ」ということに尽きます。当時の社会習慣として、蓄妾は制度上認められていますし、当時の日本は一夫多妻制の国ですから花子のところへ行ったことはとがめられない。しかし、欺した、女心をふみにじったことは、許せない。これが奥方のぎりぎり一杯の人間主張なのです。それに対し太郎冠者も「近ごろ御尤もでござる」と奥方に同調しないではいられなくなります。この太郎冠者の一言を、狂言では非常に重く見、大切に言いますが、『身替座禅』にはこの大切なせりふを欠いています。腰元の千枝小枝に、

千枝「ほんに性悪なお殿様、」

小枝「近ごろ御尤もでござりまする。」

と言わせていますが、同性のおつきの腰元が言ったのでは意味をなしません。これは少なくとも大名側の太郎冠者にも「お道理でござる」ぐらいのことは言わせておかないと、劇の進行が必然性を失います。

と言うのは、太郎冠者が奥方の女の真心に打たれたればこそ、命にかえて（下手をすれば主に手討に合うかも知れない奴隷の身です）奥方に座禅衾を着せ、取りつくろうのです。歌舞伎では「そんなら殿様に見ゆるかや」と奥方に言わせますが、七代目三津五郎は「恋しい夫の面影に似たことさえ嬉しいという気分で申します」と言っていました。さすが能狂言に造詣の深い大和屋の工夫と、感心したことでありました。三津五郎の奥方の演技は決定版のよさがありました。後半、衾の蔭から見せる

いまいましげな口を開いた表情など、歌舞伎のリアリズムの一つの典型という気がします。いまの人の表情は、そんな風な表情を作っているだけのことです。

大名の方は、「花子の方へ参ろう」の引込みがどうにもなまぬるい。歌舞伎の演出が「浮かれ心」が基本になっているせいか、いそいそぐらいでとまってしまっています。狂言ではここは〝走りこみ〟の大事で、遠心力の利用も知らない前近代人が、曲がりくねった橋掛りへ一気に走りこむ、一世一代の離れ業を見せ、一筋な恋心を表現します。

後の出は、〝うつつの出〟また、〝夢心の出〟とも言って、大切な習いになっています。万作さんは「この朝帰りの場面は、花子に対する思いが別れの淋しさとなって表現されている。（中略）前ジテが喜び勇んで花子のもとへ走りこんだのだから、逆にこの出は静かさ、淋しさが表現されるべき……」と、記していますが、さすが卓見と思います。

その後の出が、歌舞伎のは難物で、これは作者が本歌にない書き加えをしているからで、「名残の口舌酒の酔い」とか「ちろりちろりと千鳥足」というのがそれで、これでは酔っぱらいの浮かれ調子になってしまいます。私があるとき六代目に、「大名が酔っぱらうのは困りますね。浅くなりますね」と尋ねますと、六代目はちょっとはにかんだような顔になって、「あれは、うつつの出だからね。酔っぱらってるんじゃないんだ。ぼくはしすぎたつもりでやってますがね」

と言って、演技での修正を強調していました。修学院から花子の宿のある北白川までは一時間ぐらいの距離でしょうか。その間酔いが覚めないようでは、することもできないでしょうね。どちらにしろ、本歌の書替えはよほどの力量がないと不可能なので、柿紅には荷が重すぎたのです。弥五郎師の型では、「いついつ忘りょうぞ、寝乱れ髪の面影」で右手でシオルとき、手に持った扇を折り返さないで、立てたままシオルのが、目に残っています。扇を返すいとまもないくらい、心が恋に乱れているというのでしょう。

六代目の『身替座禅』は「妻戸をホト、ホトと叩いたれば」からの口説が絶品で、色気と品合いのよさ、「妻戸きりり」から「御簾の追風」の扇の扱い、大名の生活実感が御簾を巻き上げる重さにまであふれているようでした。「深山の奥のこけ猿が、しょぼしょぼ雨にしょぼ濡れて」の羽目を思いきり外した所作も、いかにも大名が羽目を外したようにふんぎりがついていて、おかしかった。いちばんよかったのは、奥方に追われ、這いずりまわりながら逃げるところ、今の人はみんな形がつきすぎています。六代目は、ほんとうに、全身で、こわがっていた。それは政治的悲劇の落差を思わせるほど。追う三津五郎のやさしさとこわさ、これもようござんした。

（季刊「序破急」・昭和五十九年九月・序破急出版）

第五回 仮名手本忠臣蔵

このところ、忠臣蔵の講釈がはやっていて、いろんな意見がカンカンガクガクされているようです[53]が、そのほとんどが『仮名手本忠臣蔵』という一個の文芸作品論の枠をはみ出して、赤穂義士論だったり日本人の怨念論だったりして、『仮名手本忠臣蔵』という作品の成り立ちに捉えての論議でない点が、たいへん物足りなく、見当違いのように思えてなりません。もちろん、作品のモデルなどについて、周辺の状況を知り、その作品へのはねかえりを論ずることは、大切なことには違いありませんが、それは『太平記忠臣講釈』にも、『東海道四谷怪談』にも共通のデータとなりうることで、特定して『仮名手本忠臣蔵』を論じるには、まずその作品自体を一つの作家の世界観の全反映であると見て、作品自体があたえてくれるデータそのものの範囲で、分析解明の作業をするのでないと『忠臣蔵』を論じたことにはならないのです。

いまは、あまりはやらなくなりましたが、一時、二代目市川左団次など中心に、『忠臣蔵』(以下『忠臣蔵』と記したときは、『仮名手本忠臣蔵』のことと御承知下さい)の原作上演とか復元上演ということが流行しましたが、今ではそういう試みも声も、とんと見聞きできぬことになりました。これは何といっても役者が体制に乗りすぎて、安泰を願い、庇護をよいことにして、創造や批判の精神を失ってしまった証拠で、かぎりなきデカダンに陥ってしまったためと思えます。しかし、原作主義ということ、その再検討や復元は、丸本物に関するかぎり重要な課題なのであって、その精神が歌舞伎界から後退したということは、現代の歌舞伎が包蔵している危険な状況を、もっとも端的に物語る現象と思えてなりません。

丸本物にかぎりと書きましたのは、丸本物（義太夫狂言）は完成し独立した一個の文芸作品であり、そういう作家の自覚に基いて書かれている詩劇であるからです。詩というのは、完全なもの、独立した文芸作品、恣意に改変できないものでありますから、その点がことば中心の散文劇である歌舞伎脚本とは、成り立ちが違うのです。坂田藤十郎が近松門左衛門の作品を上演するとき、一座の役者に、ていには一つ間違えることも許さなかったというのも、近松に対する藤十郎の尊敬の念のあらわれであると同時に、藤十郎がいかに詩劇というものの本質を深く理解していたかのあらわれでもあります。そういう文芸的理解の伝統に支えられて、丸本物は、一句一字も大切に扱われることになったのです。

だいたい、丸本ということば自体、完全なという意味を持っています。（副詞のまるまるから出たのでしょうか）それは江戸期における重要な出版物（読み本）の一つでもあって、太夫や版元の奥付け、作家の署名をかならず持っていた著作刊行物です。それは浄瑠璃の上演と同時にかならず出版さ

（53）いろんな意見がカンカンがくがくされている：作家丸谷才一の文芸評論『忠臣蔵とは何か』に端を発した歌舞伎研究者・諏訪春雄との論争のことを指す。

れ、読みものとしても愛読されました。だから、作家の詞章や構成に対する気構えが、歌舞伎の脚本とは、まるで違っていました。

歌舞伎は、千両役者をはじめとする俳優優先のシステムで、脚本は役者が演技プランや演出を練るための、一つの足がかりとするものでした。そうしたプランや演出を、狂言作者（プロンプターの一種）という職能の人が書きとめ、舞台上演用にまとめたのが台本です。脚本は作家によって顔寄せのときの役納めに読まれるだけで、出版されるようなことはありませんでした。また、その筋書や構成も、役者のニンに合わせて作られたもので、本来的な人格創造はありえませんでした。だから、役者が大根役者と分っていても、なおその人にやれるような役に書かなければいけませんし、またえらい役者の言うことは聞かねばならず、独創的な創造や人間描写は、ほとんど不可能なのでありました。こういう致命的ともいえる障害のなかで、あれほどの作品を書くことができた南北や黙阿弥は、よっぽど優れた天分の作家だったに違いありません。しかし、そうした制約から来る欠陥も、その作品をよく読めば、うかがい知ることができます。□や△で記されている仕出しのほかは、いきいき描けている人物は、ひとりもいないというのが実情です。

ですから、これら地狂言の作者と、丸本作家とでは、創作態度がまったく違うのです。歌舞伎作者はその作品のすみずみにまで責任が持てませんし、ぎゃくに、丸本作家はすみずみまで責任を持って書いている。恵まれた立場にいたと言えます。南北や黙阿弥の上演にテキスト・レジが必要なのは、このためです。これら歌舞伎作者の狂言は、原作に当る脚本が伝わっていることさえまれで、大部分上演用プロンプ用の台本しか残っていないことが多く、したがって、役者の工夫や仕勝手による異同も多いのです。演出家にとって、新たな創作創意が必要となってきます。それに反して、丸本物のばあいは、後世の歌舞伎役者（ときには文楽の太夫も）の仕勝手から来る入れ事を整理し、原作に引き戻して、解釈の方向づけをすれば足ります。これが丸本物と地狂言とにおける演出態度の差であります。この点を心得ている演出家が実に少ない。役者ももとより知らない。これが近時における歌舞伎の停滞、主な原因となっています。そうして丸本物に限って言えば、原作への復元ということが、歌舞伎演出上の主要課題となってくるのです。これは『忠臣蔵』とて例外ではありません。

ところで、左団次らがやった復元ということは、例えば大序で直義還御（師直の「早えわ早えわ」の入れ事あり）を見せるとか、三段目の清元の道行を廃して『裏門』を見せる（左団次一座は踊が不得手だった）とか、五段目の定九郎を御家人でなくどてらの山賊で見せる方がいいとか悪いとか、そのような枝葉末節にかかわることの方が多かったように思えます。

原作の復元こそ丸本歌舞伎演出上の課題

しかし、たとえば、『三段目』殿中刃傷の場を見ましても、これは活歴じみて松の廊下になっていますが、原作では二重の御殿でなければいけない。これはいっぺんいつか演出してみたいと考えていますが、庭前の小柴垣のかげで加古川本蔵が一部始終を見ているのでないと（「小柴の陰には本蔵が、またたきもせず守り居る」と原作にあります）、陪臣が殿上へ駈け上って身分違いの事件に惓きこまれるという悲劇が生きてきません。今の演出のように、殿上にいて、大名と同じく板襖から出るのでは、身分格差が浮き上ってこないのです。本蔵が伴内の同類みたいで、おまけに役が悪いからと言って、これを役者の仕勝手というのですが、梶川興惣兵衛というような役を勝手に作って、代役を立てて済ますなどとは言語道断、いい役があっていい役者がいないという嘆かわしい俳優主義のばっこです。

一体『忠臣蔵』で作家がいちばん主張したかったことは、官僚主義に対する庶民のいきどおりということで、この狂言が成立した時代のさしせまった状況が、悪官僚への町人階級の不信と不安とをかき立てるものであったからなのです。

悪官僚と書きましたが、官僚主義というのは悪にきまっているので、とりもなおさず官僚は悪に傾きやすい性格を、本来的に持っているのです。これは、この時代（『忠臣蔵』の成立は、寛延元年八月―一七四八―のことです）に限ったことではなく、現代においても、官僚は常に悪なのです。いったい政府は人民の付託によって成り立つことは、今も昔も変わりありません。人民の付託の形式は、時代によって異りますが、人民が納得しない政治権力が栄えた例は、一つもないのです。ただ人民は共同体の運営を円滑にするため、自分の権利の大きい部分を国家に預けるのです。ところがそれを寄託された権力は、その運営の中で、次第にその寄託による権力が、自分自身のものであるという錯覚に陥り勝ちです。そうして、その終結された権力を、いつの間にか、寄託者である人民を支配するために使用するようになって行きます。官僚は、本来人民への奉仕者であるにかかわらず、寄託された権力を楯に、人民を支配下におこうとします。これが官僚主義の悪の本質で、彼らは人民からの人権掠奪者なのです。

このような付託主義の思想は、民主主義の根幹をなすものですが、官僚の付託権力利用の悪弊は、今も昔も、一向に改まるところがありません。この時代の人民も、官僚主義の悪さには、ほとほと閉口してしまっていたのです。当時の町人勢力は、大阪が中心で、そうして『忠臣蔵』も大阪で成立した文学ですから、必然的に大阪町人の悪官僚に対する不満を代表することになっています。

『忠臣蔵』のなかで、官僚悪を代表するものは、言うまでもなく執事高師直で、女ひとりを口説くにも「天下を立てうと伏せうとも儘な師直」というくらい、権柄欲にどっぷり漬かっています。この師直のいちばん欲しているのは賄賂で、金銀を以てこびへつらわれては、「武士が刀を投げ出し手を合わす」ぐらいのことも、平気でやってのけます。たいへん不徳義な男で、しかも政権の中央にいるのですから、官僚悪の代表として申し分のない人物ですが、『忠臣蔵』成立の時代の大阪町人も、同じような目に合わされていたのです。この師直の直接のモデルになったのは、幕府の勘定奉行として権力をふるった萩原重秀だったのではないか。萩原が新井白石の暗殺予告を含む攻撃によって罷免されたのは正徳二年（一七一二）のことで、『忠臣蔵』成立より三十六年も以前のことですが、その悪政の影響をもろにかぶった大阪町人にとっては、忘れることのできない人物だったはずです。何しろ金貨の改銭を理由に、大阪の銀遣いの経済をめちゃめちゃに破壊し、町人階層に徹底的な打撃をあたえたのが、この男なのです。近松の時代には銀何貫何百匁といわれた貨幣が、『忠臣蔵』の定九郎の「五十両」に変ったのも、この男のせいです。

おまけに、判明した収賄額だけでも二十六万両、いまの金になおすと三十億円というわけで、五億円のロッキードなど及びもつかないような収賄の記録保持者なのです。この男が徳川綱吉に取り立てられ勘定奉行に就任したのが元禄九年（一六九六）で、これも悪名高い老中柳沢吉保の推挽によるものです。その数年後の元禄十五年（一七〇二）に赤穂浪士の敵討があったのですから、萩原重秀はなかなか『忠臣蔵』に縁の深い男と言えます。これほどの恨みを大阪商人が忘れるはずがなく、そこで師直のモデルとされたのだと思います。

萩原は白石の直言によって罷免され、将軍家宣は、柳沢政治を払拭して、白石や間部詮房らの新官僚による政治の建て直しを計ります。この家宣は、今や真山青果の戯曲によっておなじみの綱豊のことです。しかし彼の新政も永続きせず、享保元年（一七一六）白石らは罷免され、将軍吉宗によるいわゆる享保の改革が行われ、官僚支配は旧に復し、享保九年（一七二四）には、近松門左衛門が検閲強化の嵐の中で焼死するという事態も生じます。この『忠臣蔵』の劇には、門人竹田出雲らによる近松哀悼の思いがこめられていたのかも知れません。この享保の改革の実行者は老中松平乗邑で、大坂城代（享保七年・一七二二）を経て老中になる（享保八年・一七二三）のですが、大坂時代、大坂城に目安箱を設置して、投書による隠密的取締をやって大坂市民を苦しめた男です。このように『忠臣蔵』作者の、反官僚気質をかき立てる政治的状況は、たくさんあったと言えます。

こういう師直的悪官僚に対し、平大名の塩谷判官や桃井若狭助は、大阪の庶民と同じ被害者の立場ということが言えましょう。大名とはいえ、同じ被支配者なのです。特に塩谷判官のモデルとなった浅野内匠頭は、大阪市民にとってみれば、なじみ深い日常必需品である塩屋のおっさん、製塩会社の社長みたいなものです。当時、瀬戸内の塩は国産の九十パーセントを占めていましたが、そのいちばん身近い生産者が浅野だったのです。そういう同業者的な意識も『忠臣蔵』の世界観に反映していたかもしれません。

しかし、このような身近かな関係を、観客に感取させるためには、この出来事が、決して太平記の世界ではなく、現代史の一駒であることを、観客に知らしめる必要がありました。太平記という世界の設定は、幕府の演劇政策であって、なまなましい政治的状況の批判の劇（当時、演劇が最大のマスコミであったから）の誕生を防ぐために採られた政策だったのです。この足枷は、現代劇としての『忠臣蔵』を作りたい意欲に燃えている作家にとって、歯ぎしりしたいほどの重圧だったことでしょう。

そこで、文句の中に「アサキタクミの塩谷殿」とか「大名や小石ひろうて我がつまと」とか、いろいろ無理なレトリックを用いることもしていますが、いちばんの工夫は『判官切腹』の場で、判官に「湊川にて楠正成、最後の一念に依って生をひくと言いし如く、生き替り死に替り、鬱憤を晴らさん」と言わせていることでしょう。大体『忠臣蔵』の出来事は、大序に「暦応元年二月下旬」と記しているとおり、新田義貞戦死（暦応元年・一三三八）の翌年ということになっています。すると楠木正成の戦死は建武三年（一三三六）のことですから、判官切腹のわずか三年前の出来事ということになります。判官は死に臨んで、何も大昔の話をしているわけではなく、記憶にまあたらしい最近の話をしているのです。このことは、太平記読の常識が発達していた当時の民衆には、苦もなくわかる話です。この一言のおかげで、当時の観客は、ああこれは遠い歴史物語ではなく、間近かな現代の話なのだなあという認識に、立ち至ることができたはずなのです。しかも、これは非常に危険な思想で、足利尊氏将軍の当面の敵楠木正成に同意同調しようというのですから、判官が末期に臨んで足利家へ謀叛しよう、死んでも生き返って恨みを晴らそうと言っているとしか聞こえません。これは官僚政治の悪を支え、回復させようとする徳川将軍吉宗や徳川一家への庶民の恨みの代弁とも言うことができます。この怨言も後に大星由良助の「足利殿に何恨みあって弓引くべき」と修正はされますが、これは徳川幕府の検閲を慮っての作家の配慮で、町人大衆の本心には、当然幕府への怨みというものが加わっていたに違いないのです。そうして、この大切なせりふを、今の歌舞伎演出では、まったく削除してしまっています。ただ「足利殿に弓引かんや」だけは忠実に残していて、これは九代目団十郎あたりの幕藩体制への恭順芝居の名残なのでありましょうか。

このような町人の幕府に対する怨念の結晶ともいうべき『忠臣蔵』が、はたしてどのような政治的効果を生むことができたか。

そのような政治劇、プロパガンダの劇としての『忠臣蔵』の効用が、はたして実を結ぶことができたか、それに対する否定的な意見は山ほど聞くことができましょう。しかし、『忠臣蔵』が芝居の独《どく》参湯《じんとう》として古今無双の声名を博したのは、単にドラマツルギーの巧みさというようなことだけではなく、やはり、現代劇を何とかして持ちたいという作家の執念、官僚政治の悪に対する反発への大衆の共感、そういう芸術家と観客大衆との同じ思いが一つの実を結んで、露骨な収賄政治へのとどめを差す事件にまで発展し得た、民衆の政治的熱意は実を結んだものと、私は見ています。それくらいの実効がなければ、これほどの芸術的成功の劇へのむくいが、少なきにすぎると思えるからです。

『忠臣蔵』がベストヒット作品として定着してからわずか三十六年後の天明四年（一七八四）に、田沼意知が江戸城中で佐野善左衛門に殺され、その二年後、江戸時代最大の悪官僚田沼意次は失脚するのです。その功績を祝って、江戸市民は佐野を、〝世直し大明神〟と賛えます。鶴屋南北も若いころこの事件を実際に体験するのですが、その影響が後年南北に多くの〝佐野もの〟と呼ばれる戯曲を書かせ、江戸市民も打ちこわしや一揆などの実力行使で、彼の志向に同調するのですが、この佐野善左衛門の行動自体、何と『忠臣蔵』の殿中刃傷のシチュエーションによく似ているではありませんか。佐野が全盛の国民的戯曲『忠臣蔵』を全然知らなかった、その芝居をいっぺんも見たこともなかったとは、ちょっと考えられません。当時の江戸の市民は五十数万人、非人や武士も加えて八十万人弱と考えられますが、江戸三座の年間観客数は二百万人ぐらい、小芝居、人形芝居まで入れるとその数は倍増しましょう。一人平均年に五回、子供などを除外すると十回ぐらいも見物する芝居好きの江戸市民の中で、佐野が『忠臣蔵』にそっぽをむけつづけたとは、絶対考えられない。佐野善左衛門の世直し的な、今のことばでいえばクーデター的な行動こそ、何らの形で『忠臣蔵』の作家の精神がそこに生かされているのであり、名作の影響が悪官僚退治の独参湯の役目も果たしたと考えて、決して考えすぎではないのであります。それにしても、現代の官僚組織の悪は、いつの日、どのようにして破れるのでしょう。現代の作家精神は、もう一つの『忠臣蔵』を生むことができないほどに、衰退しきっているのでしょうね、きっと。

『忠臣蔵』の中に、幕府の政治、萩原や松平乗邑への直接的な大阪商人の恨みが結実していることは、義士への同調者に加担者に堺の町人天河屋義平（モデルは天野屋利兵衛といわれる）を登場させたドラマツルギーに、あらわれています。この「天河屋義平は男でござる」というせりふのまねは、私たちが子供のころ、大阪の商人たちのあいだで、口癖のようによく言われたものです。しかし、その後、芝居の方はさっぱりで、この『十段目』が上演されたことは、ほとんど数えるぐらいしかありません。これも、現代の『忠臣蔵』解釈の至らぬところかもしれません。堺の町人といえば、かつて自由都市の設立を願望し、ほんとうの近代を日本に導入しようとした自由人の集団だったわけで、その思いも政治的弾圧によって挫折をくりかえして行くのですが、その大阪商人の精神的座標としての堺伝説は、このときまで、まだいきいきと語りつがれていたのです。天河屋の天河というのは、マカオのことで、自由貿易への全人民的な願いが、この命名にも含まれていたと見ることができましょう。

そのほか、原作にあって、今行われない、きわめて復元が願われる場面は、四段目の『判官切腹』における顔世の存在です。原作の顔世は、判官切腹の現場に立ち合っています。そのことは「御台二目と見もやらず、口に称名目に涙」の記述で明らかです。その前に「御台所も座をさがり、三人出向う間もなく」とあるのは、顔世が上段の間から降りたという意味で、三人とは、郷右衛門九太夫との三人、力弥は「奥へかくと通じさせ」通じ役と考えるのが妥当でしょう。そうでないと力弥が腹切り刀を持ってくる段取りがつきません。顔世が上使を出迎え、夫の切腹を目撃していればこそ、物のあわれや由良助の憤りはまさるのであって、この顔世の肚芸は、それこそ役者なら誰でもやってみたいところでしょう。

（季刊「序破急」・序破急出版・昭和六十年一月）

第六回　助六由縁江戸桜

市川海老蔵が十二代目市川団十郎を襲名するそうで[54]、個人的な挨拶で恐縮ですが、まず「おめでとうございます」といっておきたい。何しろ団十郎は、ほとんど代々が歴史に残るような名跡で、大根役者の代表のように言われる十代目団十郎でも、迫力こそなかったけれど、芸のけじめはきちんとしていて、理屈の上、つまり演出上の意見では、菊五郎や吉右衛門より、しっかりしたところがありました。私は上方育ちですから、京都の顔見世というと、三升（十代目団十郎は追贈）の歌舞伎十八番を見せられたものでした。なにしろ、当時の顔見世は、午前九時開場で、しかも寒い昔の京都のことですから、巷には霧が漂い、道路も凍てついていました。大学へ行くようになって京都に下宿してからはまだしも、阪神間にすんでいたころは、朝の六時に家を出なければなりません。顔見世の三升は序幕だけの出勤で、他の幕には絶対出なかった――出してもらえなかった――のですから、よく考えてみれば、三升さえいなければもう一時間開演を遅らせられたわけですから、ずいぶん三升を怨んだものでした。しかし若いファンの常として、一幕でも見残したくない、よくいえば知識の吸収欲のさかんな年ごろですから、霜や氷を踏んで出かけたものです。三升という人は、東京ではほとんど役をつけてもらえませんでしたから、三升（十代目団十郎）にかぎり、われわれ関西人の方が、数を観ているのではないでしょうか。何だか、せりふがぶつぶつ切れて、腰から下がきわめて貧弱で、荒事の大きいどてらに丸ぐけみたいな姿で出ると、上半身ばかりで、今にも転びはしないかというような有様でございました。もっとも、三升が舞台で転んだ姿は、一度も見たことがありませんから、そんなに心配することはなかったのでしょうが、知り合いのお茶屋のおかみさんなども、「三升はん、お転びやさしまへんどっしゃろか。大きな衣裳着せておもらいやして」と、しんから心配していました。私のお茶屋の古いおかみさんは、一時三升はんの恋人だった人でその人が心配するのだから、どれほどあぶなかしかったか、御想像願えると思います。

口跡がぶつ切れで、腰がふらついているのですから、義理にも褒《ほ》められた役者ではなかったのですが、それでも私は三升の芝居を、そう嫌いでもありませんでした。たいてい『矢の根』のような、腰をかけたままの芝居が多かったので、そのあいだは安心してみていられたのかもしれません。また、いつ転ぶかなどというスリルもありましたし、事実、六法などでは足がもつれかげんで、ずいぶんひやひやもいたしました。現在、これだけ親身になってお客さんに心配してもらえる役者さんも、いないのではないでしょうか。いつか神戸かどこかで三升の『河内山』を観たことがあります。咲呵なんてきれる人でなく、代ってあげたいなというような気持でしたが、どことなく上品で、一品親王のお使い僧というような雰囲気がありました。幕切れで松江候を嘲うところ、「バァカメェ、フーンフン」

---

(54) **十二代目市川団十郎を襲名するそうで**：昭和六十年四月から六月歌舞伎座に於いて十二代目市川団十郎襲名披露興行が行われた。

という播磨屋流や高麗屋風とちがって、ただ、「バカ」と言って、声も出さずに笑うので、やっぱりセリフの言えない役者は駄目だなと思ったことでした。ところが、後年、踊の上手だった方の三津五郎さんとおちかづきになったとき、播磨屋の『河内山』の話がたまたま出て、（三津五郎さんが松江候をしていたのかもしれません）、「波野のあの幕切れの笑いはいけませんよ。仮にもお数寄屋坊主とお殿様ですから、もっと品よくなければ。九代目のおじさんのは、ただ『バカ』というだけでごさんしてね。これがまた滅法よろしゅうございました」とのことだったので、私もふと三升の『河内山』のことを思い出して、その話をすると「堀越（十代目）は、おじさん（九代目）のやるとおりを、そのままやっているのでございますよ。ただ、できないだけでございましてね」と笑われた。そして、『矢の根』の話になって「堀越の荒事のせりふは、九代目をうんとうんと悪くしただけのことで、言うこと、することは間違っていないんでござんすがね」といわれたので、永年の疑問が一度に解けた思いがしたことでした。

観世流の元の家元の観世左近さんが、「家元は芸ができなくてもいい。ただ知っていればいいんだ」と言われたことを片山博通さん（左近の弟で、現井上八千代の御主人。故人）から聞きましたが、私も亡き金春八條さんから、「家元は、弟子家の知らないことを知っているのでございます」と言われて、なるほどと感じ入ったことがありました。団十郎の四代目・五代目というのもそうでしょう。どちらも文化人で物識りで、一見識を持った人でした。名人の中村仲蔵は四代目門下で、五代目が若きころ、忠臣蔵五段目の定九郎を黒紋付の御家人姿でしてはどうだろうと相談したところ、四代目は「そのような悪侍をそのままに写すようなことは、団十郎はせぬものだ」と言って留め、後日、仲蔵がその工夫をもらい受けたのが出世芸になったという話は有名です。五代目松本幸四郎の人気が高まったとき、五代目団十郎は、「あれは秀鶴（仲蔵のこと）の芸で、団十郎の芸ではない」と評判したのも有名な話です。これすなわち、家元はもと正しいことを知っていればよいという伝承の思想の根本に触れる挿話です。要するに仲蔵・幸四郎というのは写実芸の系統で、それは団十郎系の正当から見れば悪写実ということになるという意味でしょう。この仲蔵は『関の扉』などを今日に残した人ですが、五代目幸四郎はそれ以上の影響力を歌舞伎に残した人で、極端な言い方をすれば、いまの江戸歌舞伎は荒事以外全部この幸四郎（和泉町の幸四郎と呼びます）に端を発していると考えてよいでしょう。素足の道行というような、団十郎風に言えば悪写実も含めてです。五代目団十郎がそれほど批判した幸四郎の教えを受けて育ったのが、七代目団十郎と三代目菊五郎なのですから、世の流行というのは皮肉なものです。音羽屋のお家芸として誰も疑わない忠臣蔵六段目の勘平の型も、和泉町の幸四郎の工夫によるものですし、同じ歌舞伎十八番でも、七代目団十郎が創造した『勧進帳』は、他の荒事と全然気分が違っています。弁慶のこしらえ一つでも、荒事式の筋隈などは全くなく、どちらかといえば写実風のにおいが強いと言えなくはありません。伊原青々園[55]は九代目団十郎の活歴も和泉町の幸四郎の血脈を引いたものと喝破していますが、さすがに青々園ならではの物凄い眼力です。

（55）**伊原青々園**：本名・伊原敏郎は明治から昭和前期の演劇評論家で、青々園（せいせいえん）という筆名を使用したことから、その名で知られている。

この五代目幸四郎の名跡を継いだ七代目幸四郎の孫の海老蔵さんが、ここに団十郎の名跡を起すというのですから、歴史というのは皮肉にできているものです。実は、私も五代目幸四郎を最も崇拝している一人です。ところで、この幸四郎を中に挟んで前後に分裂した団十郎の名跡、初代から五代目までの荒事派の流れと五代目団十郎に、団十郎の家の芸はあのようなものに非ず、と批判された五代目幸四郎の影響下に出てきた七代目—九代目という流れの団十郎の家の芸と、十二代目は、そのどちらかを継ぐことになるのでしょう。私は十二代目という俳優は、たいへん詩情の豊かな資質の役者で、たとえばラシーヌの詩劇のようなものをやらせたら、ぴったりのような気がするのです。今の歌舞伎役者で、詩を理解する、詩情を内在的にもっているという人は、ほとんどひとりもいないのではないでしょうか。お父さんの十一代目団十郎の一代の当り芸を私は『なよたけ』[56]だと思っていますが、このような詩的な創造精神が、やはり十二代目には伝わっているように思えるのです。狂言や荒事のせりふの言い方は、いわば散文詩劇のイントネーションを伝えるものです。浄瑠璃系の芝居は、三人遣いの人形の間から生まれた音楽劇です。十二代目が詩劇の道を選ぶよう運命づけられたのは、たのしいことです。

初代団十郎にしろ、四・五代目にしろ、たいへん向う意気の強い人だったように、私には思えます。初代の父は甲州の出で、後、千葉の市川へ移った菰の十蔵と呼ばれた博徒でした。菰（おこも—乞食）という呼び名が示すように、被差別階層の出で、後に団十郎が弾左衛門支配下におかれ、また些かの出入りのため斬殺されるのも、みなこの出生のハンデのせいと思えます。しかし、その逆境をはねのけて、一流の芸風を打ち立てたのですから、よほど性根ができていなければ成らないことです。十四才初舞台のとき、公時に扮して筋隈丸ぐけという姿で大立廻りを演じ、一気にスターダムへのし上ったのですから、稀に見る天才児だったのでしょう。これが荒事の始まりですが、家系が甲州出身ですから、普通の農民や町民ではなく、山のぼりや木のぼりのうまい、いわば山岳民族独得の身体行動を身に備えていて、その物珍しさが見世物として人気を博したのでしょう。荒事の骨法で目立つのは手の使い方で、手首を九十度外側へ曲げることができ（例・飛六法）また逆に九十度内側に曲げられないと（例・朝比奈）、荒事は勤まりません。これは、木の枝に上がるときの鉄棒体操に似た動きで、また草の根につかまって崖を上るのも、同じことでしょう。飛ぶということも、山野を跋渉するに必要な芸当で、こういう山人的な生活行動を採り入れたのが、物静かな伝統的な農民芸ばかり見てきた江戸の市民に、物珍しさと爽快感（江戸には関係の騎馬民族の血もながれています）とを与え、一躍人気者となったものと思えます。彼が元禄七年に上方へ下ったとき、「鳥が鳴くような声でピーチク言うばかりで、せりふが聞き取れない」と不評だったと言います。これは上方のイントネーションが、江戸の頭でっかちなせりふまわしと違っていて、頭うちの発声を聞きなれない見物が「鳥の鳴声（頭当りに鳴く）のようだ」と言ったものでしょう。またその折京へ坂田藤十郎を訪ねたとき、藤十郎が庭を隔てて別座敷で花を活ける姿だけを見せたというので、団十郎はすっかり腹を立て、

(56)『なよたけ』：「竹取物語」に題材をとった加藤道夫の戯曲。「なよたけ抄」として十一代目団十郎（当時は海老蔵）の文麻呂、七代目梅幸のなよたけにより、昭和二十六年六月新橋演舞場で初演された。

「藤十郎の生きているうちは、絶対江戸の役者を京へは登さない」と言ったと伝えられています。この藤十郎の所業は全くよくないので、団十郎が弾左衛門支配だというので差別したものですが、同時に、団十郎の江戸の役者を支配していた弾左衛門の若頭みたいな地位を示す挿話です。この辺から団十郎を歌舞伎の家元視する考え方も生まれてきたのでしょう。初代はこの十年後暗殺されるわけですが、これもこの辺の向かう意気の強さが災いしたのだったのでしょう。

初代団十郎の当り芸を『暫』とし、二代目団十郎の代表芸を『助六』としますと、この二つの芝居のツラネ(57)を比べてみたとき、両者の芸風の差というか、芸の進歩というか、その辺のことがよく分かります。つまり、『暫』のツラネは、「准南子に曰く、水あまりあって足らざるときは、天地に取って万物に授け、前後するところなしとかや何ぞ、その公私と左右とを問わん」（これは九代目のツラネですが、イントネーションの骨法は同じだと思います）ですが、それを言うとき、准南子のエ、水あまりのミ、天地のテ、前後のゼ、何ぞのナ、左右のサ（○印は表《オモテ》アタリ、●は裏《ウラ》アタリの二拍子構成）と、全部頭打ち（一字目にアタルこと）のアタリになっています。ところが助六では「この五丁町へ、すねをふんごむ野郎めら、おれが名を聞いておけ、まずでえ一おこりが落ちる」というように、原則的に二字目にアタリがあります。この二字目アタリ（二字目オコシ）というのは、能狂言以来の伝統的なアタリで、伝統芸（農耕民族の芸）の基本になっています。これは二代目団十郎が上方芸の伝統の摂取に努力した証拠で、初代が藤十郎と喧嘩して、生涯ピーチクパーチクの頭アタリのセリフを改良しなかったのと、だいぶ性格も芸への心構えも違います。この二代目団十郎が成田不動信仰の元祖で、「父よりよい役者にしてください」と願《がん》をかけたら、父の給金の八百両を追い越して、千二百七十両の給金取りになったというのです。兎に角、初代よりも二代目（成田屋の元祖）の方が芸が上だったことは確実で、またそれだけの勉強もしているようですから、給金が高くなっても当然とも言えましょう。彼は生涯に『助六』を三度（正徳三年・正徳六年・寛延二年）演じていますが、この三度目のとき、ほぼ今日の助六の演出や扮装は定ったようです。彼は又大阪へも上りますが、そのとき（寛保元年―二年）上方芸の伝統を相当吸収してきたのでしょう。もちろん、その以前から上方芸には相当関心を払っていたようで、『曽根崎心中』や『心中宵庚申』『心中天網島』などの世話浄瑠璃芝居、また『菅原伝授手習鑑』の源蔵や丞相などの時代物までも手がけています。これは二代目の先見の明で、来るべき浄瑠璃歌舞伎時代を先取りしたものといえますが、また当時の江戸が、上方の商業資本の支配下におかれ、お店者《たなもの》（当時の江戸の問屋は、大阪系商社の支社みたいなものです）のほとんどが、日常語としても商業語としても上方語を用い、したがって江戸土着の人も、上方語のイントネーションを覚えなければ、喰っていけない時代でした。いわゆる江戸弁はこの時代に成立したもので、土着語を捨てて大阪のアクセントをとりいれ、わずかに語尾のイントネーションに江戸土着語の感じを残すくらいに、江戸弁が変貌するのです。この傾向は清元を調べればよく分かるので、南北時代の清元は大阪風アクセント、黙阿弥の清元は江戸前アクセントで作曲させています。と

（57）ツラネ：言葉を長々と連ねてこれを雄弁に朗唱すること。鎌倉時代の延年舞の技巧のひとつだったが、歌舞伎ではこれを特に荒事の主役が雄弁を聞かせる芸として発展させた。

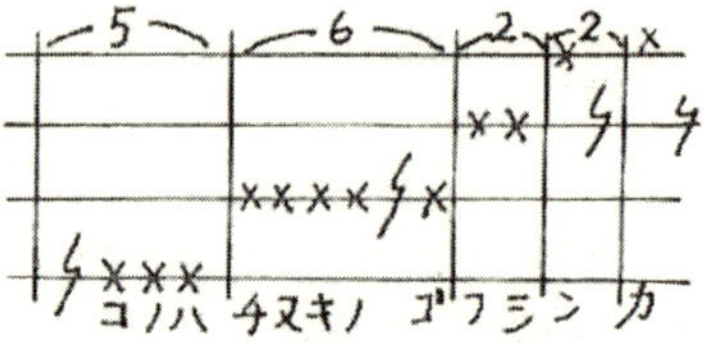

にかく時代を先取りしないと、大阪アクセントの金持ちのお客は来てくれませんし、また浄瑠璃で大阪語を覚えようとする看客を、操から歌舞伎へとり戻すためにも、二代目の伝統芸術尊重の志向は生まれたのでした。

最近十一代目団十郎のセリフの放送[58]があって、たまたま『助六』の「この鉢巻のご不審か」の一句だけが放送されたのを偶然聞いたのですが、「ゴフシィンカ」と産み字を出して上げ下げをつけて言っていたのに、びっくりしてしまいました。十一代目という人は、伝統的アクセントに忠実な人で、いまも『勧進帳』の映画に残っていますが、四天王のセリフ「帯せし太刀は何のため」を、今の役者は、みな平板アクセントで「タイセシ」と言うのですが、十一代目はちゃんと古風に「タイセシ」と二字目上りで言っているのです。それほどの人が、「シィ」と引き字のフシナマリ（音楽劇的要素で、話し言葉の荒事のセリフにはないことです）を出していたのですからびっくりせずにはいられません。これは間を持って高低をつけず「ゴフーシーンーカ」と均等の間（連音符風に）で言わねばならないところです。二字目起しの三段上りというのですから、五線譜でなく、四線で（一線毎が音の高さの基準になります）で示しますと、（上図・～は休止です。数字は連音符を示す）となります。三回音程が上っているでしょう。さいごの力は、本当は外して、微分音的な中間音へ落して短かく言うのです。カという疑問の助詞（接尾語）を尻上りにいうのは、英語教育の影響で、本来は半間に下らなければいけません。第一小節のコノハの前の休止は、「ウン？」といって考える間で、並び傾城が「その鉢巻はえ」というのに対して、何だい、この鉢巻かい、という間をおき、コノハはチマキノの前置詞が装飾音的な扱いになります。そういえば、十一代目の助六のツラネは、一息で言おうと意気ごむあまり、間がこけて、自分勝手の息の間になっていました。このつらねは整然とした二拍子（○が表、すなわち息気を吐く間、●が裏アタり、すなわち息を吸う、専門的にはトルの間になっているので、ここで二拍子といっているのは、呼吸作用との一致を意味するものです。詳しく説明する暇もありませんが、たとえば、

○トオクハ　ハ」チ●オウジノスミヤキバイタンノハ」○ッカケジジィチカクハサンヤノフルヤリテウ
メボシバ」●バァニイタルマデチャノミバナシノケンカザタオ」○トコダテノムジンノカケズテツ」
●イニヒケヲトツタコトノネ」○ェオトコダ×エドムラサキノハ」●チマキニカミハナマジメ」○ソーノ
リヤタ」●×ハケザキノエエダカラノ」○ゾイテミロア」●ワカズサガウ」○キエノヨウニミ」●エルワ」

……

（58）**十一代目団十郎のセリフの放送**：放送されたのは、昭和三十七年四月歌舞伎座での十一代目団十郎襲名披露興行での「助六」の録音である。

というように、十六・二十四・二十一・十四・十二・十四・十一・四・十二・六・六・七・三という風に、一拍内の連音符の数が変わっていくのです。だから四連音符（二音）しかない「ソーリャー」というようなところは、ゆっくり長く引っ張っているように聞こえますが、ほんとうは一拍の長さ（時間）は同じで、一拍内の文字数の多いところは速く、少いところは遅く聞こえるけれど、一拍の時間の長さは（テンポ・ルバートやリタルダンド(59)のないかぎり）同じで、その拍のなかでの長短音符的なのびちぢみはないのです。ですから、さきに例にあげた十一代目の「ゴフシィンカ」というような、一節内に長短音符が入りまじるようにせりふを言うことは、浄瑠璃風の三人遣いの間になりますから、荒事風のしゃべり言葉のせりふには、絶対にあってはならないのです。事実、むかしの役者は、みな「ゴフーシーンーカ」というように保《も》って言ってはいましたが、長短音符が入れまじるというような言い方は、絶対にしませんでした。

むかしの役者といっても、わたしが見た範囲では、十五代目羽左衛門、七代目幸四郎、六代目菊五郎ぐらいのものですが、羽左衛門の最後の助六は、元気がなくて、もう見るに耐えませんでした。若いときは、高い名調子で、八代目三津五郎君の説によると、羽左衛門は九代目団十郎に可愛がられたから、その、いわゆる団十郎風の高調子というのをいちばん取っているのは、羽左衛門ではないかとのことで、これはなかなか傾聴に値する説だと思いました。しかし、いかにも団十郎風としては重味、深味の足りない声で、高調子を太く低く聞かす（ぎゃくに、菊五郎系は、低調子を高く聞かせる修業が必要なのです）訓練が足りていないように思いました。幸四郎のはりっぱで、いかにも荒事の五郎という仁でした。岡さんもたしか幸四郎の助六を褒《ほ》めていられたと思いますが、わたしなど関西に住んでいた関係で、幸四郎の助六や鏡獅子まで見せてもらったことがありますが、いまもう幸四郎の助六を見知っている人は少ないでしょう。柄はまことにりっぱでしたが、少し鈍い感じて、才気煥発の二代目団十郎風の味がないような気がしました。することは菊五郎が最高でしたが、これはせりふの調子が低いのが、やはり荒事としては欠点といえましたでしょう。

十二代目の助六はまだ、スチールだけしか見ていないので、何とも言えませんが、手首のかえりが不十分なのが気になります。これは先祖の山岳民族性を理解して、十分かえるように訓練してほしいと思います。実は、十二代目は私と同門で、同じ茂山流の狂言を習っている間柄で、たいへん狂言が上手なこともよく知っています。狂言のコトバのオコシは二代目も研究して荒事のセリフの母胎としたものだと思うので、たいへん結構なことですが、手首のねじりは狂言にはないことです。団十郎さんは上品にと心がけて、手首をまっすぐ持って行かれますがこれは能狂言や舞踊には大切なことですが、荒事の骨法にはないことです。あの「ぬかねえか」の逆見得でも、手首がかえっているから、万一のとき自分の刀の柄に指が最短距離の動きでとどくので、手首がまっすぐですと、柄に手をかけるのに遠くから腕を廻していかなければならないので、距離的に損をします。武道と芸道の一致とい

(59) **テンポ・ルバートやリタルダンド**：テンポ・ルバートは旋律のある箇所を遅くしたら残りを早くしてまとめる、またはその逆。結果的に基本リズムは変わらないことになる。リタルダンドはテンポを遅くすることを指すが、この場合に武智が言っているのは、右記の逆のケースに当たる。

うことは、農耕民族的伝承としては大切なことと思いますが、その逆見得は手首の九十度の曲りという荒事の相伝骨法から編み出されたものだけに、くれぐれも手首のかえりを大切にしたい気がします。そうでないと、近頃よく見かけるように、「ぬかねえか」の見得が正面むきになってしまいます。それからこれも誰でしたか、「この鉢巻」の鉢巻をさす指が、やはり手首がかえっていないので、肘が下ってとても形が悪かったのを思い出します。それから手首のことの他に、大三津五郎さんは、「荒事は手の甲が、マアルクならなければいけないのに、今は誰もできていない」としきりにくりかえして言われ、御自身でやって見せて下さいました。私もいっしょうけんめいまねてみましたが、どうしてもマアルクなりませんでした。三津五郎さんのは指の先までマアルク、ふっくらとみえました。こんなこともしっかり身につけて、りっぱな十二代目になっていただきたいと、期待をこめて願うものです。

（季刊「序破急」・序破急出版・昭和六十年四月）

Ⅲ　演出ノート

智太郎君と百合若大臣

＊昭和五十六年八月・東京 国立劇場小劇場「百合若大臣野守鏡」公演の演出者のことば。

中村智太郎[60]君は、いうまでもない、扇雀[61]さんの長男である。

扇雀さんと私とは、昭和二十四年、世に言う〝武智歌舞伎〟以来の同志で、数えてみれば、三分の一世紀にも及ぶ、親子や女房でも、なかなかこうは続かないだろうというほどな間柄である。

いわば、智太郎君は、孫か親戚といった気分のつきあいで、どうしたことか、私がやっている「歌舞伎塾」[62]へも熱心に聴講に来られるし、そんなことで、その成長を心からたのしみにしていた。

近年進境も著しく、去年の顔見世では、おじいさんの鴈治郎さんの当り役、『曽根崎心中』の徳兵衛を、みごと代役でこなすというところまで、成長された。

このように波に乗っているときは、どんどん追討ちをかけて、勉強の場を拡げられることが大切だと、かげながら、考えていた。

(60) **智太郎**：四代目坂田藤十郎の長男。平成七年に五代目翫雀、平成二十七年に四代目中村鴈治郎を襲名。

(61) **扇雀**：二代目中村鴈治郎の長男として生まれ、昭和十六年に二代目扇雀、平成二年に三代目鴈治郎、平成十七年に四代目坂田藤十郎を襲名。昭和五十六年に近松座を結成。

(62) **私がやっている「歌舞伎塾」**：武智が開催していた歌舞伎塾は昭和三十三年に第一回が行われた。以降は断続的に開かれ、学生、一般の演劇研究者らが多く参加した。

ところが、お父さんの扇雀さんも同じお考えだったらしく、私に、

「智太郎に国立劇場で勉強会をやらせたいと思うが、面倒をみてやってくれ」

とのお話があった。

私は、即座に、『寺子屋』の松王を、と考えた。「歌舞伎塾」でレッスンした松王役が、たいへん見事だったからである。

智太郎君に、そのような役柄の才能があろうとは、お父さんもおじいさんも、夢にも思っていられないだろう。

親の鼻をあかし、世間をおどろかせることは、演出家として、この上の愉快はない。

扇雀さんや鴈治郎さんが、泣かんばかり、涎を垂らさんばかりに、よろこばれる姿が、私の目の前に浮かんだ。

しかし、私は、考えなおして、言った。

「私が仮に演出をお引き受けして、松王や治兵衛を智太郎君にやってもらい、それをりっぱにやりとげさせる自信も、本人にやりとげる素質も、十分にあります。しかし、そんなことは、これから将来、本興行でいくらでもやる機会があるし、他の幹部俳優と比べて、うまいのまずいの言ってみたところで、自己満足以外、何があるでしょう?

勉強会とはいえ、いやしくも、費用の一半は、国費でまかなわれるのですから、やはり国民の要望に答え、国の文化資産をふやすという方向で決めるべきではないでしょうか。

成駒家の家には、近松門左衛門という大詩人の作品を、維持し、掘り起こす義務が課せられています。私は近松研究の一端を、ここに示すべきだと思います」

こういう趣旨のことを、扇雀さんにしゃべって、私は、この『百合若大臣野守鏡《ゆりわかだいじんのもりのかがみ》』の復活上演(63)を提案した。

これは、実は、以前から、扇雀さんに、鷹の精をやってもらって、復元したらと、提言していた作品だった。扇雀さんも乗り気だったが、相手役の百合若大臣を演じる人が見つからないまま、のびのびになっていたものだ。

百合若大臣の、若さ、はつらつの精神、にん、すべてが、智太郎君にぴったりだと、私には思えた。扇雀さんも、打てばひびけと、わかってくれ、こうして、この公演は、持たれる運びになった。

百合若伝説がユリシーズの英雄譚(64)から、中世の日本に生れたことは、周知のことである。この説話成立の基本からして、グローヴァルな現代社会に、ふさわしい演目であることは言うまでもない。

（63）**『百合若大臣野守鏡』の復活上演**：後に昭和六十二年五月・近松座公演において扇雀（現・藤十郎）主演による「百合若大臣」上演が実現された。

（64）**ユリシーズの英雄譚**：坪内逍遥が「百合若伝説の本源」（明治三十九年一月）において、オデュッセウス＝英語名ユリシーズとの連想から、近松の「百合若大臣」は叙事詩「オデュッセイア」の翻案であろうと論じた。その後の研究で類似の伝説が各地に多数残っていることが分かり、現在では百合若伝説は日本古来のオリジナルの伝承であるとされているが、それでもなお古代シルクロードを介した東西交流の想像を捨てきれない。

ただ、近松の百合若には、鎖国状況下、巨視的な世界観が、いささか欠けているうらみがある。この点を修正し、鷹の精の件を中心に再構成する必要があった。

この鷹の精の件は、門弟の竹田出雲らに引きつがれ、「葛の葉」や「狐忠信」の下敷きとなったものだ。いつの日にか、扇雀さん自身の手でも上演して欲しい作品だ。

いま、稽古の最中だが、智太郎君の百合若大臣は、さわやかで、きわめてユリシーズ的である。公演の日が、たのしまれてならない。

（国立劇場青年歌舞伎祭公演・「百合若大臣野守鏡」演出者のことば・公演プログラム・昭和五十六年八月）

演劇運動としての近松座

＊昭和五十七年五月・「近松座」旗揚げ公演に寄せて。

歌舞伎俳優が演劇運動に参加した例は、きわめて乏しい。極端に言えば、二代目市川左団次の自由劇場(65)以外に、その例を見なかったかも知れない。

中村扇雀さんが近松門左衛門の連続上演を目ざして、近松座を創建されたことは、その意味で注目に値する。どうか、お家芸というようなことにこだわりなく、自由で真実ある舞台を創造されたい。

近松門左衛門が大劇詩人として見なおされるようになったのは、明治末期、早稲田学派が幸田露伴を引きこんで、特に心中物を中心に再認識を叫んだときからである。そこには、近松を日本のシェイクスピアに擬することで、民族文化の高揚と、幾分の国威宣揚のような気分とが混り合っていたように思う。世話物の再認識も、西洋文化人への劣等感の裏返しのようなものであった。

世話物の賞揚が、上方の世話物芸の家系である成駒屋に結びついて行ったのも、自然の成り行きであった。

敗戦を契機に、平和即世話物、ヒューマニズム即心中、といった奇妙な論理から、戦争下では柔弱

(65) **二代目市川左団次の自由劇場**：明治四十二年に作家小山内薫と二代目左団次が始めた新劇運動である。劇場や専属の俳優を持たない「無形劇場」である。第一回公演はイプセンの「ジョン・ガブリエル・ボルクマン」を上演した。

視されがちだった近松が、再び人気を盛り返すようになった。

近松景気は、しかし、第二次近松学の隆盛を呼ぶに至った。俊英な学者の優れた研究成果がもたらされ、近松は、時代世話を問わず、その全体像を以って捉えられるようになった。

もう一つ、演劇史上特筆すべき出来事が、歌舞伎内部に興った。扇雀が「曽根崎心中」のお初(66)で展開した新演技術である。

現在の文楽人形は三人遣いだが、近松の時代の人形は一人遣いだった。だから近松ものの浄瑠璃は、一人遣いの間（ま）で作曲されているはずである。近松の写実ということが言われるが、一人遣いの間だから、写実になって当然である。歌舞伎の近松ものが成功しないのは、三人遣いの間から派生した技術で演じようとするからだ。

しかし、浄瑠璃ものだから、一人遣いの間だけでは、様式美を失う、当時のおやま人形の見せ場は道行景事で、だから人形術にも当然景事の間が入っていた。

この一人遣いと三人遣いとの中間の間を、このとき、扇雀は巧妙に駆使したのである。彼にそれができたのは、叩きこんだ間詰めの技術のほかに、教養として近松周辺の音曲、たとえば一中節などについても、造詣を深めていたからこそ、である。

このように、近松再検討は、心ある俳優の協力なくしては、やれないところまで来ている。いや、そのような教養ある俳優の主導性がなければ、近松学の前進は期待できないほどになった。

しかし、扇雀さんに心してもらいたいのは、若い世代の学者による現代近松学の前進性である。それはすでに第三次近松学の時代の到来を約束しているほどにまで進んでいる。このような新しい学問的成果をしっかり踏まえた上でこそ、近松座の演劇運動としての成果は、いっそう確実なものになろう。

（「近松座」旗揚げ公演に寄せて・公演プログラム・昭和五十七年五月）

（66）**「曽根崎心中」のお初**：近松門左衛門の人形浄瑠璃「曽根崎心中」は、江戸時代には歌舞伎で上演されることがなかった。歌舞伎での上演は昭和二十八年新橋演舞場が最初のことで、宇野信夫脚色、二代目鴈治郎の徳兵衛、扇雀（現・坂田藤十郎）のお初で上演された。

五百番の内『嫗山姥』ということ

＊昭和五十八年十月・東京三越ロイヤルシアター・近松座公演「嫗山姥」演出者のことば。

『嫗山姥』は、俗に〝しゃべり山姥〟と呼ばれるくらいで、傾城の痴話喧嘩ということで、やや世話がかった作品と解釈されがちのようです。

しかし大筋は、源頼光が四人の武将（綱・定光・末竹・金時）を次々に家来に得て、その助力で鬼退治に出立ち、勅勘を許されるまでの経緯を描いた純然たる時代物（史劇）です。

近松というと、世話物（社会劇）が重く評価されますが、これは明治中期に、早稲田学派の学者たちが、沙翁《シェイクスピア》や近代劇に匹敵する劇作家を、日本にも発見しようとの意図から発した意見で、近松自身が力を尽したのは、やはり彼の歴史観や政治意識を反映した時代物であって、世話物は所詮〝走り書〟にすぎないのです。

『嫗山姥』の題名が示すように、山姥が子を持つということがテーマで、そこに正義の復活と政治の見直しという意図が、強く示されているわけです。現代でも、政治の気長なしかし鋭い見直しは要求されているわけでしょう。われわれはその志向を、子を持つような形で持ちつづけなければなりません。

その意味で、終幕の上路山中山姥棲家の場は、重要な意義を持ってきます。この場は長く途絶えた復活狂言ですが、この場の重要性は江戸の民衆にもよく理解されていたので、その証拠に、この作品を原型として、常磐津や清元の山姥ものが成立しているのです。その意味で、歌舞伎の上演史やうけつぎの上で、無視することを許されない場面です。今回の〝近松座〟公演の中心意義は、この復活にかかっていると思います。

近松がこの場の作意に力を入れていたことは、外題の角書に「五百番の内」と据えたことでも理解できます。五百番というのは、能謡三百番というような言い方に対して、能に匹敵し、それを上越すものという作家の自信の表明なのです。近松が能を尊敬していたことは明らかですが、同時にそれは民衆のものではなく、今日の視点に立ったものでもないことも、いちばんよく知っていたのです。だから、能の品格と、演劇としての今日性とを兼ね備えた作品を生むという自覚と抱負とが、あえて近松に「五百番の内」と言わせたのだと、私は理解しています。

作曲の鶴澤英治さんの苦心は、たいへんだったと思います。事実、振付も演技者も、演出も、この場に創意を注ぎこんだのです。〝しゃべり〟の段が(67)、古今の名曲だけに、この〝山姥棲家〟で失敗することは、許されない――そういう決意が、扇雀さんをはじめ、スタッフの中に漲っていました。

〝しゃべり〟は、曲趣の風格（風）を見失わないように演じたいという扇雀さんの意を受けて、内

---

(67) **〝しゃべり〟の段**：近松は元禄六年から十六年まで、歌舞伎の狂言作者として京都の都万太夫座に出勤し初代坂田藤十郎の芝居を書いた時代があって、その後浄瑠璃の世界へ転向した。武智は、「嫗山姥」の八重桐のしゃべりの技法に、近松が藤十郎の台詞術から学んだ息が取り入れられているとする。（「伝統演劇における朗誦術」昭和四十四年、全集第一巻所収）

容的にも現行の歌舞伎演出とは、違ったものになりました。ただ一つ、これは文楽でもカットしているのですが、八重桐が時行を切腹に追いこんでいくせりふが、あまり抜きさしならないほど残忍なのです。しかし、この理を詰めていって極限状況までつきつめて行くことが、「義理」なのであって、これを無視しては近松劇になりません。たしかに長いのですが、長いということで作家的真実を曲げてはなりません。そう主張して、原作通りやらせてもらいました。だいたい、世話物中心に考えるから、義理（道義と真理）という命題も軽く考えられすぎているのではないでしょうか。

〝しゃべり〟は坂田藤十郎の〝話し言葉の演劇〟の原型に迫るためのよい材料なのです。扇雀さんはさすがにそのことを理解していて、「風」どおりきちんとしゃべることを心がけています。〝しゃべり〟は通常考えられているような、〝型物〟や舞踊劇ではなく、近世演劇と現代演劇とを結ぶ重要な接点なのです。

第一幕は、喜之介と小糸の恋物語が、よく描けているというので、学者仲間でも評判の高かった場面ですが、これも不思議とこれまで上演されませんでした。小糸が喜之介の首筋を愛咬するなど、なかなか新鮮で魅力的な描写があります。敵役の平太もよく描けているし、綱と定光の金平風荒事も、目先が変わっておもしろいものです。

（「近松座・嫗山姥」演出者のことば・公演プログラム・昭和五十八年十月）

『雙《ふた》生《ご》隅田川《すみだがわ》』のむつかしさ

＊昭和六十年三月・東京 浅草公会堂・近松座公演
「雙生隅田川」演出者のことば。

尾上辰之助(68)君の不幸な出来事により、せっかく準備の重ねられた『出世景清』（野村喬脚本演出）が延期せざるを得なくなった。急遽その穴をうめるための相談が、扇雀君から私にあったとき、私はためらうことなく『雙生隅田川』をお勧めした。

近松のこの作品ほど、後世の演劇に大きい影響を与えた作品は、ほかに見当らないほどである。『双面水照月』に、梅若丸ならぬ松若が登場するようになったのも、女船頭が出てくる趣向も、みなこの作に端を発している。いや『隅田川続俤』の愛すべき主人公法界坊も、実にこの作品に山伏として登場してくる。黙阿弥の『しのぶの惣太』にしても、この劇の猿島惣太の換骨奪胎にすぎない。

このように、後世に〝隅田川もの〟のジャンルを切り開いたほどの名作が、三段目の「惣太住家」はともかく、四段目の「隅田川の場」に至っては、初演以来、絶えて上演されなかった。なぜだろう？

「惣太住家」は、亡くなった初代中村吉右衛門が、幾度となく復活上演しようとして、ついに果た

（68）**尾上辰之助**：初代。昭和六十二年三月に四十歳で死去した。後年、三代目尾上松緑を追贈された。

さなかった。やつしの三段目というのは、なかなかむつかしい。かろうじて後に『忠臣蔵六段目・勘平住家』（浄瑠璃形式の上では三段目に相当）が成功しているが、これすら『雙生』の「惣太住家」から趣向を借りているのが歴然としている。

人買いの惣太は、もと都の公家侍である。だから、そのやつしなりは、色白の青年が年を経て潮風に日焼けしたという雰囲気がなければならない。女房の唐糸も元は島原の傾城だし、そのような雰囲気が舞台にただよっていなければ、成功とは言えない。つまり、三段目は〝恋慕の段〟なのだから、これを忘れては風《ふう》にならない。ここがたいへん内面的にむつかしいところで、吉右衛門が躊躇したのもそのためであろう。

扇雀君には、『小栗判官』の浪七という、同系列の大傑作がある。猿之助君もよくやっていたが、やはり〝恋慕〟㊾というには遠かった。惣太というと、土佐の絵金（浮世絵師）の最高傑作が目に浮かぶが、これのみにとらわれては、近松ものの復元とはなり難いのである。

しかし『雙生』のむつかしさは、四段目の「隅田川」に尽きる。この名作が再演されなかったのは、不思議の一つだが、再演され得ない条件もそこにはあった。

このとき、竹本座へは、政太夫（二代目義太夫）や頼母らのほか、都一中（初代）が参加して、この四段目を義太夫節と一中節との掛合で語った。

これは、他流の音曲の芸術性を絶対に認めない義太夫節としては、まったく異例のできごとであった。都一中は近松門左衛門の弟と伝えられているから、この異例も、兄近松の推挽があってのゆえと想像される。

しかし、いかに近松といえども、義太夫節の鉄則を犯してまで、横車を押したとは思えない。それには、それ相応の、芸術上の理由があったに違いない。そうでないと、竹本座のめんめん、ことに芸術派の政太夫が、承服するはずがないのである。

つまり「隅田川」を書くに当って、近松は能のもどきではなく、能より高い芸術性を打ち樹てたかったのだろう。

いわゆる〝能がかり〟というのは、能のまね事、質の悪い模造品にとどまっている。近松はそれにあき足らなかった。義太夫節が能より以上に現代的な人間感覚を備えている以上、能より優れた芸術作品を生むのでなければ、能を超克したことにならない。

近松としては、義太夫節が、品位という一点で能に負けていることに心づいていた。そこで品格第一の一中節を導入して、能よりも心理的に複雑で、人間描写にふかみがあって、しかも幽玄の境を失わない、そういう新境地の開拓に、心を馳せたのだったろう。

それは、後世に大影響を残すほどの成功を収めた。「隅田川の場」は能以上の能、幽玄なる義太夫節の創造をなしとげた。しかし、同時に、再演を不能とする要因も、すでにその中にそなわっていた。都一中ほどの説得力ある芸術家を二度と獲ることはできなかったからである。こうして四段目は二度

(69) **恋慕**：浄瑠璃の五段構造は、能の五番立てに照応したものである。能の三番目物は鬘もので、音曲的な内容は恋慕となる。浄瑠璃においても三段目は恋慕の段となり、この位取りを忘れると三段目の風にならないと武智は云うのである。

と日の目を見ることなく過ぎていった。

しかし、芸術とは奇蹟の世界の謂である。初演以来二百六十六年のあいだ、『隅田川』は絶えることなく、生きつづけていた。義太夫の部分まで含めて、一中節の曲節として、今日に伝承されていたのである。

それは一中節最後の名人といわれる宇治文雅から宇治倭文に伝えられ、不思議なめぐり合わせで、私が一年をかけてそれを習得することになった。

今回は、多くの芸術家の協力によって、義太夫節と常磐津節の掛合曲として、復元されることになった。扇雀君の班女《はんじょ》の前、田之助君の唐糸も、近松の目ざした能以上の演劇の再現に努めてくれる。

このような商売にならないかも知れないような試みは、『出世景清』が不幸挫折した間隙を縫うのでなくては、とうてい実現できるものではない。芸術派の扇雀君なればこそ、敢然と挑戦することができたのだ。

歌舞伎の未来図が、芸術派の扇雀、通俗派の猿之助と、二分されて描かれることは、今や明らかだ。その猿之助君の「隅田川」(70)を観て、私は軀の震えるほど、腹が立った。あのような伝承の無、伝統への軽蔑の精神が、はたして歌舞伎の担い手のものと言えるのであろうか。私は今回の「隅田川」演出では、一言一句、うるさく伝承を伝える。二百六十年間無疵で受けつがれて来た伝統を、二百六十六年目にぶちこわす権利は、どの俳優にもない。

中幕に所作事として「狂女の道行」を上演する。これは、山伏・狂女の二役ながら扇雀君の本役だが、法界坊は智太郎君、班女の前は浩太郎君に分けて演じる。このような例は、常磐津の『妹背の道行』を、「御殿」の九代目団十郎本役の前に、六代目菊五郎ら御曹子達が演じた前例にならったものである。扇雀君が惣太から変って、「隅田川」の難役に挑戦する心構えを作るためにも、このような配慮は必要だったのである。

（「近松座・雙生隅田川」演出者のことば・公演プログラム・昭和六十年三月）

（70）**猿之助君の「隅田川」**：昭和五十一年十月新橋演舞場所演の「雙生隅田川」の隅田川の場のことを指す。班女御前を三代目猿之助（現・二代目猿翁）が演じた。

「冥途の飛脚」の復元演出

＊昭和六十年九月・東京 浅草公会堂・近松座公演
「冥途の飛脚」演出者のことば。

近松門左衛門の代表作の一つ「冥途の飛脚」(71)は正徳元年三月に初演された。正徳という年代は、元禄・宝永・正徳・享保とつづく元禄と享保との中間期で、元禄ほど好況ではないが、享保ほど不況でもなく、新井白石らの新官僚がしきりに経済制度のたてなおしに勤めた時期で、ただ上方の銀中心の経済が次第に圧迫されて金本位《きんほんい》に移ろうとする時代であった。いわゆる封印切が三百両と金本位(72)でなされるのが、上方の観客には珍らしくもあり、またこの犯罪が金というものへの不信感、ある種の反感のなかで受けとめられ、若い男女への同情の起爆剤として効果をあげたものとも思える。

この作品が近松文学のなかで占める特殊性はその原曲がそのまま今日に伝えられている点である。近松の浄瑠璃といっても、原曲に近い節付の残っているものは、「国性爺合戦」の桜門と獅子ヶ城、「信州川中島合戦」の三段目、「嫗山姥」のしゃべり、「平家女護島」の俊寛、「心中重井筒」の六軒町、それにこの「冥途の飛脚」(新口村を除く)ぐらいのもので、あとはほとんどすべて後世の復曲や新曲なのである。ことに「冥途の飛脚」は風《ふう》(初演の語り口)を中心に据えてほぼ完全に伝承され、われわれに二代目義太夫らの精魂を今に聞く思いをもたらしてくれる。

すなわち、一七一一年から一九八五年まで二百六十五年、変わることなく伝えられて来たのであるから、二百七十五年目のいまとなって、役者の恣意によって今さら変えられては甚だ困るということである。もちろん芸人の上手下手、また時代の変化による理解の不足などの事情のため、多少の変化はあるにしても、である。例えば現代最高のモデルとして選んだ織太夫の「淡路町」のテープにしても、私が山城少椽から直接学んだ浄瑠璃とはずいぶんかけはなれた表現が見られる。また「新町」は故綱太夫弥七のレコードをモデルとしたが、これも夙川の吉兵衛式のあやまちを含んでいて、故駒太夫の所伝とはかなりの違いが感じられる。それらの点も、「淡路町」は政太夫風、「新町」は頼母風というように、原型を探って風格を正さなければならない。下手だからある程度のごちゃまかしが許されるというものではない。

「新町」の夕霧三世相にしても、頼母風を禿声《かむろごえ》というように誤伝している。この三世相も梅川自身が夕霧の身の上をわが身の上（同じ恋と金の苦労）にひきくらべて自ら歌うのではないと、あわれさも人情も浮んでこない。もちろん今回は梅川が歌うことに修正し、禿が舞うというように舞台上のアクセント（演出効果）をつけかえてみた。

そのほかにも重大なあやまちが二つ。一つは梅川のくどきの中に、

---

(71) **「冥途の飛脚」**：「冥途の飛脚」は封印切の場が有名であるが、歌舞伎では改作物の「恋飛脚大和往来」で上演されるのが通例であり、近松原作で上演されることは滅多にない。

(72) **封印切が三百両と金本位で**：江戸時代の貨幣は、江戸では主に金貨、大阪では主に銀貨が流通していた。近松の世話物でも「曽根崎心中」や「心中天網島」に登場するのは銀貨である。「封印切」で忠兵衛が公金三百両の金貨に手を付けるのを、当時の大阪町人は珍しく感じただろうと武智は言うのである。

「年《ねん》とてもまァ二年、下宮島《しもみやじま》へも身を仕切り」というところがあるが、これは原作（院本）では明らかに「年とてもまァ二年下。宮島へも身を仕切り」となっている。節付も「二年」の次に四つ間があり、「下《した》」とはまるようになっている。つまり「年季も二年弱《じゃく》しかない」し、「宮島（現在の都島・船頭相手の安女郎がいた）へでも住みかえて」という意味で、大阪に中国筋を下《しも》と呼ぶ慣例はない。大阪の町外れの宮島の安女郎、また浜筋の夜鷹になってでも男を立養いするという梅川の考えが、身近かな日常的な話なので、なみいる女郎たちも同情の涙を禁じえないのである。安芸の宮島では物見遊山のようで、あわれも真実味も感じられないし、リアルな格子女郎の境遇にもならない。

もう一つは「封印切」ということ。忠兵衛も「ふっと金に手をかけて、もう引かれぬは男の役」といっているだけで、封印切ということばは一切使っていない。つまりこの場に封印切という事件はなかったのである。梅川も言う通り「金を束《つか》ねてその主《ぬし》へ、早うとどけて」しまえば、何も事件にも使いこみにもならないのである。道中で封印が破れるような事故はままあることだし、金の員数さえ違わねば、罪になるようなことではない。これが常識というものである。その常識を一足跳びに飛びこえるのが、男の梅川に対する心中立てだったのだ。このまごころと人間らしいおろかさとが、論理の外の同情を主人公に呼び寄せる。

前に記したとおり、当時大阪では金遣いということが珍らしかったし、小判の金を封印して包むという慣習が物珍らしかったので、封印切の所作が評判となり、それで現在では文楽の浄瑠璃でも原作にない「思い切ったる封印の」というバカゲた入れ事をしている。時代のうつりかわり、時代性の背景を知らない無知な太夫の知恵のあやまりである。

このような点を正しく修正復元すると共に、なお封印切りという目ざましい劇的なフィクションをいかに効果あるように盛りこみ盛り上げるかに、役者扇雀や演出家私の責任があるのだと思っている。

一途な忠兵衛の青年らしい心情、深く思う梅川の心根、友情と体制との板ばさみになる八右衛門の苦境——それらが微妙な人間の善悪両様の心理、打算と真情とのあいだに揺れ動く行動となって、舞台の空間に定着するのでなければ、この劇の真の復活上演は、成功したとは言えない。

その上に、浄瑠璃の一句一句、せりふの一言ごとに、二百七十五年の重味の塵をかぶっている伝承。これを役者の全員が、完全にマスターしてくれるのでないと、この劇の上演は成功とはいえない。主役も端役も同じ歴史の重味、芸術の責任を背負っているのである。いかに旧い伝流を正しくここに再現するか、それのみが今回の所演の最大の焦点であり、それが最高の新解釈でもある。そのための役者全員へのイジメに私はふるい立たねばならぬ。


（「近松座・冥途の飛脚」演出者のことば・公演プログラム・昭和六十年九月）

近松時代物の演出

＊昭和六十二年五月・東京 青山劇場・近松座公演
「百合若大臣野守鏡」演出者のことば。

近松が尊敬されたのは、そのレトリックが整っていて、大詩人の詩劇としての風格を、その作品が保っていたからである。すでに近松在世の折から、彼の文章は、一字一句いじってもいけないという評価が、実演に携わる芸人のあいだで固定していた。彼の物を見る視覚は、それほど正確に、その文体に反映していて、それこそ「サ」というような接頭語一つ、「ワ」という接尾語一つでも、むだに加えられてもいけないし、またむやみに削られてもいけない。そのたった一語でさえ、登場人物の心理や、筋立ての展開に、深くかかわってくるからである。

だから、扇雀さんが得意として演じられる『曽根崎心中』にしてからが、宇野さんの脚本が、無意味、無神経に、無残に言葉尻の助動詞や接尾語を改変し、説明的な辞句（それは近松ではなく、宇野戯曲の創作であり、近松の中——うちなる心理——で一貫している心理の綾や真実を破砕してしまうのである）やシチュエーションを挿入されたりしているのに接すると、ある近松学者が叫んだように、「これはもう近松ではない」と、私も叫び出したくなる気持を、禁じ得なくなる。

これは『曽根崎心中』が世話物であるから特にそう感じられるのであって、高瀬さんの『心中天網島』(73)にも、同様の欠陥があった。世話物というのは社会劇であって、その社会的現実というものを、近松はその中に住みつつ、真実を見据える目で、おそるべき正鵠さを以て見通していた――また見通すことができたのであった。近松の世話物は、だから、私が演出を通してそうした『冥途の飛脚』のように、浄瑠璃の文句を、一字一句改変しないで、そうしてまた、それを改変しなくても真実の表現が可能なような高度のデクラメーションの技術を、俳優に修得してもらうことによって、適確に社会的現象として（言葉を、したがって真実を）再現することがほんとうは望ましい。事実（義太夫節に精通している片岡仁左衛門が、「こんなおもしろい『淡路町』は初めてや」と褒めてくれたが）あの『淡路町』における扇雀の忠兵衛と我當の八右衛門とのやりとりの間は（もちろんこの段が私が山城少椽から直接教えを受けたという伝承の問題も含めて）近松浄瑠璃の歌舞伎的再創造として（私自身が批評家という立場に戻って見ても）かつて上演されたもののうち最高のものであった。

しかし、このような演技作りの態度は、近松自身が社会の中に身をおいてのリアリズムを前提として、はじめて可能なのであって、これが、同じ近松でも、時代物となってくると、ずいぶん様が変ってくる。というのは、時代物というのは、いわば歴史劇であるから、世話物（社会劇）で近松が同一世代を見とおしたそれと同等の、歴史観的リアリズムというものを、一概に期待することができないのである。つまり、リアルな史観というものは、当時の人文科学における科学性の未熟と混乱を考慮に入れて、近松にその万全を期待することは、かなり困難な事柄となるのである。

（73）高瀬さんの『心中天網島』：昭和五十七年五月・近松座・第一回公演として高瀬精一郎脚本・演出によって上演された「心中天網島」を指す。

近松のリアリストとしての才能を十全に認めた上でも、なおかつ、史観の正当性を、今日的水準で認めることは、かなり無理なことがらになる。この点では、近松もシェイクスピアに一歩譲ることを、認めないわけにはいかない。近松の時代人としての経験的視野の中には、反幕藩政治の拠り所としての天皇制への帰依の念が、かなり根強くこびりついている。と同時に、富裕な町人階級（全人民的な飢餓と貧困の情況のなかでの比較上の問題ではあるが）へ所属している彼の身分関係が、幕府の最大の政治的圧迫である鎖国主義への批判の眼を失わせるよう作用している。そうして鎖国こそ、全人民的飢餓の根源であるGNPの凋落に根源的にかかわっていたのであるが。

近松の作品と、竹田のからくりとの関連が、事やかましく言われている。そうして、事実、彼の時代物の多くは、からくりに深くかかわっており、今回近松座で上演される『百合若大臣野守鏡』も、まさにそのカラクリ的要素を端的に復活してみせることで、彼のドラマツルギーに密着することができる。しかし、反面、鎖国的状況が、カラクリを半脱落状態に置いている事実も、否めない。つまり鎖国は、日本における科学技術の輸入を、産業革命の面で、中途半端なものにしてしまった。そこで輸入された西洋文化の摂取の一面は、なるほどカラクリに滑車《かっしゃ》と歯車《はぐるま》とをもたらしはしたが、発条《ぜんまい》と蒸気機関とをもたらしはしなかった。ゼンマイの性能はまだ〝クジラのヒゲ〟で代用されるが、蒸気機関に至っては、奇蹟といっても過言ではないくらい、日本に輸入されることはなかった。つまり産業革命とはスティーム・エンジンの発明と表裏一体の社会現象であり、近世ならびに近代の成立のための不可欠の要素なのであるが、日本や近松は、ついにそれを持つことがなかった。交通機関さえ駕籠のように人力にたよって活動するほかはなかったのである。

だから、私は、歌舞伎の時代物を復元するとき、過度と言ってよいくらい、カラクリのために近代科学を応用する。猿之助の宙乗りは滑車の応用にすぎない古い世代の技法だが、私は菊五郎の宙乗り（玉藻前）のためにレーザー光線を応用した。[74] 作者の南北（平賀源内的科学の信奉者）がそれを知っていたら（彼がエレキテルを応用したように）当然、利用したであろうからだ。それと同様、近松だって、（もし知っていれば）スティーム・エンジンを使いたかったに違いない。しかし、近松はそのような人民の不幸には気を使っていなかったようでもある。彼の時代物の中では、かくれキリシタンや密輸（貿易）業者は、時に悪の象徴のように扱われさえしたのであった。

だからといって、時代物における近松の限界をのみ言い立てたのでは、彼なりの人間や時代を見とおす眼を、屏息させることのみに了る。特に人間への見とおし、人情という概念での捕え方は、たとえば鷹の母性愛をカラクリと密着させてすぐれた舞台像を創造するように、見捨て難いものがある。百合若像をユリシーズに直結させる古典的な見方には、近時疑問の声も聞かれる。しかし、これをザビエルの渡来を通して、スペイン十六世紀音楽と近世日本歌謡、ことに三絃ギターと三味線楽との形態的相似のなかで、スペイン水夫が伝えた舟乗りの英雄（ユリシーズ）譚と、三味線音楽の集大成者としての近松らの業績とを、この百合若大臣の芝居を通じてその関連性を再認識することも、新たな

(74)　**菊五郎の宙乗りのためにレーザー光線を**：昭和五十九年十月歌舞伎座、・尾上菊五郎（玉藻前）主演による「玉藻前雲居晴衣」での武智演出を指す。玉藻前の登場でレーザー光線を使用したイリュージョン演出を見せた。

音楽史の科学的な確立のために、かならず必要なこととなろう。そのような可能性の上に立って、百合若ユリシーズ同人格説は有意義なのであり、私の脚本も、強くその方向にひかれて、あえて近松の義理人情的世界観との統合止揚を試みようとするものである。

また、従って、ここでは世話物におけるような徹底した原作尊重主義はとらない。近松の趣向における人情のすばらしさと、義理にせまられどろどろとくたびれた感じとを選別して、いわゆる趣向倒れの部分を整理した。そうして、近松が身近かに感じつつも、政治の壁に妨げられて、ついに原作において一歩を譲らざるを得なかったユリシーズと百合若との接点を、冒険を承知の上で、あえてまさぐってみた。これが若い世代を歌舞伎に、そうして近松に、招き寄せてくれることと願っている。

（「近松座・百合若大臣野守鏡」演出者のことば・公演プログラム・昭和六十二年五月）

『月に憑かれたピエロ』『カーリュー・リヴァー』演出手記

＊昭和五十九年十月・東京 有楽町朝日ホール
こけら落とし公演「月に憑かれたピエロ」
「カーリュー・リヴァー」演出者のことば。

『月に憑かれたピエロ』(75)を初演したのは、昭和三十年十二月のことでした。その前から私の前衛劇志向はあって、そのいちばん初めは、昭和二十六年八月の『恐怖時代』だったように思います。これは谷崎潤一郎の戯曲を、草双紙めかした歌舞伎で割り切って演出したもので、いわゆる六〇年演劇の先駆となったものでした。それから飯沢匡の『濯ぎ川』を狂言で、木下順二の『夕鶴』を能様式で、岩田豊雄の『東は東』を狂言様式でという風に募ってきて、とうとうシェーンベルクの義太夫的発想の歌曲を、能の観世寿夫、狂言の野村万作（歌は浜田洋子、指揮は渡辺暁雄）とで、抽象的な仮面劇という形で、円型劇場風に演出したのでした。

『月に憑かれたピエロ』を板に乗せるためには、どうしてもコンメディア・デラルテ(76)の構造を踏襲

(75) **『月に憑かれたピエロ』**：シェーンベルクが一九一二年に作曲した室内楽伴奏による連作歌曲である。ソプラノの独唱者は、詩の雰囲気を補うためにシュプレッヒゲザング様式（語るように歌う）によって詩を「歌う」。無調音楽ではあるが、十二音技法成立以前の曲である。武智は昭和三十年に「円型劇場形式による創作劇の夕」で舞台作品として「月に憑かれたピエロ」を演出したことがある。

(76) **コンメディア・デラルテ**：「コメディア・デラルテ」との表記もある。十六世紀半ば、中世イタリアで生まれた仮面を使用した即興演劇の一形態。

しないでは叶いませんでした。だから今回の舞台から、簡単な即興劇の筋を取り出すことも可能です。幸い朝日の外岡記者が、気の利いた要約をしていて下さるので、それを引用させてもらいます。

「資本家の象徴であるカッサンドーロが、司祭に化けて女（コロンビーナ）の心をつかもうとするが、市民の象徴であるピエロに正体を見破られるという筋立て」です。もちろんそこには曲折があって、ピエロのはかない恋心、女を奪うため資本家と宗教家との合体した悪企み、ピエロの復讐と殺人による死刑、それを踰り越えての愛の勝利というようなことが――しかし、そんな筋を追っかけても詰まらない――これは深層心理の劇なのです。あなたがすなおな観客であれば、筋も何も分らなくても、潜在意識から潜在意識へと、会話は適確に伝わって行くのです。

能の仮面や名人芸が、見えないものを見せ、行動の無のなかから信じられないような心理の断層を明からさまに示してくれる奇蹟を、私なども幾度となく体験してきました。この仮面劇の奇蹟こそ、深層心理という厄介な代物を適確に造型化してくれうる唯一の演劇的手段と考えて、私はこの抽象演劇を造ったのでした。それから三十年、亜流の劇や舞踏は地に満ちました。『ピエロ』は演劇史的な語り草としてのみ世に伝わって来たのです。その再発掘が朝日ホールの落成のおかげで持たれることになりました。幸い歌の前沢悦子さんには、この日のために、七年も前から地唄舞の稽古に入って貰っていたので、要望に応えることができました。邦舞の尾上菊之丞さん、歌舞伎の中村富十郎さんと、参加者のジャンルは初演のときと、すっかり変わりました。ジローの詩の翻訳も、前のは正確ではなかったので、ドイツ語学者の浅井真男先生の協力を得て、すっかり面目を改ためました。

私のなかには、新たな想念というか、歌舞伎的な野卑が、腰を据えています。はじめは仮面劇でなく、抽象化された筋隅のようなものでやって見たい気も動きました。しかし、深層心理造型への到達は、仮面の遮断や阻害があった方が可能性が大きい——そんな気持がコンメディア・デラルテ的伝統に再び私を結びつけました。では、どんな心理の劇か。それは潜在意識を説明する愚に陥りそうです。しかし、ヒントなしに提供するのも不親切かもしれません。21の歌一つ一つにつけた私のメモを公開しましょう。鑑賞の何かの手がかりになるかもしれません。

(数字は歌番号です。)

1月に酔う　狂気の始まり
2コロンビーナ　ワギナ・ばらの蕾への愛
3伊達男　欲情の中断・欲求不満
4蒼き濯ぎ女　エロティークな願い
5ショパンのワルツ　性的誘惑・反ピエロ
6聖母　姦淫・受胎の行為
7病める月　ピエロのなやみ・失恋
8夜　性的な刺戟

9ピエロの祈り　性の倦怠・後悔
10盗み　姦淫姦通の願い
11赤いミサ　殺人・性の喪失
12絞首台の歌　情交—死
13斬首　性的な死
14十字架　死刑と血の甦り
15望郷　再生—胎内復帰
16下世話　力のマイム
17戯れ歌　待つ女・罪の無意識
18月のしみ　カッサンドロの降服
19セレナーデ　俗物性の死
20ふるさとへ　胎内回帰の旅
21昔の香りよ　悟性

『カーリュー・リヴァー』(77)は副題が、「隅田川」で、作曲者のブリテンも観世十郎元雄の原作であることを、スコアの扉に記しています。これも外岡氏が、

「すでに東洋と西洋の対立を超克している原作だけに、その〝逆輸入〟が、能の伝統への本卦返り

であっては困る」

と書いていてくれ、まさにそのとおりで、奇蹟の交流という感じを強くします。ブリテンが日本へ来て「隅田川」の能を観たころには、まだテープレコーダーのような機械も十分開発されていないころで、そのころこれだけ正確に能のプレーヤーの吟唱を記憶して帰って、ほとんど演者の個性的な癖まで指摘できるほど適確に能の音楽性をつかみ、それへの尊敬の念いのなかで作られたこの奇蹟劇は、まさに天才の所産としか言いようのない感に打たれます。このオペラにはブリテンの指示による演出ノートや装置が附されていますが、私は発想を東西の交流という点におくと同時に、十六世紀の日本において盛んに行われ、しかも今は影だにとどめていない「吉利支丹能」[78]の再現という仮面の設定に立って演出してみました。場所は平戸の教会、伴天連たちが奇蹟の能の開催を信者に告げ、そうしてキリシタン能が、西洋の思想を東洋的感性のなかで受けとめた形で、演ぜられるのです。

「隅田川」と『カーリュー・リヴァー』との根本的な相異は福音思想の有る無しにあります。「隅田川」の能は、それまでの狂女能がすべて神仏の冥護によって、失われた子供に再会することのよろこ

(77)『カーリュー・リヴァー』：ブリテンが一九六四年に作曲した教会上演用オペラである。ブリテンは一九五六年に日本を訪れた時に見た謡曲「隅田川」に強く影響されて、「カーリュー・リヴァー」を作曲した。武智は一九七七年に「カーリュー・リヴァー」をキリシタン能形式で演出したことがある。

(78)「吉切支丹能」：現在の日本にはその痕跡さえ認められないが、十六〜七世紀のイエズス会宣教師が本国へ書き送った報告のなかに、当時の、主として九州地方のキリスト教会において、聖書のキリスト教説話を題材とした演劇が行われていたとの記述がある。その形態は明らかではないが、在来芸能である能を模したものではないかとの推測もある。

びを謳ったのに対し、失われた子は永久に母のもとへ還って来ないという現実に視点を据えなおしたところに、その永遠の劇的生命を獲ているのです。『カーリュー・リヴァー』は子は生きて返って来はしないが、母と子は、天国での再会の約束をかちとることができます。まさに福音であり、奇蹟劇であったわけです。

桜間金太郎師の狂女（歌唱・中村健氏）は、立川清登氏の能のワキ方よりうまいと評判された舟人の協演を得て、初演のとき、完璧の演技を示してくれました。が、そのとき、この狂女たる母は、奇蹟劇的な単純な未来の契約のよろこびに、かならずしも従いませんでした。今回もその演出は受け継がれると思います。それでも、やはり、母は悲しい、という情念です。それは東洋の西洋化のなかの反西洋――それあってこそ、真に芸術の民族的交流となるのではないでしょうか。

（有楽町朝日ホールこけら落とし公演・「月に憑かれたピエロ」・「カーリュー・リヴァー」演出者のことば・公演プログラム・昭和五十九年十月）

Ⅳ 対談

舞踊における間

＊川口秀子　（一九二二―二〇〇九年）大阪に生まれる。天才少女の聞え高く、一九三九年、十九歳で川口流を創流し、舞踊界切っての人気者となる。また、六代目尾上菊五郎、初代神崎恵舞らの指導を受け、歌舞伎踊や地唄舞にも精通する。間と息と腰とについて深く掘り下げ、その面での第一人者と目された。一九五七年、武智鉄二と結婚。この対談は、昭和五十二年五月十七日に、伝統芸術の会主催により、「間の研究会」のひとつとして行われた。

武智　〝間《ま》〟ということで、今日はお話をしたいと思います。最初から私自身の考えを申し上げるよりは、この伝統芸術の会の主旨として、皆さんに考えて頂く為の最初の手懸りを作る、という観点から話を進めようと思います。

その意味から三回にわたり(79)、体を動かす舞踊家の方、音楽をやる演奏家の方、最後に芝居を演ずる方に来て頂こうと思います。そして、その人達の間に対する実際的な知識とか、考え方を吸収することからはじめたいと思います。

第一回は、舞踊における〝間〟について、私の家内である川口秀子先生に、私が色々と質問をするという方法で話を進めていきたいと思います。

踊りの場合、体の動きから出てくる〝間〟、音楽のリズムから出てくる〝間〟、その中での息使いか

（79）**三回にわたり**：武智は三回と語っているが、間の研究会第三回目は四代目中村雀右衛門を招いて、昭和五十五年七月十九日に行われた。残念ながら、この対談は活字化された形跡が無いようである。

ら出てくる〝間〟があると思います。普通、三味線音楽のリズムに乗っていく〝間〟、つまり決った〝間〟を〝常（定）間〟と申します。これは、狭義の〝間〟と申しますか、芸術の上で大切だとされている〝間〟の問題とは関係してこない、いわゆる基準になる〝間〟です。

では〝常間〟にならない、ということは、どういうことか？　それから六代目菊五郎が「間という のは魔という字を書く」といった難しい〝間〟とは何か？　これらは非条理の〝間〟というか、理屈に合わない〝間〟なんですね。けれどもそれが、日本の芸術の独特の〝間〟だとすれば、日本人本来の〝間〟――動きの基準であると考えてよいと思います。

これらの〝間〟を、実際の動きなどの中から判断し、考えていただこうと思います。あるいはそういう中からつかんだものが、演劇的な感動や、舞踊や能が人々に感銘を与える、ひとつの素地になっているのかもしれません。

こうした〝間〟というものについて、私はかねがね、三つの方向から考えると便利だと思っております。〈体の動きからくる間〉、つまり本来の日本人の身体行動からくる〝間〟、〈呼吸からくる間〉、〈音楽との関係からくる間〉、大体この三種類にわけて考えようと思います。

どれも非合理的だと考えられていますが、それは、現代の我々の生活が、西洋からの影響で合理的になってきていることもあると思います。本来、外国の音楽や舞踊にも、日本と同じような〝間〟があるんではないか、という気もいたしますが、日本人の場合、〝間〟というものが特に大切で、それをぬきにしては芸術として成り立たないようなところがあります。

（一）曲、体からくる間

武智　まず舞踊の〝間〟ということですが、川口先生は大阪の生れですが、よく、東京の舞踊家さんの義太夫節の踊りの〝間〟がわからないと申されます。その義太夫の〝間〟が、普通の〝間〟とどう違うのか。そこから話をしてもらおうと思います。

川口　とても説明しにくいんですよ。私が子供だった頃から、踊りというものがリアルになってきたんです。ところが、義太夫そのものの〝間〟は昔のままで、踊りだけがリアルになってくる。ですから、どうしても踊りの方が弱くなってしまう。文楽さん（文楽座の人たち）がお出になると、どうしても踊りの方が死んでしまって、地方《じかた》の方へ観客の目が行ってしまう。そういう現象を私はよく感じるんです。

私は義太夫物の場合〝常間〟に振りをつけて、そこにポイントをおいて、かぶせていきます。そうすると「蝶の道行」(80)でもなんでも、それがかみあっていくと、大変派手に見えるんです。それを、きどって〝間〟をはずし、今の振付師のようにリアルにやると、とても踊りが弱いんです。私は、義太夫に限り〝常間〟でやっています。つまり、古い曲の〝間〟ですから、古い動きをぶつけ

(80)「**蝶の道行**」：天明歌舞伎「けいせい倭荘子」のなかの所作事で、昭和三十七年九月歌舞伎で武智鉄二演出・川口秀子振付により復活上演された。

ていく、ということです。

武智　義太夫三味線の弾いている〝間〟に入っていけば、自然に効果が出てくるということなんでしょう。

代表的な道行物の中で「妹背山《いもせやま》の道行」があります。その中で、苧環《おだまき》の糸が切れてお三輪が花道を入っていく、いわゆる引っ込みを川口が踊ります。その体の使い方――〈体をつかう間〉と言っていいと思いますが、それがたいへん不思議で、よくわからないんです。他の舞踊家の動きと違うわけです。川口が勝手に自分の体に合わせてやっているのかと思い、問いただしましたら、これは神崎恵舞(81)さんに特にやかましく言われた、ということでしたが……。

川口　私は、六代目さんに伺った時に「間は持って生まれたものだ」と言われました。個人差があって、どんなに振りを教わっても〝間〟は本人にある、だから、芸術家の優れたセリフとか踊りというものは、全部本人の〝間〟だ、といわれました。

武智　インドネシアのガムランの音楽を整理した時に、やはり個人差というものをとても大切に記録しているんです。個人差を一つ一つ、誰それのピッチというふうに記録し、オシログラフに取り、そこから音の高さやメロディを決めていくわけです。日本の芸もそれと同じだろうと思います。そういう個人差のでてくるところが〝間〟のひとつの問題点でしょう。そして、これは民族本来の舞踊なり、音楽のリズムやテンポ、それらの複雑なからみ合いの問題もあります。

ところで、お三輪の糸が切れて、それをひき寄せる時の〝間〟、これは演劇的な要求からくる〝間〟

が必要です。大変デリケートなものです。

川口　体の使い方が、昔の方のほうが丁寧なんですよ。ナンバなんです。つまり、足の出た方の肩がさがるのが普通なんですが、出ている時に上げる。そこに空間の〝間〟があるんです。体の使い方がナンバになっている。

武智　つまり、ナンバを逆にナンバでなく見せるということですね。このナンバということが、ひとつの〝間〟を作る条件になっているのではないか。

というのは、能にしろ狂言にしろ、三味線音楽以前に成立した芸術は、全部ナンバが基本になっているわけです。そのナンバを江戸時代の風俗に合わせて、やわらかくナンバでなく見せる、そういう技術が成立して、そこから出てくる二つの異った動作の重なり合いから来る〝間〟というものが生まれてきたんだと思います。

(二)　性格描写による間

武智　お三輪の役柄の解釈ですが、今の踊りの振りでやると、どうもお姫様みたいになってしまう。やはりお姫様はお姫様らしく、町娘は町娘のやり方があると思います。

---

(81)　**神崎恵舞**：(かんざきえん)　明治〜昭和前期の舞踊家。七代目三津五郎の推挙で、地唄舞の神崎流を起こした。

ところが現代は、そういう風俗を知っている人が少い。しかし、お三輪は、やはり町娘のような仕草や生活環境を反映した動きにならなければいけない。そういう一種の古典主義のようなものがあって、そういうところの〝間〟があると思います。単にファッション的な、現代人を喜ばす感覚だけで舞踊を踊ると、本来の日本人の〝間〟というものを失っていくことにもなりかねないんです。そういうことが、お三輪のひっこみひとつにしても反映してくるんだと思います。つまり、お三輪の性格描写が、音楽の〝常間〟の流れの中で二つの異った動きの葛藤によってつくられていくということです。

ナンバという日本人独特の動き、伝統的な芸術をささえる基本的な動きと日常生活の動きのからみ合いの中で、伝統を生かしながら、その時代の考え方や生き方を生かしていく。そういうところが義太夫狂言の〝間〟の大変むずかしい点です。これは、歌舞伎の写実化ということとも関連します。つまり、写実的なものを、内面的な動きで表現する。例えば、お三輪の場合、生まれながらの嫉妬深さを逆に利用され、入鹿《いるか》退治の役に立つわけですが、そういう設定を単に写実であらわすのではなく、内面的、身体的問題をふまえて表現する。それがあのお三輪のひっこみに見られると思います。

要するに、前へ出る時に、普通は下げる肩を逆に上げることで、非常に特異な性格をあらわす。そういう仕草や振りによって、戯曲の中での性格を表現しているわけです。

お三輪の〝間〟というのは、人形身の〝間〟が基本です。つまり、義太夫物は、人形に合わせてでき上がった〝間〟ですから、人形の動き方が配慮されなければいけない。人形はナンバですから、それが基本になっているわけです。

(三) 息からくる間

武智 お三輪に対して、お姫様の〝間〟ということですが、全体に非常にゆっくりしている。しかも、止まるところがない。それから腰の入れ方と足の使い方ですね。

川口 お姫様は、あくまでもかかとが上ってはいけないんです。〝常間〟で息をつがないで続けていく、つまり息をつめるということは、非常に苦しいんです。苦しんでやっているとおのずと見ている方も感じる。だからといって息をぬくと、見ている方もぬけてしまう。息をはく〝間〟というのがあるんでしょうね。今の人の踊りがぞんざいなのは、そういうところからもくるんでしょうね。非常にきたない足をする人がいっぱいいるんです。

武智 足の使い方では、無駄足ということでしょうね。

日本人は農耕民族のせいか、むやみに土を踏みつけないよう配慮するんですね。とにかく、踊りでは無駄足、重心の無意味な移動は許されない、という基本的な規則があると思います。そういう苦しみの中から、その苦しみを脱してこそ、何か観客をうつものが生まれてくる。

現在ではそういうことが守られていない。無駄な動きを重ねることでこれでもかこれでもかと観客の評価を受けようとする。昔は、こういうことを田舎芝居といって大変いやがったんですね。むしろ無駄をなくしていくことが、芸術だと考えていたわけです。今では、逆になってしまっている。そういうところから、日本人の芸術の伝統性というものがくずれていくんでしょう。逆にそれを堅く守ることによって、ひとつの〝間〟が出来てくるんだと思います。

先ほど、息をつめるので大変苦しいという話が出ました。これは、息をつめることによって、つまり、緊張を持続することによって生まれる〝間〟ということだと思います。

古典の場合、息ということを問題にする時はだいたい、息をしない、息をつめることを意味します。外国の場合、ブレッシングというと息を吸うことなんですね。日本の場合は、自分の息の中に、観客の緊張を吸い込むという形で、観客と舞台のあいだに緊張度の高いひっぱり合いを生じさせる。これが息から生まれる〝間〟ということだと思います。

(四) 地唄舞の間

武智　地唄舞という言葉は、大正末から昭和の初め頃にできたものです。地唄舞というのは、息と〝間〟だけで踊るもので、大変〝間〟がむずかしいわけです。

中でも「雪」は、いろいろ難しいことがある。まず演奏ですが、これは普通十三分三十秒が最も良いとされています。何も時間が問題ではなくて、地唄が作り出す三味線音楽の〝間〟と、日本人本来の伝統的な身体の動きというものをかみ合わせた時に、どういう〝間〟が生まれるか、ということです。十三分三十秒という、ひとつの規格の中で最善のものが出せるかどうか、ということが、舞踊家のひとつの勝負どころということになるわけです。

体の使い方、息の使い方にも規則があって、それにのっとってやらなければいけない。その両者が合致した時に、始めて最善の「雪」が舞えるということです。

川口　「雪」は、テープでは非常にやりにくいんです。というのは、演奏者の〝間〟がございまして、その息づかいの状態と舞とが一致しないといけないわけです。

武智　地唄舞の〝間〟は、演奏の〝間〟ともいえるわけですね。歌舞伎舞踊には〝きまる〟ということがあるけれども、地唄舞には、それがない。

「雪」がなぜ難しいかというと、身体の筋肉の動き、息使いが、傘で拡大されて出てくるからです。傘の動きが、ひとつのつながりを持たなければいけないわけです。それだけに〝間〟をくずさない為の緊張度の持続がたいへん重要になってくるわけです。

川口　傘が先へ動いてしまうと、体よりも傘の方が勝ってしまう。ですから、傘を使うんではなくて、体で傘の方へついていって一体にならなければいけないんだと思います。

武智　よく「今の地唄舞には横がない」といわれます。おそらく、体の使い方を言うんでしょうね。

地唄舞は生み字《う》でおどると聞くんですが、どういうことなんでしょう。

川口　〝間〟と〝間〟のあいだの生み字ですね。本決りの〝間〟に入るということでしょうね。

武智　騎馬民族のような跳躍のあとのバランスではなくて、動きの中のバランスですね。だから無駄足が許されない。

地唄舞の場合、象徴的な振りの連続から、内容的な深さをあらわしていく苦労があると思いますが…。

川口　例えば、鐘の音を数える。徐々に身を上げていくんです。とても苦しいですね。逆に楽をしようと思えばいくらでもできる。そこが地唄舞のむずかしさでしょう。

武智　体を表面的につかいすぎると、ただの芝居になってしまうんですね。

(五) まとめ

武智　今回は、いくつか〝間〟というもののヒントをつかむことができたと思います。

その一つは、体の動かし方ですね。身体行動の中に、必然的にひそんでいる〝間〟です。これは、日本独特のナンバという動き方と、現実の非ナンバの動きとが、ひとつの踊りの中で重なり合うことによって出てきた〝間〟と言えましょう。

もう一つは、息、つまり呼吸作用からくる〝間〟です。これは、単にリズム的な拍子ではなく、それを越えて持続することによって、非常に幽玄な心につながる〝間〟ということだと思います。

(対談の間に実演が挿入されました。)

(季刊「伝統芸術」第四号・伝統芸術の会・昭和五十四年十一月)

浄瑠璃における間

＊清元寿国太夫（一九〇九―一九九八年）　清元節の太夫。先代清元延寿太夫の高弟。最初は三味線から入り、清元菊助と名のっていたが、のちに太夫に転向、清元寿国太夫となる。文楽の故竹本綱太夫、故竹澤弥七両氏とは親交が深く、各流派についての蘊蓄が深かった。この対談は、昭和五十二年六月二十一日に、伝統芸術の会主催により、「間の研究会」のひとつとしておこなわれた。

武智　今回は「間の研究」の第二回目です。第一回目は「舞踊における間」を中心に考えてみましたが、舞踊では二つの方向から〝間〟を捉えることができると申し上げました。

そのひとつは、身体行動の中に必然的にひそんでいる〝間〟。これは日本の伝統芸術、日本人の民族性から出た独特の体の動かし方――いわゆるナンバという伝統的な体の動かし方を生かしながら現実の動きに近づいてみせるという、異った動きがひとつの踊りの中で重なり合う所から出てくる〝間〟。そういうものが必然的にその踊りの主人公の気持となってかよってくるわけです。

もうひとつは〝息〟。つまり呼吸作用からでてくる〝間〟です。これはリズム的な拍手ではなく、そういうものを乗り越えて持続していく〝間〟で、非常に幽玄な心につながっていく〝間〟です。しかし、この〝息の間〟というものは、息を吸うための〝間〟ではなく、息を止めてつなげてゆくという〝間〟です。

前回の研究では、踊りの〝間〟はこのふたつのことが基本になっているということが明らかになったと思います。

（一） 息の間

では、これが邦楽の問題になったとき、声を出して歌う太夫が呼吸をしないで声を出すことができるか？　こういう疑問を私が持ち出したのは、かつて浄瑠璃の方から「語っているあいだは息をしてはいけない」と聞いたことがあるからです。

私が文楽の話を豊竹山城少掾だとか竹本綱太夫といった方から聞いていたとき、「一般の浄瑠璃の中で息を吸うところは一箇所だ」――つまり、一時間、一時間半と義太夫を語るあいだに一回しか呼吸はしないんだ、という話なんです。十五分だって息をしないでいられるかどうか疑問で、ちょっと伝説風なオカルト風な話ですけど、そういう考え方というものが、寿国太夫さんの清元の方にもあるのでしょうか。

寿国　私は先代の延寿太夫に大変薫陶を受けて今日までまいりましたが、常々いわれておりましたことは、今、武智先生がおっしゃられました「十五分間息をせずに語る」ということの意味なんです。これは清元の方で御先代のいってらっしゃることと一致すると思います。

といいますのは、浄瑠璃を語っているあいだにいわゆる三味線の〝間〟が入るわけですね。その三味線の撥《ばち》をおろす瞬間に〝息を引く〟わけなんです。もちろん、十五分間も息をひかずに語れる道理はないわけです。ただ、そこに長年の修練と申しますか、撥をおろす瞬間の〝間〟にパッと息をひくわけです。ですが、それを客席から聞いていているとずっと息が続いていているように聞える。――そういった意味ではないかと思います。

先代の家元は、息をひいているところがはっきりわかるようではまだ本当の浄瑠璃は語れていないんだ、ということを常々おっしゃっておりました。今お話があった浄瑠璃の方の「一段のうちに一度か二度しかはっきり息をひく〝間〟がない」ということは、そうしたことじゃないかと、私は思います。

武智　この呼吸作用とか息ということは、伝統芸術の世界では「息がいい」とか、「息がつんでいる」(82)という批評の言葉もあるくらい重要なことですね。

今、寿国太夫さんのお話をうかがっていると、三味線の〝間〟との関連の中で生きてくることも死んでしまうこともある、ということでした。では、その三味線の〝間〟というのはきまった〝間〟なんでしょうか。それとも変化していくものなのでしょうか。

寿国　やっぱり固定しているものだと私は思います。ただ、語りの場合「死ぬ」とか「生きる」、「風が吹く」、「雨が降る」といった文章の内容によって表現する仕方がちがってきます。

つまり、規則正しい一《イチ》・二《ニイ》・三《サン》という〝間〟がいくらかのび加減になって、一《イーチ》・二《ニッ》・三《サン》という風に、

(82) **息がつんでいる**：息を詰めて腹に力を入れること。呼吸を止めることと誤解されることが多いが、息を吸って横隔膜が下がった状態のまま宙に止める、これで演技の緊張を維持するのである。武智歌舞伎の重要な芸道用語のひとつである。

一・二・三の中で変化することがあるわけです。そのために、聴いていらっしゃる方の中には、〝間〟がのびたり不規則に聞えたりすることがあるのではないでしょうか。

武智　割り切れた〝間〟だとか、のびた〝間〟だとか口でいっても理解がつかないと思いますので、清元の代表的な作品「保名《やすな》」の一部〽月夜烏《つきよがらす》にだまされて……という部分を語っていただいて、初心者のお稽古のように〝常間〟で語ればこういう風、表現を伴った〝間〟でやればこう、と語りながら御説明願えると理解が一歩先へ行くと思うのですが。

（演奏）

寿国　〽月夜烏にだまされて、いっそながして流連《いつづけ》は……という文句がございますが、それを〝常間〟でやると〽月夜烏にだまされて……という柔らかな文章の意味が表現できないんですね。これを〽つーきよ……で声を柔かくするとその一句全体が何となく色気もでるし、何か風情がでるんですね。月夜烏のうたい出しの〽つー　と声が下ってくるときにツテンと三味線が入るわけです。そうすると、それだけで、「月夜烏」の意味が表現できるんです。これを〝常間〟でやっていると表現が無理になってくる。無理に表現しようとすれば〝間〟がのび加減になってくる。それを〝間〟がのびないように表現しようとするのが芸の力ですね。

ところが、その人の力次第でそのやり方がちがってくる。どれが正しい、正しくないという問題ではなく、それを演ずる人の個性がそこに出てくるわけです。

ある一定の技量を持った人同士の比較でいえば、その〝間〟の違いは「味」の問題になってくる。

〝間〟の問題に戻して言い替えれば言葉のツメ・ヒラキ、声の調子、ハコビが、聴いて下さる方に不快感を与えない限り、どれが正しいあり方か、というより、その演者の「持ち味」として受け入れてもらえるわけです。

だから、〝間が悪い〟という場合の意味は、聴いて下さる方にとって割とすぐわかってもらえると思いますが、〝間がいい〟という意味は聞く側の好みの多様性に応じていろいろな形があるんじゃないでしょうか。

浄瑠璃では、〝模様を描く〟ところで「撥を落とす」という手法が随所に出てきます。そこで聴いている方がいろいろな感じ方をして頂けるということですね。

つまり、浄瑠璃では〝常間〟が基本になっているのは勿論ですが、いくらか〝間をはずし〟て入っていくことによって表現を豊かにするのですが、〝間がはずれる〟ことと、〝間をはずす〟ということの違いはきちんと考えなければいけないと思います。だからこそ、三味線の方との息の合わせ方が難しくなってくるのです。

(二) 振りのついた場合の間

武智　この保名を素浄瑠璃でおやりになるときと、舞踊の地でおやりになるときとでは〝間〟がちがうんでございましょうか。

寿国　勿論ちがいます。「振り」のつく場合には、ひとつの振りから次の振りに移るについては手順というものがございますね。そうなると語って表現するときとは間がちがってくるのは当然です。

武智　例えば保名が烏滸《おこ》ついて（つまずく・よろけるふり）〽ヨーイ・テテテン・テン・テン葉越しのはごしの幕の内……となるところがございますが、その部分を踊り手が大変気持よさそうに踊り、次の踊りに入っていくわけですけど、烏滸ついた場面での〝間〟と、その次の踊りとの〝間〟とは微妙にちがいますね。

寿国　保名が恋人の形身の小袖を見つけて駆け寄る、そして小袖を抱きあげ、恋人と二人で踊っているかのような気持で踊る場面ですね。そこでは喜ぶようなノリのいい合方《あいかた》をつけるところです。

武智　寿国太夫さんは六代目菊五郎の舞台をおつとめになった方ですが、そのときのことをお話願えますか。

寿国　私がまだ三味線を弾かして頂いていた時分に、六代目さんの「保名」を弾かしていただいたことがあるんです。

その中で、特に難しかった所は〽ひとりあかすぞ悲しけれ……のあとにくる合方でした。

主人公は恋のために気が狂ってしまった男です。だから、今考えていたことが突然全く別の考えに飛躍してしまう——六代目さんは保名をそういう風に表現しようとしていたように思うんです。そのとき合方は〽ツンチンチテレットン、はっよおいっと、トト・トントントン……という、〝間〟があるんです。

このツンチンテレツトン、トト・トントントントントンで、何かにつまずく振りがあります。スターンとつまづいて転びそうになる、その瞬間につッつッと二足前に出るんです。そのトンの〝間〟でその次のトト・トントントンと運ぶわけです。ふつうそこは〝常間〟になります。

ところが、六代目さんの場合には、つまずいて前に出た瞬間に、今まで歩《ある》ってきた方向とは全然別な方角に目線が流れるんです。そのときは体の力を全く抜いてすッと歩いて一まわりする。ですから〜ツンチンテレツトン、トト・トントントンのトントントンのとき、ぐッとよろけてころがりそうになる。そのよろけた〝間〟でトントンと二足出て、瞬間にまた全然別な方に目線が流れ体の力が脱け、そのまんますうーッと歩き出すんです。その歩く〝間〟にトト・トントントンを合わせてくれ、というんです。

それが、その時の気持次第で大きくよろけて、トントンというときもあれば、クルッと体を変えるやすぐトントン、といく場合とがあります。いずれにしても、瞬間的に〝間〟をキャッチして、その〝間〟に乗ってトントントンを合わせてくれろ、というんです。それが実に難かしい。ほとんど毎日ダメを出されました。

当時、私は一番末席のまだ経験も修業も足りない時分のことだったのですが、なんとか今日は叱られまいとして一生懸命でした。よし今度こそ、と気を入れると逆に向こうさんと合わなくなったり、次は大きくかまえるとパッと運ばれちゃう。〝間〟が合わないことを我々は〝スカ〟といいますが、六代目さんからは「今日もスカを喰《くら》わせやがったな」と目の玉が飛び出るほどどなられるんです。

さりとて、向こうさんのよろけた〝間〟に合わせてトントンと弾けばいいかというと、これでも叱られる。たぶんお客さんの中には〝間〟がきちっと合っていれば、この部分を気にとめずに聴き流すか、逆に「ノッているな」なんて感じる方もあるかも知れません。でも、こういう〝間〟は〝死んだ間〟なんです。表現力が死んじゃっているんですね。

昔から「名人の三味線は、一撥弾くと真向《まっこう》から乾竹《からたけ》割りに人を斬りたおしたような感じがした」というような話がありますが、そういうことは、いかに名人であっても毎回演奏するたびに表現できるかというと、私はそうはいかないんじゃないかという気がします。

ある一瞬に自分の表現しようとする気持が凝集して、ウッと腹に力が入った瞬間に撥が落される。それが「真向乾竹割り」の衝撃をお客さまに与えるかもしれない。でもね、それが毎度できるなんて思っちゃいません。そういう〝間合〟は私どもにいわせると「神秘」としかいいようがございません。

武智　乾竹割りで想い出しましたが、私にもこんな不思議な体験がございました。

亡くなりました（初代）鶴沢道八《どうはち》さんという三味線の名人が山城少掾（当時は古靱太夫といっていました）に「十人斬り」（伊勢音頭恋寝刃）の稽古をつけているのを見ていたことがあります。古靱太夫は初役とあって緊張してました。

私が道八さんの家に行ったのは古靱さんが口をあけて（自ら声を出して稽古してもらう）から二日目か三日目くらいだったと思うんです。私はそばで聞いている、というより見ていただけだったのですが、道八さんが三味線を弾き、古靱太夫が語りだしたとき、頭を何かでガーンと叩かれたようにしびれてしまいました。「カーラタケワリッ、トツンツンツン」というところです。その感覚は今でも私の頭のここに残っております。

その後、芝居で鶴沢清六《せいろく》さんが弾かれたとき、どんな感じになるかな、と思いましたが、ちょっと竹ベラで叩かれたくらいの感じでした。こっちが待ちうけて聴いていたせいかもしれません。

そのまたあとで、竹澤弥七さんが初役で弾いたときも聴きましたが、このときは何も感じない、三味線の音だけが聞えるというような具合で……。

寿国　なるほど……。そうした〝間〟の表現を生みだすには、そこまで寄せてくる気合というか、ゆるぎない力の充実が結集して最後に撥が落ちるんでしょうねえ。

武智　やはり山城少掾が初役で「鬼界ケ島の段」を語りまして、そのときは清六さんが弾きました。ところが芝居の途中で清六さんが病気になって道八さんが代役で勤めたことがあるんです。後に、病気が治って再び清六さんが出たら、山城さんは「道八さんが〽沖つ波……と弾くと向うからドドドドゥと波が押し寄せてきて自分が波に包まれたような感じがする。あんたが弾くとそんな感じがないから、もうちょっと研究してくれないか」といったんです。

清六さんといえば、当時わたしたちが尊敬する大変な大家でしたけれど、道八さんとはそれだけ違うのかな、と、また別の驚きがありました。それが昭和七年頃のことなんです。

山城さんの初役から二十年くらいたって、再び清六さんと「鬼界ケ島」をやったときも「道八さんは良かったけど、あんたはあかんな」という話をしたのが、山城さんと清六さんの喧嘩のもとになったといわれています。

義太夫と清元とでは、根本的に調子も成り立ちや三味線の構造も違いますが、頭のてっぺんから体の芯にズンと抜けるような感じを受けることもあるんでございましょうね。

寿国　お浄瑠璃のほうは、人の生死にかかわる題材が大半ですから表現も切迫したものになりますが、こちらではほとんどございません。しかし、清元が得意とする題材や表現のしかたというものは、確かにございます。

(三) 踊りと演奏とが拮抗する間

武智　例えば「保名」で蝶が飛びますね。そのひらひら飛ぶ情景というのは大変清元に適しているように思うのですが……。

寿国　昔は「保名」という踊りは、とても派手でドタバタした踊りだったんです。それが六代目菊五郎さんがおやりになってから、だんだん幽玄的な表現の「保名」に変ってきたんです。それにつれて私ども清元の地のほうも変ってきたんです。

その一例を申し上げますと、〽姿もいつか乱髪誰がとり上げていふ事も菜たねの畑に狂う蝶翼交してうらやまし……の「狂う蝶」というときに、花道に置いてある菜の花の先に蝶がとまります。保名は蝶のそばへ忍び寄って、広げた扇でその蝶を押えようとする。蝶はパッと飛び上る。ツツツと上っていく蝶を保名が見上げる。

ちょうど〽菜たねの畑に狂う蝶……の蝶がその「振り」にあたるわけです。ですから、その蝶という声は上から出てくるんです。三味線は、忍んで行って扇で蝶を押えるところはツントンとやるのですが、そのトンは押えた音色でトンとやらなければいけません。

「押えた音色」でトンと弾くといっても、指でおさえたり、〝間〟をとって弾くのならまだやり易いのですが、指をパンと離してそれを感じさせなければいけない。ここはなまなかな技巧では通用しないんです。

六代目さんが「保名」をいろいろ工夫されたおかげで、わたくしども清元の「保名」も、それまでになかった細かな考え方をするようになったといえます。そうした努力が「保名」を名曲にしていったのではないでしょうか。

武智　六代目は、「保名」を演ずることによって、清元に内在している本質的なものを引っぱり出した、ということですね。

今、おはなしにあった「トン」の音色にしても、かげろうのようにふわふわしている蝶を本当に押え込むような感じになってはいけないし、空気をふわァとつかむような感じを、三の糸を離した瞬間に表現するというのは、大変に技巧的なことですね。

寿国　ま、離した音がいろいろな表情をもつようになれば、三味線弾きとしては最高の技術を持った人だと思っております。

武智　三の糸を離した瞬間にある表現が実現されるという場合、その音自体の響きの問題もあるでしょうが、その前の音と次に来る音のつながりの在り方、つまり〝間〟の変化も問題になるのではないでしょうか。

寿国　音ひとつで喜怒哀楽、四季折々の感じを表現する、と言葉では言っても、これがまた難しくてね。その音が生きた音になるには〝生きた間〟がなくてはいけません。

武智　そういう〝間〟はとても微妙なものなのでしょうが、素浄瑠璃でも難しいものなのに、振りがつけば、またちがった難しさがでてくるのではないでしょうか。

寿国　また六代目さんの「保名」を例に出しますと、〽菜たねの畑に狂う蝶……のあとに、〽野辺のかげろう……という所がございますね。六代目さんは「かげろう……のげの字で春のかげろうのもえ立つ感じを出せ」とおっしゃるんです。

　六代目さんとおつき合いをしていた時分には、なんとかそんな感じが表現できたんです。ところが、今、それをやると駄目なんです。〝常間〟で語ってくれないと踊りにくい、と文句をいわれるんです。

　六代目さんの場合は、〽野辺の……と歌い出すと、扇をただ前にもって行くだけなんです。「あたしは、ただ扇でこうするだけなんだから、かげろうがもえたつ感じは浄瑠璃の方できちっと表現してくれなけりゃ感じがでないじゃないか」と、おっしゃるんです。

　六代目さんは、自分が何もしないことによってかげろうの感じを出そうとしたわけです。何もしない〝間〟が充分に生かされるためには浄瑠璃の〝生きた間〟がどうしても必要になってくるのでしょう。

踊り手さんの中には、〽野辺のチチンかげろうトチチン春トチチン……とすべて踏みながら踊っている方がいるんです。もちろん〝常間〟ではそうなるわけですが、これでは春のもえ立つようなかげろうの感じはでません。そんなとき〽かげろう……のげ、の音に表情をつけたりすると、「踊りづらいからそんなにねばらないでくれ」と、いわれてましてね。これにはまいります。

（四）生きた間とは

武智　踊り手と浄瑠璃、三味線との〝生きた間〟のやりとり、ということについていえば、最近ではテープレコーダーをバックに踊る機会が増えましたが……。

寿国　先程お話にありました〽ひとりあかすぞ悲しけれ……で保名が鳥滸つく場面でも、六代目さんは毎日違うんです。パッと向こう向いて力をフワッと抜いてトントントンと歩き出しますが、パッ・トントンというときと、パッ…トントンというときもあるんです。

今度はどうかな、と思っていますと、うしろで見ていて力を抜くタイミングがわかるんです。もっとも、それがわかるようになったのは大分あとで、何度も「保名」を勤めさせていただいてからのことですけれど……。

武智　逆に、踊りにひっぱられる、ということもありえますね。

寿国　こんなことをいうと、なまいきだとお叱りを受けるかも知れませんが、近頃の常磐津は、踊りや芝居に影響されて、〝常間〟になりすぎているように思うんです。

大名人の常磐津林中《りんちゅう》(83)のレコードを聞いていると、〝間〟を度外視した力強い表現を感じます。

晩年の林中師匠の三味線を弾いていたのが初代常磐津文字兵衛ですが、浄瑠璃を待って撥を下したりすると、林中師匠から「私は私で自由にやるんだから、あなたは自分の間で自由に弾いてくれ。私はその中で自分の表現したいことを言わしてもらっているんだから、なまじ、この節がすんだら撥をおろそう、なんてことを考えずに弾いてくれ」と、いわれたそうです。

私の若い時分に聞いたこんな話をふと思いだすにつけ、今の常磐津が踊りや芝居の間合になりすぎてしまったのではないかと思うんです。もっとも、それは清元についてもいえることですけれども。

武智　今お話いただいた林中の常磐津のご説明の中で、「三味線は思うように弾け」というのは、基本の〝間〟を弾け、ということですか。その中で自分は〝間〟をぬすんで表現してゆく……。

寿国　いいかえれば、どのように弾き、どうもってこられても、瞬間的にその〝間〟をキャッチして消化してしまう。その上で自分の思っていることを出せる力があった、ということじゃないでしょうか。

また、三味線のほうからいえば、〝常間〟というのは一・二・三というはっきりしているものなんですけれど、その〝間〟をのばしたり縮めたりして、なおかつその境目を見せないようにする。それが演奏者の力だと思います。

質問　一・二・三というきまったリズムの中で〝生きた間〟というのは、常間でない部分をいうのでしょうか？

寿国　〝生きた間〟とはいいましたが、どうもそれがうまく説明できなくて……。

〝常間〟でいう一・二・三の〝間〟は動かせないんです。けれどもその〝間〟の中にいわゆる真実性がはっきり出せるように表現する〝間〟……うーん、まだ漠然としたいい方しかできませんねえ。〝間〟ははっきり決まっていても文章が意味するところをはっきりだせるようなもっていきかた、といいますか……。

武智　私の印象に残っている話に、あるとき山城さんが「沼津」を語っていらして、「私は沼津を何百回となく語っているが、一度も同じ沼津を語ったことはない」といわれたのを聞いたことがあります。何度やっても同じように演じる人、同じようにしかできないのを「仏芸《ほとけげい》」といいますが、それは仏様みたいな芸で生きた芸じゃない、という意味なんです。山城さんはどちらかというと大変理詰めで的確で、毎日やっても狂わない浄瑠璃を語る人だと信じていましたから、その言葉を聞いたときには驚きました。それと同時に、「なるほど、芸というのはそういうものなんだなあ」と思いました。

（対談の間に演奏が行われました。）

（季刊「伝統芸術」第五号・伝統芸術の会・昭和五十六年六月）

（83）**常盤津林中**：明治の三名人と言われるのは、歌舞伎の九代目市川団十郎、三味線の二代目鶴沢団平、浄瑠璃の常盤津林中である。

V 映画論

谷崎文学における戯曲『白日夢』

今回の映画作品『白日夢』の原作は、谷崎潤一郎先生の同名の戯曲『白日夢』である。これは、大正十五年に書かれているが、そのころ谷崎先生は、脱文芸ということについて、かなり真剣に考えておられたのではないかと想像している。私が、前回（昭和三十九年）この作品を映画化したとき、先生は私に、

「『白日夢』は、映画『カリガリ博士』(84)に影響されて書いた」

と語っておられた。もちろん谷崎先生が映画を下敷きに創作されるということは考えられない。文芸の表現方法についてサジェストを受けたとの意であろう。

『カリガリ博士』はドイツの表現派の名作で画期的な映画であった。潜在意識の問題を映像化して扱った最初の作品であったと、私は受けとめている。映画というものはそれまで、素朴な自然主義リ

（84）映画『カリガリ博士』：一九二〇年制作のサイレント映画。ロベルト・ヴィーネ監督。ドイツ表現主義映画のなかで、最も影響力がある革新的作品とされる。

アリズムの線上で作られてきていた。ところが、その同じメディアによる表現が、この『カリガリ博士』でその質をがらりと転換してしまったのであった。素朴な自然主義にしばられる映画の性質というものは、映像芸術にとって運命的なもので、この本質は現代映画にもずっと糸を引いている。

この自然主義にしばられざるを得ないという性格が、逆に映画芸術の面白いところなので、逆の言い方をすれば、そのような本来的に芸術的に下等なメディアをどのように克服して、芸術に近づけるかということが、映像作家に課せられた映画の背反・統合という作業・表現の弁証法的展開のための基本的な抑止力になっているのだと思う。それに対するひとつの解答が、ドイツ表現派の映画運動で、『メトロポリス』(85)や『カリガリ博士』などは、映画の芸術化のための初期的な運動の展開だったのだと思う。

文学というものは、言語という原初的な素朴な素材の組み合わせで作りあげていくもので、いちばん古いメディアを用いた芸術である。だからつねに脱文芸、脱言語という自己否定を重ねるのでないと、小説というものは誰にでも書ける俗悪に陥ることは必然である。今日、女流作家の優位が文芸において一般に言われているが、それはこの点を欠落させた議論なので、文芸は日常化してしまって、芸術性を失ったということができる。

谷崎先生ほどの文豪にとって、そのような堕落は、耐えられないことだ。そうであればこそ、先生は文豪の栄光を受けられることができたのだと思う。あのころの谷崎先生は、耽美派とか悪魔派とか呼ばれた時代だが、見方によるとストーリーテラー的なところもあったように思える。そうした状況を先生は、これではつまらない、芸術としての発展性がないと考えられたのではなかったろうか。そして、文学自体が文学の世界とか言葉の世界といったものの制御下から抜け出すにはどうすればいいか、といったことを、真剣に考えていられたに違いない。

映像への関心も谷崎先生には早くからあらわれている。現に谷崎先生は大正九年に大正活映株式会社を創立され、ご自分でシナリオ執筆も[86]行なっていられるばかりでなく、映画製作の実際面にもたずさわれたとのことである。

こうしたことから考えると、当時、先生は、声（文字やことば）のない映像（そのころはまだ無声映画時代だった）というものが、文学との対比の中でどういう比重をもっているかといった点に、関心を深められたことと思える。そこで谷崎先生が『白日夢』を映画の『カリガリ博士』を下敷きにして書かれたということの意味も、いわゆる文芸的な、ストーリーテラー的な展開や、常識的な戯曲の形式を追いかけるだけでなく、何か別のものを現したいという意欲を持たれたのではなかったかという風に思えてくる。この作品は戯曲という形式で書かれているが、それはつまり、文芸作品でもなく、

（85）『メトロポリス』：一九二七年制作のサイレントSF映画。フリッツ・ラング監督。同じくドイツ表現主義映画の傑作。

（86）（谷崎先生は）ご自分でシナリオ執筆も：谷崎は大正九年に設立された大正活映株式会社の脚本部顧問になって、映画製作にも係わった。谷崎が制作に係った映画は四本あり、脚本を書いた最初の映画「アマチュア倶楽部」という海浜喜劇（大正九年十一月封切り・フィルムは現存していない）で、妻千代の妹で「痴人の愛」のナオミのモデルとなるせい子を「葉山三千子」の芸名でデビューさせている。

映画でもなく、全く別の、舞台というものにこういうテーマや表現方法をのせてみて、何か別種の表現ができないだろうか、という狙いや興味がそこにあったのではないかと思える。

この戯曲は実に不思議な作品で、妙な言い方だが、要するに、話にならない話を話にする。といったようなところがある。先生がこの作品の中で書いていられることといったら、歯医者で患者が痛い思いをするといったことにつきるようだ。つまり、ここで先生が書きたかったのは、その痛みに対する恐怖というようなものが潜在意識につながり、それが四次元世界への入口みたいなものになっていく……何かそういったものではなかったかと思う。この戯曲を、戯曲の形のまま、演出する勇気を持った演出家は、現代ひとりもいないと思う。その証拠に、この戯曲は、たった一度だけしか舞台にはかけられず、それも全然反響を呼ばなかった作品だった。歯医者での痛さの表現というものが、作品全体の半ば以上を占めており、プロットそのものはその中に埋没するようなかたちになっている。実に奇妙な作品なのである。

もちろん、先生のねらいが、そこにあったことは言うまでもない。ただ、先生の考えていられる歯の痛みや歯医者の治療の恐怖は、先生の主観にすぎない。頭の中いっぱいに鳴り響くドリル音の恐怖も、実は治療を受ける患者以外の人には、何の騒音ももたらすものではない。それを舞台の上に実現することは、当時の舞台や無声映画のメディアでは、不可能なことだった。

原作の『白日夢』を読んだ人が、私のシナリオを読んだとき、「あの原作からこのシナリオを考えるのは天才だよ」という言い方をされたことがある。しかし〝天才〟は谷崎原作の中に本来的に埋もれて在ったのであって、ただアンプもなく、自然主義以外の演劇手段もなかった当時としては、それは再創造のしようもない戯曲だったたというにすぎない。

もう一つ、谷崎先生の特徴としていえる点は、診療室の描写のところで、セリフが殆どなく、そのかわりにト書がセリフの何倍もの分量があることである。こういう戯曲は、通常ありえないことだ。なぜなら演劇に大切と考えられているプロットを、舞台上で再現して観客に示すためには、セリフによる意識の伝達にたよるのが通常であるからだ。

当時、おそらく谷崎先生は、言葉というメディアに対して、不信の念のようなものを感じていられたのではないか。言葉というのは、観念を伝達する機能ではあるが、実際には本当に観念や意識を伝達するには、古すぎるメディアなのではないか、という疑問を感じていられたに違いない。

小説とか文芸とかいう、言語に拠るメディアは、太古以来使い古されたものだけに、新しい芸術を展開するにはきわめて不適当である。これはマイムや映像のような新規な芸術手段とは違って、新規な芸術的表現の分野を展開するには、きわめて不適当と考えることができる。

現に小説が女流文学者に主導権を奪われ、また千夏チャンとか青島ダア[87]程度の人にも、受賞作品が即座に書けるくらい陳腐化したものであることは明らかで、大谷崎ともあろう人が、そんな作文程度のことで満足したとは到底考えられない。新しいメディアとして舞台の造型化を進める意味で、ト書

(87) **千夏チャンとか青島ダア**：中山千夏、青島幸男。共にタレント出身の作家。

（身体行動の規定者）による戯曲があらわれ（「恐怖時代」[88]もその例である）、観念又は潜在意識に直結する表現ということを意図されたものと思う。

谷崎先生は、痛い、こわいということをト書きの形で、戯曲の三分の二にわたって、丹念に書きこむ他はなかったし、それは到底演劇の世界では実現しようもない表現への要求だったのである。

原作と私のシナリオの落差は、非常に大きいように見えるが、原作の置かれた歴史的状況や、谷崎先生の中の文芸的展開の筋道を考えるとき、それは決して恣意的な拡大解釈ではないし、本来的に作品の中に埋蔵されていたテーマの、映像的再発掘にすぎないのである。そうでなければ、あの谷崎先生が、私の前作『白日夢』[89]にあれだけの容認と理解とを示されるはずがない。

要するに谷崎先生の書かれた『白日夢』という作品は「無意味」なのだ。その「無意味なもの」（超存在＝非実存）の意味づけというようなことを、無意味なかたちで表わさなくてはいけないという風に、先生は考えて書かれたのだと言えるだろう。その新規な発想に私は惹かれたのだった。

戯曲『白日夢』から映画『白日夢』へ

前作の『白日夢』を昭和三十九年に作っているが、谷崎先生のこの作品に惹かれたのはそれよりも十年も前のことだ。この国にテレビがはじめて登場したころであったから、昭和二十八年ごろではなかったろうか。そのころ、大阪の読売テレビから、私にドラマを何かやってくれといってきた。そのとき、私の脳裡にぱっと浮んだのが、先生の『白日夢』だった。もっとも、そのときはごく単純な発想で、心斎橋の路上で人殺しがあるというドキュメンタリー（そのことは、まだこの言葉もなかったかもしれない）な事件の撮り方をしてみたい、という程度のことだった。しかし当時は、実際に心斎橋へ中継車を出すということは、技術的にむずかしいということで、このテレビドラマ化の話は立ち消えになってしまったのだった。

歯医者での、あのガリガリという不快音は、実は待合室にいる他人には、殆ど全く聞こえないものなのだ。せいぜいかすかなモーター音が響くぐらいのものだ。ところが治療を受けている人には、宇宙全体に鳴り響く音になって聞えてくる。こんな不快な、おそろしい騒音は他にはない。

私はこの外部には聞えないが、本人にとっては天地も轟くような音の実存を表現することが、まだ誰も成功したことのない戯曲『白日夢』演出の突破口になるのではないかと考えた。歯の治療というのは、患者に与える主観的な苦痛の問題なのであって、客観的な雑音の問題ではない。ここが自然主義的リアリズムに傾きがちな演劇や映画の作家の、解釈上陥りやすい盲点だったのだ。おそらく谷崎先生は、歯の治療をするところを書きながら、自分自身、肺腑をえぐられるような、神経の生理をか

（88）「恐怖時代」：谷崎の戯曲「恐怖時代」は大正五年の作品。武智は昭和二十六年八月、京都南座での武智歌舞伎で本作を演出し、谷崎から激賞された。この時の配役は、鶴之助のお銀の方、扇雀の伊織之助、延二郎の太守であった。

（89）私の前作『白日夢』：武智は「白日夢」を二回映画化している。一回目が昭和三十九年、二回目が昭和五十六年のことであった。一回目の映画化については「なぜ私は『白日夢』をつくったか」（昭和四十六年、全集第六巻所収）を参照のこと。

きまわされるような音響を、体全体で感じ取っていられたにちがいない。だから、この戯曲を成功させるためには、その部分を拡大してやってみたらと考えるようになった。

現代の音響のメカニズムでは何のこともない発想で、シンセサイザーやエレキの世界がそうであるのだが、まだ当時の技術水準、音響水準では、それはとっぴな考え方だった。しかし私には幸いなことに、前衛演劇、前衛音楽の経験が豊かにあったし、そういう音響世界を創造して、当時の映画が安心してよりかかりをきめこんでいた、自然主義的な素材性への密着の態度から脱却することは、わりあい簡単な作業だった。

私はあの、歯医者で与えられる轟音というのは、一体人間のどこへ響くのかということを真剣に考えた。口に響くのか、腹に響くのか、それとも頭に響くのか、いろいろ考えたすえ、あれは意識のさらに裏側にある、深層心理とか潜在意識とか呼ばれる層へ、直接響いていく要素があるという考えに行きあたった。つまり、非常に簡単にいえば、マゾ的な要素とでも言えようか。

これは同時に、患者や女主人公の置かれるシチュエーションでもある。すると歯医者はサド的かというと、一概にそうは言えない。歯医者の耳には、その治療の轟音は聞えないのだから——。しかし、患者の側から想像する歯医者というのは、非常にサディスティックな悪魔的な存在ということができる。——私は次第にそのような考えにとらわれるようになってきた。そういう状況に主人公のシチュエーションを置き換えてみたら、谷崎先生のドクトル像のような、単なる色魔的というものでなく、もっと深い人間像が生まれてくるのではないか——そういう想念に辿りつくことができた。

私はたまたま歌舞伎を一つの出発点として持った。歌舞伎というのは、言葉を非常に誇張して表現する演劇である。これとは逆に、新劇というのは、通りすぎるように言葉をいう。映画も新劇と同じように、通りすぎるようにいう。すなわち、映像も言葉も自然主義に密着したという意味では、同じことなのである。したがって、映像と言葉とを組み合わせてみたところで、あの低劣な自然主義の外へ半歩も出ることはできない。

その上、私には次のような経験がある。たまたまユージン・オニール[90]の芝居を演出する機会があったのだが、オニールの芝居というのは、言葉を積み重ねていって、その言葉の構造の中から一つの心理を表わすというやり方で、深層心理の中にくい込んでいくという手法のドラマである。ところが、その芝居を二十人ほどの学生に見せて、見たままのプロットを書かせてみたところ、誰一人として正解ではない。二十人が二十人とも、あの緻密に書かれた作品を、全く違った受けとり方で、受けとめていたのである。

私は考えた、映画も含めて演劇という芸術は客観性がないもので、その芸術性は観客各個人によって、各個人のうちに、それぞれに創造されるものなのだ、と。だからセリフでいくらていねいに説明したところで、それは無駄な単なる説明であって、表現そのものにはなれない。いちばん正確なものは、ただ一つ、人間の中の最も原初的な官能の部分に触れ、大脳皮質中枢の下部構造（潜在意識・深

（90）**ユージン・オニール**：アメリカの近代演劇を築いた劇作家とされる。代表作に「楡の木蔭の欲望」（一九二四年初演）がある。武智は昭和二十七年九月に大阪青猫座の「楡の木蔭の欲望」公演を演出している。

層心理）において受けとめられるものだけなのだ。観客を本当に感動させるには、そういう意識の底の、そのまた奥底で受けとめられたものしかない。

現に六代目菊五郎のような名人が、髪の毛一本を動かしても、[91]満場の観客がどよめきの同調で、それを等しく受け入れるではないか。みな人が同一次元で、同時に感動できるものこそ、客観的な芸術で、それは髪一本のゆれが、万人の奥底を共通にゆり動かすからであるに他ならない。これこそ表現であり、芸術はそのような万人共通の場、潜在意識をゆり動かすとき、はじめて客観的な美を表現することができ、そのように意識の同調のみが、表現につながることができるのだ。それは、潜在意識への挑戦と統括というほとんど前人未踏の企てであった。

前作『白日夢』から新作『白日夢』へ

根本的な考え方は、今回の『白日夢』でも変っていない。変ったのは、主として風俗の部分、それからテーマの拡大的な深まりの解釈上の問題、この二つにしぼられるのかもしれない。

これまで私は、いわゆるベッド・シーンというものを撮ったことがなかった。ベッド・シーンというのは一種の極限的な状況の表現であって、そうであるだけ、とおり一遍の撮り方では、本当のベッド・シーンを表現することはできない。現在、多くの映像作家がベッド・シーンを撮っている。しかし、私にいわせるとそれは、ベッド・シーンというかたちを単に図式的に再現して撮っているにすぎない。

だから私は、そういった〝にせもの〟のベッド・シーンで、観客の単なる好奇心を釣り上げようというようなことをしたくない、と常々考えていた。しかし、社会情勢はなかなかそのような企てを許してくれない。やっと最近になってそれを許容するグローヴァルな状況が固定化してきた。これならやれそうだ——私はようやくおみこしをあげることにした。

私は前の『白日夢』では、ベッド・シーンそのものを描くかわりに、作品全体を一つの性行為として表現した。つまり、唇に触れることが前戯であり、そのあと、女が裸で走るのが、あとに続く性行為であるといったような間接的な表現方法をとった。一時間半の映画全体で、性行為のはじまりから完了までを描いたわけである。

しかし、客観情勢が世界的に変化している今回の作品では、そういった手法はとらず、ベッド・シーンそのものに直接にぶつかってみた。これは、私にとっては初の挑戦となるわけだが、そこで私は、違ったセックスの体型、例えば四十八手といったようなものにたよって性を描くことはしていない。ごく普通の、いわゆる正常位による行為しか描いていない。正常位の行為の中でセックスを描く

（91）六代目菊五郎のような名人が、髪の毛一本を動かしても…「保名の踊で、乱れた髪が、はらりとひたいぎわに落ちかかる。微妙な風情がそこにある。それは誰にもできない。いまは、みな、落ちかかる思い入れをしているだけか、むりに落ちかからせようと、首を振るだけだ。そんな些末なことか、と人は思うかもしれない。しかし、そこが、芸にとって、感動を呼び出す大事なところなのだ。」（「間」昭和五十四年、全集第五巻所収）

のだから、いろいろカットが見えやすいようにとか何とかいった表現以前の問題に、配慮をめぐらすような小手先芸も全然していない。

　私は、ベッド・シーンをとりあげることで、性行為をするときの反応をドキュメンタリーに見つめることにしたのであった。いわばこれは科学的な図式による表現なのだ。

　性行為ははじめにまず刺激があり、それが大脳に伝導（伝達）され、それから肉体に腱反射という形ではねかえる。つまり刺激・伝導・反射という形式をとるわけだが、伝達が行なわれるときの電流が流れるような動きというものは、映像として表現することはできないが、そのあとの反射、つまりそれが外部の肉体へ反応してくるときの、例えば筋肉のぴりぴりした動きや痙攣をとらえることはできる。

　だから撮影にあたっては、反応が起ると予想される部分には全てライティングをほどこし、六台のカメラをすえてそうした反応をとらえようと試みた。これは、かなりねらい通りにいったように思う。不注意な観客だと見落すかもしれないが、なおかつ腹部全体が波のようにうねったり、お尻の筋肉が痙攣したり、肩や頬がひきつれたりという反応が、六台のカメラワークによって見事にとらえられた。もちろん性器自体の反応も、すばらしい美しさで映像化され、そこが単なる刺激のための部位ではないことを示してくれている。

　ある排泄の行為などは、おそらくいかな性科学者も、これまでに撮ろうとして撮れなかったような反応として記録されている。これらは国内での公開は不可能であろうが、きっと海外において世界的な、世紀的な反響を呼びおこすものと想像される。それにしても、日本人の芸術家のこのような創造を、日本人だけが見ることを許されないことに怒りを覚えずにはいられない。

また、前作ではプロット自体が非常に図式化されていた気がする。その一つの原因は、深層心理の移り変り、つまり観客の性体験と画面の流れとをマッチさせようというねらいがあったためだ。しかし、今回ははじめからその点を捨てた。プロット自身の持つ図式化の意図を阻却したいと考えたからだ。これは文芸から映画芸術を脱却させることに成功する結果となったようだ。劇画の持つ芸術的な低俗性は別として、劇画の反文芸的な性格が、今回の『白日夢』を決定しているように思える。その点は前作を凌駕というのはおかしいが、さらに前進しているということができるのではないかと思っている。

原作との対比でいうと、女主人公が殺されるということの必然性といったことの説明が、谷崎文学の中ではまだいくらか残っていたように思う。しかし、映画では、そのようなプロット的な説明も完全に除去してみた。道を歩いている人が、殺人にはまるで無関心であるという点は原作どおりなのだが、それに続く描写が原作では、殺人が行なわれたあと、通行人がいっせいに足を止めて青年を非難する。つまり、正当な理由による殺人も、やはり社会の非難をあびるのだという、一種のスノビズムのようなものを原作では描こうとしている。

ところが私は、この殺人が、社会に生きる人たちの前で行なわれながら、そのことに誰も気がつかない、いいかえれば、青年の決定的な行動すら誰も認めようとはしない、という風に置き換えている。

そしてその前提として、令嬢が着物を着るという状況をもってきている。令嬢は裸で歯医者にいじめられることから逃れようとする、つまり、性の中に埋没することから逃れようとすることで、社会性をとり戻そうと令嬢が思いはじめる。そういった感情の変化が、着物を着るという行動になるのだという衣裳哲学的な前提がそこにはある。

そして、着物を着て外へ出た途端に、青年に殺されるのだ。無作為の殺人に惓きこまれる。これは、社会に復帰しようと思ったときに、殺されることになるということで、つまり、人間の全的な開放から後退することが、同時に人間の消滅につながるという主題となっているのである。着物を着るということは、もう一度、体制の支配の中に入るのと同時に、抹殺されるということを意味する。つまり令嬢が殺されるという行為は、社会からの抹殺を意味するから、その殺人は社会から無視されて当然なのである。

前作は、ここで終っていた。ところが今回は、そのあとまた、令嬢が恋仲におちている青年と、胸に残っている医師の歯形を隠して、一緒に遊びに行くシーンがある。そこで青年が令嬢にキスを投げかけ、青年はその喜びを胸に抱いて海に飛び込み、そのまま消えてしまう。そこへもう一度、医師が現れ、その胸に令嬢が抱きこまれるところで、エンド・マークが出るのである。

要するに、夢がそこで終らず、また現実につながって、くり返えされていくというところへ、テーマをもう一度絞りあげ、見る側に、映画が終ることで問題意識から解放されるのではなく、その問題意識が、見る側の中で、蓄積された潜在意識のうごめきのようなものとして残り、それをいつまでも持ち続けるような状況を作り上げようと試みたわけである。つまり、夢の中の行動というものが、夢の中だけで終るのでなく、それはそのまま、現実にも永続していくということなのだ。

私はENDマークのうしろへLESSをつけてみることにした。この物語は、エンドレスなのだ。こういう試みは、楽屋落ちで、ばかげているかもしれないが、私は観客が、くすっと笑ってそれから考えるということを予想してみた。このようないたずらは無用なことだったかもしれないが、許してもらえるだろう。

『白日夢』から人間解放へ

私はこの映画を、性解放運動の一環として作ったわけだが、性の解放ということが、体制側の人間にとっても切実な、さしせまった問題だということが、案外体制人間自身に理解されていないらしいのである。今、性禁忌の被害をもろに受けているのはもちろん庶民大衆だが、体制側にも、性が解放されていないために被害を受ける状況が、どんどん出てきはじめている。現象的には、近頃多発する判事や警察官の非行、また銀行や会社の管理職、大学教授らの非行がそれである。

性の解放が世界的に実現してしまっているいま、日本だけがその状況の外に置かれていられるはずがない。そのような鎖国は、グローヴァルな社会化の進んでいるいまは、実行できるわけがない。

スウェーデンでは、二十年前にすでに性の解放を行ない、その行政的なデータは出つくしている。

また一方では、キンゼイを初めとする性科学者の学術的業績も、学界の尊敬のもとに出されている。それにもかかわらず、日本の今の管理社会は、それらの行政や科学の成果にそっぽをむけて、性解放を実行に移そうとはしない。そのひずみは、大衆の性犯罪や非行になって出てくるのは当然で、最大の被害者は、いつの世にも大衆自身であることにかわりはない。しかしそれだけにとどまらず、性犯罪の波は、いまや彼等自身の上にも襲いかかりはじめたのである。にもかかわらず、彼等はそれと正面きってとり組もうとはしない。

スウェーデンの場合、性の解放を行なった最初の年に、性犯罪は百分の一に減少している。このことは、性解放以前に、九十九人の無罪の民をむりに犯罪人に仕立てていたということを意味する。このデータを目の前に突きつけられて、北欧諸国も、イギリス、ドイツ、フランスも性解放に同調せざるをえなくなり、世界は大きく性解放に向った。アメリカでは科学尊重の考えがそれに重なり、性解放は世界的趨勢《すうせい》となった。

このような世界の趨勢の中で、日本だけが性に対して鎖国的政策をとり続けるということは、殆ど不可能な、摩擦の多すぎる道程なのだ。例えば芸術家が国外で映画を作ろうとする傾向も、その弊害の現れである。芸術家は誰でも、検閲制度のもとで仕事をしたくないと考えるのは当然だろう。その結果として芸術家の頭脳流出という現象が起っているわけだが、これは日本の民族文化のためには大変な損失ということができる。

海外旅行をする日本人も、数百万というほど多くなっているわけだから、海のむこうで見た海外版と日本での国内版の落差を見きわめ、ああしたすぐれた解放的な芸術が、どうして日本では見ることができないのか、という世論が起るのも当然であろう。

　学園暴力や行きずり殺人の加害者たちにこそ（そこでは加害者も被害者なのだ。性が正しく解放されていたら、彼等は犯罪者ではなかったはずだ）真に性解放を与えられるべきである。大きすぎる刺激も、世界の風潮である以上、それから逃れる余地は、与えられていない。その大きい刺激の中に、無防備のまま捨て去られ、学園を暴力のるつぼとし、家庭を金属バットの禍《わざわい》の中に捨てておく。これは官僚・管理社会・権力者の暴行でなくて何であろう。

　経済的には世界の一流国である日本が、どうして性に対してだけは後進性を認めなければならないのか。性の禁忌を権力奪取の最後の砦のように考えるとは、何という許しがたい頭の悪さ、程度の低さだ。このような不思議な現況を討ち破る突破口となるべき何かが、今こそ必要なのではないか。『白日夢』はまさにその地点に構築された人民の側の砦なのである。

（『映画「白日夢」写真集』・かんき出版・昭和五十六年八月）

解説　伝統芸能における古典《クラシック》——武智鉄二の理論

山本 吉之助

1　武智理論の原点

最晩年（昭和六十二年暮れ）の座談会でのこと、今後どのような活動をしていくつもりかと問われて、武智鉄二は「僕についてこのことは誰も指摘してくれないのだけど…」と前置きして、自分の評論の出発点はクラシック音楽のレコード批評にあったこと、できればもう一度その方面の活動に戻ってみたいと語ったそうである。（松井今朝子「近代の逆襲」・「歌舞伎・研究と批評」第三号）

武智本人が自分の出発点がクラシック音楽にあると語ったことは、とても興味深い。武智は大正元年（一九一二）の大阪生まれである。武智は少年時代からせっせとSPレコードを買い集め、蓄音機でベートーヴェンなどをよく聴いたそうである。今の時代ならばよくある話だろうが、大正時代にそういうことが出来たのは大体金持ちであった。蓄音機がまだ日本では世に出たばかりであったし、洋楽に親しむ習慣自体が一般的ではなかった。

武智少年が蓄音機でレコードを聴いていると、武智の母親は頭がガンガンして気持ちが悪いから止めてくれとよく言ったそうである。当時の日本人には洋楽を聴くと気分が悪くなったと訴える人が多かった。邦楽と比べると西洋音楽は音もリズムも明解で、かっきりした構造を持っている。邦楽脳で聴くならば、西洋音楽はとても窮屈で自由度がない。逆に西洋音楽脳で聴くならば、邦楽は曖昧模糊として捉えようがない。

ここで注目すべきことは、武智少年がベートーヴェンを聴いて頭が痛くならなかったと云うことである。彼は多分に西洋音楽脳的な音楽の聴き方をしていたのであろう。当時の彼の周囲には邦楽が溢れていた。もちろんこれが彼の精神的土壌となったわけだが、彼には邦楽も西洋音楽もどちらも受け入れる素質があった。これが後の武智理論の原点となるのである。

現代では日常生活のなかで日本人が西洋音楽から無縁でいられることは、もはやあり得ない。どんな人でも西洋音楽の影響をこうむっている。ところが、古い音源で昭和初期の山城少掾の義太夫を聴くと、これが同じ曲と思えないほどに印象が違うのである。口のなかで合わせて音を追っていくと、これは何の音だと思うものに必ずぶつかる。筆者にとって、これは或る種の違和感であり、不快でもあり、しかし同時に刺激的でもある不思議な味わいである。それは無調感覚で、意識がふっと宙空に飛ぶようである。山城以前の古い義太夫の録音には、このような箇所が随所にある。ところが現代の太夫では、そうした場面がぐっと少なくなる。頭のなかで処理しやすい音であり、西洋音楽を聴きなれた耳には聴きやすい。しかし、意識が宙を飛ぶ瞬間はあまりない。これは正しいとか正しくないかを越えて、演奏する側と聴き手の相互に関係する、なかなか微妙な問題なのである。現代に生きている以上、我々日本人は西洋音楽の影響から逃れることはできない。これは仕方のないことなのかも知れない。

武智の出発点がクラシック音楽にあることが、武智の批評の、どんなところに出ているだろうか。分かりやすいところから云えば、それは音程や間（ま）の感覚に出て来る。

武智は三味線のモデルを安土桃山期に南蛮人によってもたらされた三弦ギターであると推察した。（これについては未だ結論は出ていない。）同時に間違いなく西洋音楽、主として教会音楽が流れ込んできたであろう。（これも十分な史料がなく、実態は推測の域を出ない。）当時の西洋音楽は、ルネサンス期の教会旋法による音楽の時代であった。これは我々がよく聴くバッハ以降の平均律による音楽よりもずっと以前のものである。武智は三味線の登場が邦楽にもたらしたものは、音程と明確な定間のリズムの概念、そしてそこから派生する間の概念であったと云う。

義太夫節では、太夫は三味線が節落ちの手で提示する音とは違う高さの音で出るという原則がある。この原則について武智は、義太夫では太夫は三味線の作り出す音のツボにはまることを拒否し、逆に三味線は太夫の音程にすり寄ろうとして、音をニジると想像をする。ここに武智は在来の語り物音楽の系譜を引く太夫と、西洋音楽由来の三味線との、軋轢と融合の交錯を聴くのである。（これは折口信夫の芸能論の、まれびとである神と土着の精霊との、「そしり」と「もどき」の掛け合いの件をも連想させる。）武智の発想の原点は、太夫の語りが三味線のツボにはまらない、そこに何とも言えない無調感覚を感じさせることにあった。

言い換えれば、これは武智に聴感の基準となる音のツボがあったということである。基準があるから、「はずれる」という感覚がある。基準がなければ、音程がはずれるという感覚もない。同様なことがリズムとテンポについても言える。正しい拍（リズム）の感覚がなければ、間がはずれるという感覚はない。拍の感覚が鈍ければ、間が良い、間が悪いと云うことの解明も出来ない。武智がこの感覚をどこから得たかと言えば、それはもちろんクラシック音楽からである。

昨今は西洋音楽がグローバル・スタンダードであるが如く思い込んでいる方が多いが、世界の民族音楽の観点から見れば、むしろ西洋音楽の方が特異な発展を遂げた形態なのである。西洋音楽は、人間の声を犠牲にして楽器を強調しようとしたために、結果的に音楽として語るという感性が弱められてしまった。しかし、実際は語られた言葉こそが音楽なのである。そのように考えてみれば、シェーンベルクの十二音音楽（無調音楽）が西洋音楽史のなかでどういう意味を持つかはおのずと分かって来る。それは調性音楽の崩壊ではなく、西欧人の民族音楽への回帰、語られる音楽への回帰という側面を持つのである。武智はシェーンベルクの「月に憑かれたピエロ」に関連し、そこに十二音音楽と邦楽の感覚的な類似を見たと論じている。武智のバルトークやストラヴィンスキーなど民族性にルーツを置いた現代音楽への関心は、そこから始まる。

2　ノイエ・ザハリッヒカイト

武智少年がベートーヴェンを聴いて頭が痛くならなかった、多分に西洋音楽脳的な音楽の聴き方をしていたことは、とても興味深い。筆者の体験で言えば、クラシック音楽にのめり込んだきっかけは、ベートーヴェンの交響曲第五番が壮麗な建築にも似た論理構造によって作られていることが分かった瞬間であった。武智にもそんな瞬間があったに違いない。ヨーロッパでは音楽を論理学のひとつとして教えているほどである。

音楽を構造として聴くとは、音楽を音階とリズムの構造体として受け止めるということである。作曲者はこの曲で何を訴えるか、この旋律は何を意味するかを、文学的修辞（メッセージ）で恣意的に読まないということである。もちろん作品には作者のメッセージが込められているわけだが、そのメッセージは受け手の脳裏に電波のように伝わるもので、作品自体にメッセージはないとするのである。ベートーヴェンの「英雄」交響曲の第一楽章について、名指揮者トスカニーニは「誰かにとっては哲学的な命題かも知れないが、私にとっては単なるアレグロ・コン・ブリオである」とまで言い切った。

音楽には楽譜があるから、演奏者の裁量に任される要素は、まずテンポ、次に音量であろう。特にテンポの影響が大きいことは云うまでもない。音楽表現に恣意的な要素を介在させないとすれば、取るべきテンポは当然イン・テンポ（最初に取ったテンポをあまり動かさず、できるだけ一定に保つ）

となる。これを演奏様式のなかに当てはめるならば、ノイエ・ザハリッヒカイト（新即物主義）となる。ノイエ・ザハリッヒカイトとは、二十世紀初頭に勃興した芸術思想を指し、当時の音楽界では指揮ではトスカニーニ、ピアノではギーゼキングがその代表的な演奏家であった。それは大正から昭和初期にかけて、西洋から日本へ流入した芸術思潮であった。その特質は、演奏様式としてはイン・テンポ、解釈の態度としては原典主義である。

武智の伝統芸能理論の根本にノイエ・ザハリッヒカイトがあることは、武智がかっきりとした理知的な芸風を好んだことを見れば、よく理解できる。武智は、歌舞伎では六代目菊五郎の芸を評価し、初代鴈治郎や十五代目羽左衛門の芸を対極に置いた。文楽では山城少掾や初代栄三の芸を評価し、三代目津太夫や文五郎（難波掾）の芸を評価しようとしなかった。批評においても徹底した丸本の読込みによって、歌舞伎の仕勝手を糾弾した。武智理論の根本を考える為には、芸術思潮としてのノイエ・ザハリッヒカイトが時代に対してどういう意味を持つかを考えてみる必要がある。

西欧の芸術表現の流れを見ると、ロマン主義的な表現が十九世紀に全盛期を迎え、爛熟し、やがて行き詰まる。ロマン主義芸術が崩れていったものが世紀末芸術であり、これを古典的な感覚へ引き戻そうとするものがノイエ・ザハリッヒカイトであると、一般に考えられていると思う。これはもちろんそのような見方もできるが、別視点から見れば、ロマン派芸術の本質に潜むバロック的な本質が露わに顔を出したのが世紀末芸術であると言う見方も可能になる。この見方を取るならば、古典的な方向へ表現を引き寄せながら、逆に自らのなかにあるバロック性を強く意識するのが、ノイエ・ザハリッヒカイトだと云うことになる。

興味深い現象が二十世紀初頭に起きている。歌舞伎において明治三十六年（一九〇三）に九代目市川団十郎が亡くなり、そこから歌舞伎の古典化が始まる。一方、西洋音楽においては十九世紀末から調性の崩壊が始まり、二十世紀初頭に無調音楽が誕生する。ノイエ・ザハリッヒカイトが、このような時代の変わり目に深く関連した芸術思潮であることに注目を願いたい。

明治三十六年に江戸っ子の最後の生き残りと自ら称した九代目団十郎が亡くなり、民衆は「団菊が死んでは今までのような芸は見られぬから、絶対に芝居へ行くことをよしにしよう」とまで思い詰めたと云う（伊原青々園『団菊以後』）。明治維新によって江戸時代のすべてが旧弊として否定された。歌舞伎を成り立たせていた風俗も、断髪廃刀令によって、世間に存在しないものとなった。江戸の演劇である歌舞伎は、旧弊の権化として排撃されるべきものとなった。このような歌舞伎の危機に際し、政府の要人、資本家、学識者、そして民衆を取り込みながら、新しい時代の歌舞伎を模索しつづけたのが団十郎であった。

明治維新によって、歌舞伎はその精神的故郷である江戸との繋がりを断たれた。この時点で歌舞伎は滅びてもおかしくなかったのである。歌舞伎が曲がりなりにもここまで（明治三十六年まで）生き延びてこられたのは、幕末江戸の空気を知る役者がまだ残っていたからであった。しかし、幕末の名優が次々と亡くなり、最後の江戸っ子であった団十郎が亡くなるに至って、江戸時代と歌舞伎の関連は完全に断ち切られ、もはや歌舞伎は同時代演劇でなくなった。当時の民衆の誰もがそのことを感じ取っていたのである。

以後の歌舞伎では、団菊(九代目団十郎と五代目菊五郎)が神格化されて、団菊と同じように演じなければ歌舞伎ではないと云う雰囲気が次第に出来上がって行く。このことの弊害は、無論あった。団菊が演じなかった演目が切り捨てられて行くとか、型の固定化のような側面である。宙乗り、早変わりなどの技法は、ケレン(外連)として一段低く見られることとなった。しかし、団菊が亡くなった後、江戸時代の空気を知らない若い世代が、江戸の演劇を守ろうとすれば、直近のお手本である団菊の芸に頼るしか方法はなかったのである。こうしたなかで、歌舞伎のなかに或る変化が生じることになった。

それは「型」の概念の変化である。もちろん型という言葉自体は、江戸の昔からあった。それは芝居のなかの役の演技の手順、あるいは性根の把握のことを指した。型は、役者がそれぞれ工夫して良いものであった。それは口伝によって伝えられ、役者の家系の財産として蓄積されて来た。しかし、それだけだと舞台はバラバラになってしまうから、座頭格の役者が舞台の統一感を整えた。だから、型の広義の意味としては、全体の交通整理・演出的な役割もある。いずれにせよ型というのは、昔からあった概念である。

ところが団菊以後は、団菊と同じように演じなければ歌舞伎ではないという風になって行った。団菊の芸を墨守し金科玉条とする者たちにとって、型とは「そう演じなければ歌舞伎に見えない、逆に云えば、そうやってさえすればとりあえず歌舞伎に見える」という拠り所となった。このような型の概念は、江戸時代にないものであった。それまでは役者が何をやっても、歌舞伎は歌舞伎であった。面白いとか詰まらないという議論はあっただろうが、それをやったら歌舞伎ではないという議論はなかった。しかし、現代においてはそうではない。いくら舞台として面白かろうが、客が入ろうが「それをやっちゃあ歌舞伎じゃないよ、お終いよ」という議論になるのである。型の概念の質的な変化が起きたのである。このような変化は、歌舞伎が時代との係わり合いを喪失した、同時代の演劇ではなくなったからこそ起きたのである。そこから歌舞伎の「古典化」が始まることになる。

しかし、現代でもこの事実は十分に認識されていないかも知れない。役者も観客も、どこかで「歌舞伎はまだ死んでいない」と思っているのである。確かに興行としては十分成り立っているが、伝統芸能の理念から見れば、歌舞伎はもうとっくに「死んでいる」わけである。型通りにしなければ歌舞伎にならない、型通りにしさえすればとりあえず歌舞伎に見えるということは、そういうことなのである。手順をなぞれば、それで良いのではない。歌舞伎はもう死んだと認識することで、歌舞伎のなかにある「傾（かぶ）いた」表現を逆に強く意識しなければならない。これが現代の「型」が持つ新たな意味である。

同様に「ロマン的な表現は死んだ」と宣言し古典的な形式に回帰することで、逆にロマン主義のなかに存在するバロック的な本質を強く意識しようとする芸術思潮こそノイエ・ザハリッヒカイトなのである。それは十九世紀西欧社会で近代国家の体制が固まり、社会の中で個人への締め付けが急速に強まったことから起きた世界史的な現象であった。

時系列を整理しておくと、武智の生まれたのが大正元年（一九一二）のことで、昭和元年が一九二六年である。ノイエ・ザハリッヒカイトの思想が西洋から日本に入ってきたのが大正から昭和初期頃のことであるから、青年武智はクラシック音楽を聴きながら、この芸術思潮に染まったわけである。このように考えれば、歌舞伎の古典化が、西洋のノイエ・ザハリッヒカイトの勃興と時期的に並行して進行したことが分かる。このことは重要な意味を持つ。

この時期の古典化は、歌舞伎に限った現象ではない。同じような現象が、能にも文楽にも起きた。能の世界で基本理念とされる花や幽玄の概念が世間に広まったのは、それまで門外不出であった世阿弥の『花伝書』が公にされた明治四十二年以降のことであった。文楽の世界では、杉山其日庵が浄瑠璃（義太夫節）の「風（ふう）」を守ることを提唱した。風という概念は、文楽の世界のなかではそれまで伏せられて、公にされてこなかったものであった。其日庵は、江戸の三味線の最後の生き残りであった名人二代目豊沢団平（明治三十一年没）の薫陶を受けた摂津大掾、三代目大隅太夫らから聞き取って、著書『浄瑠璃素人講釈』において、浄瑠璃の風の考え方を初めて公のものとした。本書の出版は昭和元年のことであるが、雑誌「黒白」に連載されたものであるから成立は大正十年より以前のことである。其日庵が主張することは、即ち「名人芸妙の風を守るべし」ということである。それは明治半ば以降の文楽が時代と乖離していくことの危機感から生まれた。もちろん其日庵自身がノイエ・ザハリッヒカイトの洗礼を受けたはずはないが、『浄瑠璃素人講釈』を座右の書とした武智は、明らかにこの芸術思潮においてこの書を読んだのである。

このように考えた時、武智が伝統芸能で尊敬してきた芸術家たち、歌舞伎で言えば六代目菊五郎、七代目三津五郎、文楽で言えば山城少掾や初代栄三といった人たちの、共通した芸のイメージが浮かび上がって来る。彼らはノイエ・ザハリッヒカイトなど知らなかったし、思想を語りもしなかった。しかし、彼らも自分たちの仕事が時代や社会との距離を次第に拡げつつある危うさを肌で感じ取っていた。時代との乖離を強く意識する態度が、この芸術思潮と期せずして合致することになったのである。

武智の最大の功績は、歌舞伎の古典化の流れを西洋のノイエ・ザハリッヒカイトの芸術思潮によって受け止め、これを「古典」と云う概念で理論化しようと試みたことにあると筆者は考えている。

3　クラシックな態度

「義太夫というのは、頭さえつかえば誰でも語れるものです」

ここに挙げた発言は、八代目三津五郎との芸談集『芸十夜』・芸五夜のなかで山城の言として武智が語ったものである。山城は「もう少し頭を使って、考えながら丸本を読みなはれ」と言っているのではない。そんな偉そうなことを山城が言うわけがない。山城はあくまで謙虚である。

山城の言いたいことは、一定の思考の筋道を以って同じように考えるならば、誰でも同じ結論に達するということである。再現芸術家が目指すのは、作者の解釈（義太夫ならば初演の太夫の風である）を正しい形で表現することである。作者と同じ思考経路を辿って作品を読むならば、作者と同じ解釈に到達する。どうしてそう思うかと云うと、義太夫には丸本というテキストが根拠としてあるからである。丸本のなかに作者の意図がすべて書き込まれている。だから丸本を作者の考えに沿って正しく読むならば、誰が読んでもそれは作者の解釈と同じになる。これは絶対的な確信である。

この山城の態度を一言で表現すれば、これを原典主義と云うのである。同時にこれを科学的思考と云うのである。義太夫と科学はまったく縁がないようにお考えの方が多いと思うが、実は山城ほど科学的な太夫はいない。きっちりと筋道立った、端正な芸風を聴くならば、そのことは明らかなのではないか。

原典主義は、ノイエ・ザハリッヒカイトの旗印であった。武智はギーゼキングを尊敬し、そのレコードを愛聴した。本格的に伝統芸能に携わる以前に、ノイエ・ザハリッヒカイトの素地が武智のなかにあった。武智は山城の芸をこの芸術思潮において捉え、理解した。山城はノイエ・ザハリッヒカイトという言葉を知らなかったであろう。知らなかっただろうが、武智がその芸に接して「自分の理想とする芸がここにある」と感じたということは、その芸術思潮の影響を直截的に受けているかどうかに係わらず、期せずして山城の芸はそうなのである。

「お手本にするなら九代目団十郎ですよ」

この発言は、『芸十夜』芸一夜に七代目三津五郎の言葉として出てくる。七代目三津五郎は息子である八代目に「今生きている奴にろくなのは居らぬ。ああいうのをお手本にしちゃいけない。お手本にするなら九代目団十郎ですよ」と盛んに言った。死んでしまった、見てない役者を手本にしろと父に言われて、八代目三津五郎は心底困ってしまったそうである。

この逸話には考えるべきことがいくつかあるが、「見てない人を手本にしろ、昔の名人の芸に憧れろ」と云うにしても、どうして手本が九代目団十郎になるのかと云うことが、まずは大きな疑問となるだろう。見ていない役者ならば、もっと昔の名人、例えば初代団十郎を手本にせよとか、五代目幸四郎を見習えと言っても良いはずである。大和屋の家系にも三代目三津五郎という名人がいた。そのような名人の名前を挙げずに、どうしてお手本にするなら九代目団十郎なのか。そこが大事なのである。

ノイエ・ザハリッヒカイトの理想は、音楽においては作曲者の意図（解釈）をその通りに再現してみせることである。例えば月光ソナタならばベートーヴェンの意図である。ベートーヴェンはピアノの名手であったが、残念ながら録音は残っていない。その頃にはまだ録音という技術はなかったのである。作曲者の解釈を示唆する文献的なもの、周辺の人々の証言はあるが、いずれにせよ材料は限られる。そうなると理想の解釈への道は袋小路に追い込まれるわけだが、そこから作曲者の意図を楽譜のなかに見ようという態度（原典主義）が、最後の砦として出てくることになる。

実際、百人の演奏家がいれば百の解釈があるはずである。そのどれもが同じ楽譜を根拠としている。それならば作曲家の意図はどこにあるのか。どれが正しいのか。この事態を見て「作曲者の意図はすべて楽譜にあるなんて空論だよ」とお笑いになる方は、クラシック（古典）ということの意味が分かっていないのである。クラシックな態度とは、そのような古《いにしえ》の、今は見失われてしまった理想の何ものかを真摯に追い求める態度のことを云う。まことに頼りないものであるが、楽譜という根拠があるだけクラシック音楽はまだ幸せなのかも知れない。

ノイエ・ザハリッヒカイトな態度から伝統芸能の世界に入った武智にしてみれば、「見てない人を手本にしろ、昔の名人の芸に憧れろ」と云うことは、至極当然の考え方なのである。ところが歌舞伎というのは伝統芸能であるが、歌舞伎を学べば学ぶほど、「見てない人を手本にしろ、昔の名人の芸に憧れろ」というのが、この世界では当り前のことではないことに、武智は次第に気が付いて来た。決して先人を尊敬する気持ちがないわけではない。しかし、どことなく好い加減なのである。そうやってダラダラとなし崩し的に変容していく。その変容の痕跡を振り返って、これを「伝統」と称しているようにさえ思われる。こういうのをつなぎ止めるためには、「見てない人を手本にしろ、昔の名人の芸に憧れろ」という態度を徹底的に叩き込むしかない。しかし、遥かな昔の初代団十郎、五代目幸四郎の芸をいきなり想像せよと言っても無理である。だからとりあえずの取っ掛かりが九代目団十郎となる。これなら想像が付かないこともないということである。

しかし、まだ考えねばならぬことがある。九代目団十郎という名前には、単に名優という意味が込められているのではない。歌舞伎の歴史を見れば、団十郎本人の意図に係わらず、それ以前の歌舞伎は団十郎に流れ込み、これ以後の歌舞伎はすべて団十郎から発するという形になっているのである。

歌舞伎における団十郎は、哲学におけるカント、文学におけるゲーテ、音楽におけるバッハのような存在である。後世の歌舞伎役者たちが団十郎のことを劇聖と呼ぶのは、団十郎を、江戸という時代から切り離された歌舞伎を、失われた時代につなぎ止めるためのシンボルと見たからであった。団十郎とは巧い役者、名人とかいう範疇を越えた存在なのである。それは歌舞伎が歌舞伎であり続けるために、歌舞伎役者が守り続けていかねばならぬ何ものかであった。そこから七代目三津五郎の、「お手本にするなら九代目団十郎です」という発言が出てくるのである。

だから『芸十夜』という本は、二十世紀初頭という時代（若き武智鉄二と八代目三津五郎が育った時代）の芸術思潮と、とても強く結びついた書物なのである。二十一世紀初頭にこの本を読む我々は、江戸からも、明治からも、さらに遠く切り離された時代においてこれを読むのであるから、読み手はクラシック（古典的）な態度ということをより明確に意識しておく必要があるだろう。

4　科学的な感覚

「同じ材料を持ってきて、同じ配合をして、同じ処理をすれば、誰でも同じ結果が得られる」とするのが科学である。実際はそんな単純なものではないが、初歩的にはそのように考えて間違いではないだろう。「科学はある種の秘密を公（大衆）のものにした」というのが、二十世紀初頭の科学のイメージであった。二十世紀初頭の芸術思潮であるノイエ・ザハリッヒカイトは、そのような時代の科学のイメージで捉えることができる。「型や風というものは再現性があって、一般化ができる」とする考え方は、科学的なのである。

例えば折口信夫は、六代目菊五郎の芸について「舞台の鼻まで踊りこんで来て、かつきりと踏み残すといった、鮮やかな彼の芸格に似たもの、（中略）このかつきりとした芸格は、（中略）彼の芸が持つ科学性と言つても、ちつともおかしくない」（「菊五郎の科学性」・昭和二十四年八月）と評した。多くの方は歌舞伎を考える時に科学ということを思い浮かべないと思う。折口の思想は感性的であり、科学から最も遠いと思っている方も多いだろう。その折口が菊五郎の芸を語る時、「科学性」という言葉を使うのを奇異に感じるかも知れないが、これは不思議でも何でもない。

「舞台の鼻まで踊りこんで来て、かつきりと踏み残す」という菊五郎の芸は、素晴らしい。しかもそれは一度きりのことではなく、菊五郎はいつだってそうなのだ。ということは、菊五郎は、間の取り方、身体の置き方に何かコツみたいなものを持っているに違いない。そう感じるから、折口の脳裏に「菊五郎の科学性」という表現が浮かぶのである。コツさえつかめば、自分も菊五郎になれる。それが知りたい。そこから芸の探求が始まる。武智も折口も菊五郎も、同じ時代に生き同じ空気を呼吸しそれぞれの分野を究めた人たちなのであるから、それらは同じ時代の共通したものを帯びて来る。

「なんでもなくやれることを、なんでもなくやれないようにして、そのなんでもなくやれないところから、なんでもなくやれるところをつかむというところが、伝統芸術の根本なんですね」

これは『芸十夜』芸八夜での武智の言葉である。武智の言うことを、ややこしく深遠に捉えて、つまらない解釈をつけてはならない。芸というものは奥深いもので、容易に到達できない境地だなどと武智は云ってはいない。「何でもないことをその通りできるように修行さえすれば、名人の心に近づくことができる」と云うのが、武智の真意である。簡単なことをややこしく考えて、ややこしくしているのは貴方自身だと云うのである。『芸十夜』とは、誰にでも芸は分かる、誰でも名人に近づけるとする思想の本なのである。

現行の「勧進帳」の型は、九代目団十郎が最後に弁慶を演じた明治三十二年（一八九九）四月歌舞伎座での舞台を原型としている。しかし、たびたび重なる九代目の工夫によって、父・七代目団十郎が演じた「勧進帳」の舞台とは随分違ったものとなってしまった。武智がいわゆる武智歌舞伎で「勧進帳」を演出（弁慶は五代目富十郎、富樫は雷蔵）した時、七代目の舞台を復元してみようということになり、武智は九代目なら「こう考えてここを変えただろう」というプロセスを逆に取って型を検討していった。九代目がここを変えたかなと思う箇所を理屈に沿って直すと、ぴったり元の鞘に納まったが如く七代目の型らしくなって、まことに直しやすい。武智は「なるほど九代目団十郎の手を経た歌舞伎は確かに筋目がしっかりしている」という印象を持ったと云う。

実はこの逸話は、科学のイメージにとても近い。これが大正から昭和初期に掛けて歌舞伎に起こった古典化の現象のひとつである。科学というものが、ある種の明るさを以て見えた時代でもあった。

芸談で「〇〇の型に△△の型を加味し、これに自分の考えを若干加えて演じてみました」というようなことを語る役者は多いと思う。しかし、解釈や型というものは、ここをつまんで、ここは捨てて、ここをもらって、くっつければ独自のものが出来上がるものではない。表面的な演技の手順を型だと思っているから、そのような安直なことをするのである。部分を変えれば、全体の解釈のバランスが崩れてしまう。型とは、解釈、作品（或いは役）をどう捉えるかの筋道である。筋が正しく通っているかということを計るためには、科学的な感覚が必要である。武智はそのような科学的感覚を大事にした演出家であり、批評家であった。

武智の『舞踊の芸』（東京書籍・昭和六十年）は、「娘道成寺」か「鏡獅子」がよく分かる入門書という期待をして読むとこれが大違いで、まるで日本古代史か民族史のような感じで話が始まるので吃驚してしまう。しかし、武智に言わせれば、日本民族の成立過程を踏まえなければ、日本舞踊の動きの本質は分からないのである。武智のナンバの理論も、そのような考察から生まれたものであった。

日本の民族舞踊を研究していくなかで、武智は農耕民族としての生産性に根ざした動き、大地をしっかり踏みしめる安定感のある動きが踊りの基本であることに気が付いた。跳躍のような反動をつけた動き、旋回のような遠心力をつけた動きは騎馬民族の動きで、日本舞踊にはこのような動きがあまり見られない。日本の伝統音楽の基本は二拍子であり、三拍子の民謡がとても少ない。三拍子は馬が駆ける時のギャロップの時の縦振動のリズムから来るもので、こうした動きは日本の舞踊に見られない。このような認識から武智は、一九六七年に江上波夫が提唱し当時大きな話題を呼んだ騎馬民族征服王朝説に対して異議を唱えた。江上説が正しいのであれば、日本人の動きのなかに騎馬民族の動きが混入するはずだと武智は云うのである。武智の『古代出雲帝国の謎』（祥伝社・昭和五十年）も同様の立場から書かれたものである。武智は伝統芸能を実践する立場から、歴史学・社会学に対し反証し、提言を行なうのである。

民俗学研究においては、現地での実証の作業が重要である。ところが芸能分野ではその変容の度合いに非常に大きな振れがあって、その変り様がまったく別物のようになる場合さえある。したがって、田植え唄とか巡礼唄のような素朴な芸能ならば話は別であるが、今現在の舞台で見られる能狂言や歌舞伎の形態を認めつつ、これらをフィールドワークとして研究することはとても難しい。しかし、能狂言も歌舞伎も間違いなくそのルーツを民俗に持っているのであるから、現行の舞台からそのルーツを類推あるいは想像することも決して不可能ではないだろう。痕跡がどこかにあるに違いない。だから能狂言も歌舞伎も伝承芸能と称するのだろう。であるから能狂言や歌舞伎のような芸能分野を研究対象にするならば、その見方にある種の感性の飛躍がどうしても必要になる。そうすれば原点からまっすぐにつながる一本の線を見出すことが出来るであろう。これを科学的思考と云うのである。武智鉄二と折口信夫は、そのような思考が出来た人であったと筆者は考える。

5　型が持つ意味

現行の歌舞伎の舞台は、初演時の形態を決してそのまま伝えるものではない。上演される度に役者の工夫が加えられ、さらに長い歴史のなかで取捨選択がされ、その結果が地層のように積み重なったものである。なかには作品解釈の見地からは理屈にはずれた、おかしな演出もしばしばある。そのようなものさえ長年繰り返し上演されていくなかで歌舞伎の型としてこなれて、認知されるものに次第になっていく。そうやって型は歌舞伎らしくこなれて、「これでやらなければ歌舞伎じゃない」というものになって行くのである。型というものは、初めから型として創造されたと考えることは間違いである。型は繰り返し上演されていくなかで、本物の型となって行くのである。

舞踊「蝶の道行」は武智演出・川口秀子振付・山本武夫美術に拠るもので、現在舞台に掛かるほとんど唯一の武智演出と云って良い。「蝶の道行」は、「けいせい倭荘子」という天明期の歌舞伎のなかの所作事で、昭和三十七年（一九六二）九月歌舞伎座での武智鉄二演出による復活上演で大評判を取った。（この時の助国は七代目梅幸、小槇は六代目歌右衛門であった。）その舞台は昭和三十年代半ばのアバンギャルド感覚を反映しており、この時代の空気を濃厚に感じさせるものである。

いわゆる「武智歌舞伎」と呼ばれるものは、正確には昭和二十四年から二十七年頃に武智が関西で行った歌舞伎再検討公演のことを指し、晩年の演出を含まないと考えるべきである。筆者は伝説の武智歌舞伎時代は文献で知るだけで見ていないが、幸い武智の存命中にいくつかの演出作品を目にすることができた。だから我が師匠と仰ぐ武智のセンスをそれなりに感じ取ったつもりであるが、いわゆる台詞芝居よりも「蝶の道行」のような所作事の方が、「武智のセンスとはこういうものだった」ということが、理屈より感覚として、よりピュアにつかめるという気がしている。芝居というのは、所作事よりもどこか理屈が先に立つものである。所作事の方が作り手のセンスが生（なま）に出るのであろう。

それでは武智のセンスとはどういうものかと云えば、それはアバンギャルド感覚である。「アバンギャルド」という言葉を最近はほとんど聞かないが、前衛芸術のことである。ノイエ・ザハリッヒカイトと同様に二十世紀初頭の芸術運動であり、特にロシア革命前後に起こったロシアン・アバンギャルドが代表的なものであった。アバンギャルドな感覚において古典を再構築しようとしたのが、武智歌舞伎なのである。

武智は伝統ということを厳格に考えた人であるというイメージが世間にあると思う。確かにそういう言い方もできるが、ということは「伝統」という言葉にどのようなイメージを持つかで、武智の見方が百八十度変わってしまうと云うことであろう。伝統を厳格に守るというと、守るべき型や口伝が最初から厳然としてあり、受け取る者はこれを無条件に踏襲すべしというような、保守的かつ頑固なイメージになってしまいそうである。

これでは武智のアバンギャルド感覚は真逆に思われて到底理解できないだろう。

実際にリアルタイムで武智歌舞伎の舞台を見た方の証言として、従来の歌舞伎では腑に落ちなかった部分が武智歌舞伎を見ると「あっ本当は原作ではこうだったのか、これが正しかったのか」という発見、感動があったというものが多い。これは当時の若者の正直な感動として、もちろんよく理解できる。しかし、その感動が、現行の歌舞伎であり、現行の歌舞伎は原作を歪めたものであり、長い歴史のなかで埃や手垢にまみれたものが現行の歌舞伎であり、武智はそのような垢を洗い落とし原作に回帰しようとしたと云う認識、或いは現行の歌舞伎は間違ったもので、武智はそれを伝統の名において正そうとしたと云う認識になるならば、それではちょっと困るのである。本書をお読みになる方にも、そのような役割を武智に期待する方が少なからずいらっしゃることと思うが、筆者は、それはちょっと違うと言っておきたい。

伝統というものを、或る時ふと振り返って、後ろに見える、自分が歩いてきた長い道という風に想像してみる。振り返って見た時、自分の出発地点が遠くはるかに見え、試行錯誤の跡もそこに沢山残っている、そのような道であったとする。だとすれば、自分の行き先を見失った時には、もう一度自分がいた場所に戻ってみれば良い。そこからもう一度新たな歩みを始めれば良い。武智が伝統というものを頑なに守るべきものとしたことは、決してない。伝統とは我々日本人が歩いてきた道であり、我々が現在立つ場所から出発点へ線を引き直してみれば、我々日本人がこれから進むべき方向は自ずと見えて来る。創造・再構築の起点として、伝統を捉え直そうということである。

武智歌舞伎とは、現代的感性で原作を読み直し、型が伝統のなかに収斂（しゅうれん）されていく過程をヴィヴィッドに追体験しようとした芸術運動であった。それはアバンギャルドな創造的行為なのである。筆者がリアルタイムで目にすることができた武智の演出作品は決して多くないが、それらはどれも洗い立ての浴衣みたいで、糊がよく利いたパリッとした印象であった。筆者はそこに武智のアバンギャルド感覚を見たのである。武智の映画に対する態度も、このことを考慮に入れなければ決して理解ができない。

「義太夫というのは、頭さえつかえば誰でも語れるものです」と山城が語ったことは、とても大事なことである。菊五郎が「吃又」・「野崎村」など丸本再検討の演出を行なったということも、とても大事である。山城にも菊五郎にも、いわゆる理論はなかっただろうが、やったことは原典（テキスト）に立ち返って虚心にこれを読むと云うことであった。これは武智の理念に合致する。武智は「ここに自分の理想とする芸の在り方の手本がある」と感じたと思う。武智が繰り返し訴えていることは、自分がやっていることは、伝統芸能の本来の筋道のうえに立ったものだ、ホレそこにお手本が、山城が、菊五郎が、ちゃんといるじゃないかということである。とてもシンプルなのである。芸の伝承も再検討も、それを踏まえたうえで可能となるのである。

武智の演出場面に居合わせた方の思い出話であるが、「鳴神」の演技指導をする場面で、武智が「谷を隔ててという口伝がある」とか色々おかしなことを言い出す、そもそも「鳴神」というのは二代目左団次が復活するまで約二百年も絶えていたものなのに、そんな口伝が残っているのか？　こういうことを言って煙に巻くから普通の人は付いていけなくなるのだ、そんな笑い話であったと思う。こういう逸話を聞くと、武智は伝統であるとか口伝とか型であるとか、口から出任せにもっともらしい屁理屈を言って、権威で以って相手を黙らせようとするという印象にもなろう。そのように感じさせるのも武智の普段の言動に原因があったのだろう。しかし、筆者は別のことを考えたいのである。

武智が武智歌舞伎を始めた時、武智の述懐によれば、当時の扇雀（現・四代目坂田藤十郎）は下手でどうしようもなかったそうである。一方、舞踊その他のジャンルから参加してきた人は、元々芝居が好きで飛び込んで来た人たちなので器用で教えたことはすぐに出来た。ところがそういう器用な人たちは、「この役はこうでなければならない」、「ここはこういう声を出さなければこの役にならない」という肝心な時に反応しないのである。逆に不器用だった扇雀は、最初はどうなるかと心配していたが、口伝という言葉にはピーンと反応する。苦労するけれども、遂にはものにすると云うのである。「これは家庭教育の問題、つまり家庭環境が歌舞伎になっているということだ」と武智は言っている（『芸十夜』・芸九夜）。

「この役はこういう風に、こういう声で演じないとこの役にならない」と言われた時に、「どうしてそんなやり方でやらなきゃならないんだ、俺なら最少の努力でもっと効果の上がるやり方ができるよ」などと思っていると、遂に歌舞伎にならなくて終わってしまうというのである。扇雀のような御曹司は、なかなか出来なくて苦労しても、型とか口伝といわれるものの尊さだけを信じてひたすらついて来る。そうすれば、下手でもいつかは必ず歌舞伎になるのである。伝統芸能の世界で何より大切なことは、信じる心、信じる態度である。

これは、結局、「指導している俺（武智）を信じて、黙って付いて来い」ということに等しいのであろう。歌舞伎というのは、伝統芸能である。だから歌舞伎役者たる者は「これは口伝である」、「これは昔からの型だ」という言葉に、神の言葉を聞いたかの如く、無条件でピーンと反応してくれなければ困るのである。ひたすら信じて、苦しみながらでも泣きながらでも、それでも付いて来れば、彼はいつか何かをつかむ。口伝とか型というものはそういうものだと武智は云うのである。口伝とか型というものは、受け継ぐ者が、それが大事だ、守らなければならぬ物だと認識することによって、それは初めて口伝となり型となる。「谷を隔ててという口伝がある」云々と武智が言ったという逸話も、そのように読みたい。

だから、そんな口伝がホントに残っているのか？　そもそもそういう口伝は正しいのか？　何か文献的な根拠があるのか？　などいろいろ疑問が湧いてくると思うが、そういうことは、実はどうでも良いことなのである。武智理論でよく云われるところの、階級闘争史観もフロイト心理学も、実はどうでも良い。そういうものはツールに過ぎないからである。

過去（先人）を信じる気持ちこそ大事なのである。口伝は、これを受け取る者がその通りだと認めることによって、口伝としてはじめて機能する。つまり伝統のスタンスは、常に現代にあるということである。だから受け取る者の責任が重大になってくる。一転して、武智理論は倫理的な色彩を帯びることになる。結局、「古典」とは、我々のあり様を写し出す鏡のようなものである。

「熊谷陣屋」で熊谷が陣屋へ戻って来て、一番最初にいうせりふが、「うム、詮議とは——、ウなにごとやらん」　あれは「うム、詮議」といってるときは、まだ相模のほうに熊谷の気持がいってるわけですよ。梶原が詮議に来たというところに、「とは」の間に意識が行って、あッこれは大変だと思う間（ま）があって、それをとぼけて、「なにごとやらん」といって、ともかく早く軍次に梶原を監視させようという気持ちで、梶原をもてなせっていうわけですね。ところがいまの役者がやってるのは、みんな梶原の存在を忘れてますね。

『芸十夜』芸七夜に出てくる武智の言葉である。「熊谷陣屋」は宝暦元年豊竹座での初演。並木宗輔が詞章を書き、名人豊竹筑前掾が節付けしたもので、筑前風の大曲である。ここで武智は「丸本は頭を使って行間を読め。これが演劇の読み方だ」などと云っているのではない。丸本の恣意的な読み方を良かれと思って各々が始めれば、百人いれば百通りの読み方が可能となる。それでは何を以ってそれを正しい、あちらは違うと云うのか。伝統芸能において基準となるものは何かということを考えて欲しいのである。

「一定の思考の筋道を以って同じように考えるならば、誰でも同じ結論に達するはずである」という山城の考えについては先に書いた。「熊谷陣屋」ならば作者並木宗輔はどう考えてこの詞を書いたか、筑前掾はどのように考えてこの詞にこの節を当てたか、そのことを虚心になって考えよと云うことである。つまり、これは解釈論ではなくて、方法論だと云うことになる。方法論とは、思考の筋道あるいは倫理的な態度とでも云おうか。

だから「うム、詮議」といっている時はまだ相模のほうに熊谷の気持ちが行っているという武智の解釈が正しいかどうかは、まずは置くべきである。そういうことは、実はどうでも良いことである。まずは山城の語りを通して見えてくる山城の方法論を虚心に聴くべきである。さらに山城の方法論を通して、はるか遠くに見える宗輔の方法論、筑前掾の方法論を虚心に聴くべきである。武智は山城の語りを聴きながら、同時に筑前掾の語りをも聴くのである。同じように喜び、同じように泣き、同じように怒るならば、それは正しく同じ姿となって現れる。方法論を踏まえたところで「うム、詮議」といっている時の熊谷の気持ちを考える。そうでなければその解釈は、決して型としての重さを持ち得ないであろう。山城も、武智もそのように信じているのである。

そのような武智の確信は、彼が学んだノイエ・ザハリッヒカイト（新即物主義）の態度に由来するのである。武智が風の概念について「この古典芸術における先祖返りの問題は、古典の名に値する倫理観念として新即物主義的な方法論の一つの帰結を示すもの」（全集序文）と書いたのも、それゆえである。武智の「古典」に対する考え方は、この一文に集約されているのではなかろうか。

武智は「私の好きなレコード」（昭和四十九年十月、本書所収）の末尾に「ただ一枚だけ、シェラック盤の名盤を選べと言われれば、私は何のためらいもなく、プランテの『木枯のエチュード』を推す」と書いている。この録音は一九二八年、プランテ八十九歳の時のものである。まことに武智らしい選択であると思う。

フランシス・プランテは、レコード史上初めて録音を残した芸術家の一人である。プランテは少年時代にショパンに会って彼の演奏を生で聴いたことがあり、ショパンと同じ時代を生きた証人として録音を残すことができた唯一の人であった。だから人々は「ショパン」という、今は失われてしまった時の痕跡を求めてプランテを聴くのである。例え貧弱な音質であったとしても、限られた情報量であったとしても、それが何かを伝えていることを信じて聴くならば、必ず何かが伝わって来るはずである。少年時代の武智が蓄音機の音に耳を傾けながら学んだこととは、そのような芸に対する倫理的な態度であった。

【著者略歴】

武智鉄二（たけちてつじ）

大正元年大阪に生まれる。京都大学卒業後、評論活動を開始。昭和24年からは、歌舞伎の再検討を目指した、「関西実験劇場」（通称「武智歌舞伎」）の公演活動によって、当時の関西歌舞伎の若手俳優の育成につとめた。その後、「月に憑かれたピエロ」で日本の古典芸術を現代に生かした前衛的な演出を行ない注目を浴びる。昭和30年代後半になってからは、映画界にも進出。谷崎潤一郎原作の「白日夢」をはじめ、「黒い雪」など話題作を発表した。毎日芸術賞、大阪市民文化賞受賞。昭和63年没。

【編者略歴】

山本吉之助（やまもときちのすけ）

昭和32年生まれ。会社勤めの傍ら、歌舞伎やクラシック音楽の評論活動に従事。平成13年からは、自身のサイト「歌舞伎素人講釈」で独自の歌舞伎評論を発信している。また長年、武智鉄二の研究を著作を通じて行っている。著書に『十八代目中村勘三郎の芸』『女形の美学』（共にアルファベータブックス）がある。

武《たけ》智《ち》鉄《てつ》二《じ》　歌《か》舞《ぶ》伎《き》素人《しろうと》講釈《こうしゃく》

発行日　　2017年 7月25日　第1刷発行

著　者　武智鉄二
編　者　山本吉之助
発行人　茂山和也

発行所　株式会社 アルファベータブックス
〒102-0072 東京都千代田区飯田橋2-14-5
Tel 03-3239-1850 Fax 03-3239-1851
website http://ab-books.hondana.jp/
e-mail alpha-beta@ab-books.co.jp

装　丁　佐々木正見
印　刷　株式会社エーヴィスシステムズ
製　本　株式会社難波製本

ISBN 978-4-86598-037-0　C0074

アルファベータブックスの本

女形の美学
ISBN978-4-86598-002-8 (15・07)

たおやめぶりの戦略　山本 吉之助 著

歌右衛門・藤十郎・玉三郎…徳川幕府が歌舞伎に女優が出演することを禁じたため誕生した女形は、その特異な運命をくぐりぬけて今や歌舞伎の最大の魅力となっている。歌舞伎の歴史全体の流れを踏まえ、ヨーロッパ美学論を駆使しながら女形の魅力を語る、まったく新しい歌舞伎論！！

四六判上製　定価3200円＋税

十八代目中村勘三郎の芸
ISBN978-4-87198-656-4 (13・12)

アポロンとディオニソス　山本 吉之助 著

勘三郎が得意としていた三十二役を、劇場で観た記憶だけに頼らず、映像をもとに斬新な視点で解析する、かつてない歌舞伎論。【まえがきより】勘三郎は「伝統」を形として捉えることができた役者であった。(中略) 古典を演じる時に勘三郎が醸し出すその重苦しさ、コクーン歌舞伎や野田歌舞伎において勘三郎が醸し出すその軽妙さは、実は同じところから発していた。

四六判上製　定価2600円＋税

演奏史譚 1954/55
ISBN978-4-86598-029-5 (17・03)

クラシック音楽の黄金の日日　山崎 浩太郎 著

フルトヴェングラー死去、トスカニーニ引退… 19 世紀生まれの巨匠たちは去り、カラヤン、バーンスタイン、マリア・カラスらが頂点に立った冷戦の最中。東西両陣営の威信をかけて音楽家たちは西へ、東へと旅をする。音楽界が最も熱かった激動の二年間を、音源をもとに再現する、壮大な歴史絵巻！

四六判並製　定価3200円＋税

フリッツ・ラング
ISBN978-4-87198-468-3 (02・12)

または伯林＝聖林　明石 政紀 著

ドイツ系映画監督の巨匠、フリッツ・ラング。 ヒトラー政権前夜のドイツで、戦中戦後のハリウッドで活躍し、SF、ミステリーから西部劇まで、ありとあらゆるジャンルの映画を撮った、この巨匠の残した作品を、文章により再現することで、その全体像に迫る、作品論＝評伝。

A5判上製　定価2800円＋税

パリの空の下《演歌》は流れる
ISBN978-4-86598-016-5 (16・07)

僕の音楽遍歴　吉田 進 著

演歌や蟬の声、能などにインスピレーションを受けた作品がなぜフランスで高い評価を得ているのか。西洋と東洋を超えた本質的な音へ突き進む孤高の作曲家が創作や師オリヴィエ・メシアンそして東西の文明について熱く語る！

四六判上製　定価2500円＋税